新山書院誌

남명사적총서-서원

신산서원지 新山書院誌

© 김경수, 2017

1판 1쇄 인쇄__2017년 07월 10일
1판 1쇄 발행__2017년 07월 25일

엮은이__김경수
번 역__이창호
題 字__조순(덕천서원 원장, 편찬위원장, 전 부총리, 대한민국학술원 회원)

펴낸곳__『덕천서원지』·『용암서원지』·『신산서원지』 편찬위원회
         『덕천서원지』: 경상남도 산청군 시천면 남명로 137, 전화__010-3832-8019
         『용암서원지』: 경상남도 합천군 삼가면 남명로 72-7, 전화__010-3631-0150
         『신산서원지』: 경상남도 김해시 대동로 269번 안길 115, 전화__055-336-6676

편집·제작__(주)글로벌콘텐츠출판그룹
         등록__제25100-2008-24호
         대표__홍정표 이사__양정섭 편집디자인__김미미 기획·마케팅__노경민
         주소__서울특별시 강동구 천중로 196 정일빌딩 401호
         전화__02) 488-3280 팩스__02) 488-3281
         홈페이지__http://www.gcbook.co.kr

값 24,000원

ISBN 979-11-5852-151-6 94910
ISBN 979-11-5852-152-3 94910(세트)

新山書院誌

신산서원지

김경수 엮음

『덕천서원지』·『용암서원지』·『신산서원지』 편찬위원회 펴냄

글로벌콘텐츠

南冥曺植先生 畫像贊

稟天地紀剛之德 才高一世 智足以達大地之變
鍾河嶽清淑之精 氣蓋千古 勇足以奪三軍之帥
有泰山壁立之像 原瘁如紫翔之五
有鳳凰高翔之趣 類類如水西之月
宜共爲援東方末有之人豪矣
自我而觀之

門人 鄭 逑文

仿月田畫師筆高正堉坐禮下本倣
蒼田曺元變 謹啚

남명 선생南冥先生 **표준영정**標準影幀

이 영정은 장우성 화백이 그린 흉상을 토대로 조원섭 화백이 전체를 새로 그린 것으로 남명 선생의 진영은 아니다.

송계 선생의 영정은 남아서 전해지거나
새로 제작한 표준영정이 없으므로
이 페이지는 비워둔다.

신산서원

1 숭도사   2 지숙문
3 신산서원 겸 산해정   4 유위재
5 환성재   6 진덕문
7 화장실

신산서원 전경 및 배치도

숭도사崇道祠
(글씨는 고봉古蓬 최승락崔承洛이 썼다)

숭도사崇道祠 **내부**
남명 선생의 위패가 왼쪽, 송계 선생의 위패가 오른쪽이다.

신산서원新山書院(산해정)
(글씨는 고봉古蓬 최승락崔承洛이 썼다)

지숙문祗肅門(내삼문)
(글씨는 고봉古蓬 최승락崔承洛이 썼다)

환성재喚醒齋
(글씨는 고봉古蓬 최승락崔承洛이 썼다)

유위재有爲齋
(글씨는 고봉古蓬 최승락崔承洛이 썼다)

진덕문進德門(외문)
(글씨는 고봉古蓬 최승락崔承洛이 썼다)

發刊辭

新山書院은 駕洛國이 都邑하여 500年間 燦爛한 文化를 꽃
피웠던 古都 金海에 있는 書院으로 南冥 曺植 先生이 1530
年(中宗 25)에 妻家곳인 現 金海市 大東面 酒洞里에 山海亭
을 짓고 嶺南을 비롯한 全國 各地에서 배움을 위하여 찾아
온 士林들에게 30年 동안 講學하신 先生의 偉業을 顯彰하고
學問과 思想을 繼承하기 위하여 後學들이 1578年(宣祖 11)
建立한 書院이다.

南冥 先生(1501~1572)은 先代가 高麗朝에 9代에 걸쳐 平章事를 지낸 閥門의
後裔로 外家인 慶南 陜川 三嘉 兎洞에서 出生하였다. 1500年代 朝鮮中期의 儒
林 宗匠으로 儒學의 中興期라 할 明宗 宣祖朝에 先生은 嶺南右道에서 講學하였
으며, 同年生인 退溪 李滉 先生은 嶺南左道에서 後學을 가르침으로 두 분이 嶺
南儒林의 兩大 山脈을 이루니 後學들이 實로 泰山北斗로 崇仰하고 따르는 바
였다.

退溪 先生은 일찍이 벼슬길에 나아가 左贊成까지 歷任하고 尨大한 著述을 남
겼으나, 南冥 先生은 19歲 되던 해 朝廷에서 己卯士禍가 일어나 改革的 王道政
治를 推進하던 靜庵 趙光祖 先生의 被禍와 叔父 曺彦卿의 左遷됨을 보고 宦路의
덧없음을 自覺하고, 그 후 一時 出仕에 뜻을 두었으나 朝廷에 끝내 正道가 行해
지지 않음과 勳舊勢力들의 弊害를 깊이 恨歎하고는 25歲에 벼슬을 抛棄하고
오로지 學問과 修身에 精進하였다.

그 後 여러 大臣들의 薦擧로 丹城縣監 宗簿寺主簿 등 많은 職을 除授받았으나
종내 不就하고, 官職에 나오라는 退溪 先生의 勸誘도 물리쳤다. 대쪽같은 志操
를 지키며 草野에서 山林處士로 自處하며 周易에서 君子는 敬으로 內面을 곧게
하고 義로써 外面을 方正하게 한다는 말을 內明者敬 外斷者義로 解釋하여 敬의
象徵으로 惺惺子를 차고 義의 象徵으로 칼을 차고 다니며 聖賢들의 여러 말씀
도 결국 [敬 義] 두 마디에 지나지 않는다고 門人들에게 가르쳤다.

48歲에 故鄕인 陜川 三嘉로 돌아가 雷龍亭을 짓고 後學을 가르쳤으며, 55歲에 그 有名한 丹城疏를 올려 先生의 名望이 全國에 振動하였다. 61歲에 陜川을 떠나 智異山 天王峰이 바라보이는 德山에 山天齋를 짓고 後進을 養成하던 中 1572年 天壽를 다하여 山淸郡 矢川面 사륜동에서 조용히 殞命하였다.

殞命 前에 찾아온 門人들에게 死後 稱號를 處士로 할 것과 自身의 學問은 [敬義] 두 글자로 集約되고 이는 變함 없는 眞理이니 힘써 따를 것을 當付하였다. 그 결과 壬辰亂에 先生의 門下에서 많은 義兵將이 輩出되어 救國忠誠을 다한 것도 先生의 敬義思想을 본받아 實踐함에서 實現된 것이다.

先生의 訃音을 들은 朝廷에서는 祭物과 祭官을 보내어 致祭하고 司諫院 大司諫의 벼슬을 追贈하였으며, 光海朝에 다시 領議政에 追贈하였다.

그 後 先生의 學德을 追慕하는 門人들과 고을 士林들이 主動하여 山海亭 東便 山기슭에 書院을 創建하고 1579年(宣祖 12) 이름하여 新山書院이라 하였다. 1609年 新山書院 德川書院 龍巖書院이 同時에 賜額되었으며, 1615年(光海 8) 南冥 先生과 志氣를 通하고 學問的 交流와 思想이 一致하여 깊은 交友關係를 맺고 山海亭에서 함께 講論을 했던 松溪 申季誠 先生이 幷享되었다.

壬辰亂에 書院과 山海亭이 모두 燒失되었다가 書院은 復元되었으나 書院撤廢令으로 毁撤된 것을 모든 이가 안타까워하던 中 1999年 金海鄕校와 鄕內 儒林들이 中心이 되어 精誠을 모아 復元하여 南冥 松溪 兩 先生을 祭享하고 있다.

書院誌를 發刊함은 書院의 歷史와 配享된 先賢의 學問과 行蹟을 記錄하여 後人들로 하여금 先賢의 道學과 業績을 崇慕하고 본받게 하여 風俗을 敎化하고 學問을 獎勵하기 爲함일진대, 創建된 지 400餘年이 지난 賜額書院에 지금까지 院誌가 發刊되지 않아 兩 先生의 德行과 懿蹟이 漸次 사라질 憂慮가 있어 京鄕 各地의 뜻있는 선비들이 念慮하던 次에 2016年 南冥선비文化祝祭의 一環으로 新山書院誌 德川書院誌 龍巖書院誌를 同時에 發刊하게 되어 書院史에 큰 劃을 긋게 됨을 매우 기쁘게 생각한다.

오랫동안 많은 資料蒐輯에 盡力하신 韓國선비文化研究院의 責任研究員님과 豫算을 支援하신 許成坤 金海市長님, 平山 申氏 賢宗님을 비롯한 獻誠者 여러분과 三 書院誌 編纂에 勞苦가 많은 編纂委員님들께 깊은 感謝를 드린다.

이번 院誌 發刊을 契機로 南冥 先生과 松溪 先生의 遺蹟들이 確實하게 照明되어 所重한 資料가 後世에 永久히 傳承되어 學問研究와 斯文振作에 널리 活用되기를 바란다.

2016年 12月　日
新山書院　院長　裵鍍奭 謹識

祝刊辭

　　2016년도 제40회 남명선비문화축제 기념으로 新山書院 史를 체계적으로 정리 책으로 엮어 發刊하게 될 계획을 세 우고 금년에 책이 간행되게 된 것을 진심으로 축하드리며, 이 책을 發刊하기 위해 애써 오신 신산서원 裵鍍奭 원장님 을 비롯한 獻誠者 士林會員 여러분의 功勞에 감사드립니다.

　　新山書院은 南冥 曺植 先生이 1530년에 妻家 곳인 現 金海 市 大東面 酒洞里에 山海亭을 짓고 松溪 申季誠 先生외 全國諸賢과 道義로써 交遊하고 30년 동안 講學하여 後學을 養成한 先生의 偉業을 顯彰하고 學問과 思想을 承繼하기 위하여 후학들이 南冥과 松溪를 並享하여 모신 書院입니다.

　　南冥 曺植 先生의 학문은 敬과 義 두 글자로 집약되는데, 이는 주역의 '敬以直 內, 義以方外'(경은 내적 수양을 통해 마음을 밝고 올바르게 근본을 세우는 것 이고, 의는 경을 근본으로 하여 제반사를 대처함에 있어 과단성 있게 실천하는 것을 뜻함)에서 따온 것으로 敬의 상징으로 惺惺子, 義의 상징으로 敬義劍을 몸에 지니고 다녔으며 성현들의 여러 말씀도 결국 [敬, 義] 두 마디에 지나지 않는다고 문인들에게 가르쳤다고 합니다.
　　이러한 敬義思想의 영향으로 壬辰亂에 선생의 門下에서 많은 의병장이 배출 되어 救國忠誠을 다하였다고 봅니다.

　　松溪 申季誠 先生의 학문적 사상은 敬과 誠으로써, 敬으로 存心의 요체로 삼 고 誠으로써 持敬의 근본으로 삼는다고 하였습니다. 송계 선생은 산해정을 수 시로 방문하여 남명 선생과 함께 강론하였다고 합니다.

　　이처럼 敬義·敬誠思想 속에서 우리 김해지역 정신문화의 큰 뿌리가 전해지기

를 기대하면서 그간의 자취와 성과를 집대성하여 책으로 발간하게 됨을 다시
한 번 전 김해시민과 함께 축하하며, 南冥과 松溪 선생의 學問과 思想이 후세에
길이 教化의 指針으로 傳承되기를 기원합니다.

2017년 6월
김해시장 허성곤

祝刊辭

영남 유림사에 한 획을 그은 南冥 曺植 先生과 松溪 申季誠 先生의 學德을 추모하고, 斯文振作에 힘쓰고 있는 新山書院에서 賜額書院의 위상에 걸맞는 院誌가 발간되게 된 것을 매우 뜻깊게 생각합니다.

이 값진 결실이 있기까지 각고의 노력을 기울여 주신 新山書院 裵鍍奭 院長님, 金海鄉校 盧永七 典校님을 비롯한 편찬위원 여러분, 오랜 시간 자료수집에 진력하신 한국선비문화연구원 책임연구원님과 물심양면의 지원을 아끼지 않으신 여러 獻誠者분들께 깊은 존경을 담아 감사의 인사를 드립니다.

조정에 正道가 없음을 한탄하시고, 초야에서 학문연구와 후진 양성에 힘써왔던 南冥 先生께서는 군자의 도리를 '敬'과 '義'로 설명하며 敬으로 內面을 곧게 하고, 義로써 外面을 方正하게 하겠다는 뜻의 "內明者敬, 外斷者義"를 선비의 기상으로 삼아 평생에 걸쳐 이를 실천하셨다고 합니다. 그래서 南冥 先生의 門下에 있던 忘憂堂 郭再祐, 來庵 鄭仁弘, 大笑軒 趙宗道 등 50여 명의 제자들은 南冥 先生의 敬義思想을 본받아 임진왜란, 정유재란 당시 목숨을 걸고 의병을 일으켜 겨레의 생존과 조국수호를 위해 헌신하는 등 오직 盡忠保國의 길을 知行合一로 실천에 옮겼습니다.

현재 우리나라는 국정, 민생, 국방, 외교 등 사회 각 분야에 걸쳐 內憂外患의 어려움에 처해 있습니다. 작금의 위기를 슬기롭게 극복하고 國泰民安의 확고한 기틀을 세우기 위해서는 南冥 先生의 '敬'과 '義'의 가치에 대해 사회 구성원 모두가 한 번 더 되새겨볼 필요가 있다고 생각합니다.

이런 의미에서, 新山書院의 역사와 함께 南冥·松溪 두 先生의 정신과 학문적 깊이를 集大成한 院誌를 발행하게 된 것은 그 의미가 매우 크다고 생각합니다.

아무쪼록 院誌의 발간이 선현의 가르침을 본받고 현대사회에 필요한 유학적 가치를 전승하는 도화선이 되길 바라고, 유구한 역사와 전통을 지닌 新山書院의 무궁한 발전과 주야로 유림의 학풍을 계승, 발전시켜 나가고 계신 경향 각지의 선비 여러분 모두 尊體 康寧하시고, 宅內 平安하심을 진심으로 祈願합니다.
감사합니다.

2017年 5月   日

國會議員　閔洪喆

남명 선생과 송계 선생의 생애와 학덕

김경수[1]

1. 남명 선생의 생애生涯와 학덕學德

1) 생애生涯

선생의 휘諱는 식植, 자字는 건중健仲, 본관本貫은 창녕昌寧이며, 남명南冥은 선생의 호號이다. 선생은 1501년(연산군 7) 6월 26일 경남 합천군 삼가면 토동의 외가外家에서 아버지 언형彦亨[승문원판교承文院判校]과 어머니 인천 이씨[충순위 국忠順衛 菊의 여女] 사이에서 태어났는데, 본가는 삼가의 판현板峴이었다. 어려서 외가에서 자라던 선생은 아버지가 문과에 급제하여 벼슬길에 나아가자 아버지의 임지를 따라다니면서 학문을 익히고, 한편으로는 백성들의 곤궁한 생활을 직접 보게 되었다.

19세 때 산에서 독서하다가 기묘사화己卯士禍로 조광조趙光祖 등의 죽음을 들었고, 숙부 언경彦卿도 이에 연루되어 파직당하는 것을 보고서

---

1) 집필 및 편집위원, 한국선비문화연구원 책임연구원 겸 경상대학교 대학원 철학과 외래교수

잘못된 정치의 폐단을 슬퍼하였다. 20세 때에는 향시에 일등이등으로 합격하였는데, 좌류문左柳文[좌구명左丘明과 류종원柳宗元의 글]을 좋아하고 고문古文에 능하여 그 글을 많은 사람들이 전송傳誦하였다. 25세 때에는 과거를 위하여 절간에서 공부하다가 『성리대전』을 보던 중 노재魯齋 허형許衡이 말한 "이윤伊尹이 뜻한 바를 뜻으로 삼고 안자顔子가 배운 바를 배움으로 하여, 벼슬에 나가면 이루는 일이 있어야 하고 물러나서는 지킴이 있어야 한다. 대장부라면 마땅히 이와 같아야 할 것이니, 벼슬에 나아가서도 하는 일이 없고 산림山林에 처해서 지키는 것이 없다면 뜻한 바와 배운 바를 무엇에 쓰겠는가?"라고 한 구절을 보고서 크게 깨달아 과거공부를 폐하고 육경사서六經四書 및 주정장주周程張朱의 유서遺書에 전념했다. 30세 때부터 처가가 있는 김해 신어산 아래에 산해정山海亭을 짓고 학문에 정진하면서 제자들을 교육하기 시작하였다. 37세 때에 어머니를 설득하여 과거를 완전히 포기하였다. 38세 때 회재 이언적李彦迪의 천거로 처음으로 헌릉참봉獻陵參奉에 제수되었으나 나아가지 않았다. 45세 때에는 을사사화乙巳士禍가 일어나 평소 교분이 두터웠던 이림李霖, 곽순郭珣, 성운成運 등 절친했던 많은 인재들이 화禍를 당하자 더욱 벼슬할 뜻을 버렸다.

48세 때에는 다시 고향인 삼가의 토동으로 돌아와 뇌룡정雷龍亭과 계부당鷄伏堂을 짓고 제자를 길렀다. 이 시기에 선생의 명성은 이미 사림士林의 영수領袖로서 온 나라에 떨쳐 48세에 전생서주부典牲署主簿, 51세에 종부시주부宗簿寺主簿, 55세에 상서원판관尙瑞院判官, 또 같은 해에 단성현감丹城縣監 등에 계속 제수되었으나 모두 나아가지 않았다. 단성현감을 사직하는 상소上疏에서 "대비大妃는 사려가 깊지만2) 궁궐 속의 한 과부寡婦에 불과하고, 전하殿下는 어리시어 선왕先王의 외로운 계승자孤嗣일 뿐입니다"라는 구절이 있어 조야朝野에 큰 파문을 일으켰다. 이 상소는

---

2) 이 구절은 『시경』「邶風」 '燕燕'편의 '仲氏任只 其心塞淵'에 나오는 말이다.

실로 선생이 죽음을 무릅쓰고 국정의 잘못을 바로잡고자 언로를 연 것으로, 이 같은 과감한 직언直言은 산림처사山林處士의 위상을 높이는 계기가 되었다.

61세 때 선생은 평소 만년晚年에 살 곳을 찾고자 10여 차례에 걸쳐 답사한 적이 있는 지리산 아래 덕산으로 옮겨 산천재山天齋를 지어 후진을 양성했다. 66세 때에는 임금이 부르는 교지敎旨가 거듭 내리자 상경上京하여 포의布衣로 사정전思政殿에서 왕과 한 번 독대하고는 이내 돌아왔다. 67세 때에 새로 왕위에 오른 선조가 거듭 불렀으나 나아가지 않았고, 68세 때와 71세 때에는 글을 올려 정치의 폐단과 이를 개혁할 대안을 제시하였다. 특히 68세에 올린「무진봉사」는 이른바 '서리망국론'을 주장하여 국정 폐단의 근본적인 잘못이 서리들로부터 비롯되고 있다는 점을 밝히면서 이들이 조정의 실권자들과 결탁하고 있음이 더욱 큰 문제라고 지적하고 있다. 선생의 '서리망국론'은 이후로 조정에서 수시로 거론되었던 사실은『조선왕조실록』을 보면 알 수 있으니, 그 고상한 식견을 짐작할 수 있다.

선생은 72세 되던 해(1572) 2월 8일 산청군 시천면 사륜동에서 조용히 운명殞命하였다. 임종臨終에 모시고 있던 제자들이 사후死後의 칭호稱號를 묻자 "처사處士로 하는 것이 옳다. 만약 벼슬을 쓴다면 나를 버리는 것이다"라고 하였으며, 창벽간窓壁間에 써두고 있었던 '경의敬義' 두 글자를 가리키면서 "오가吾家에 경의敬義가 있는 것은 하늘에 일월日月이 있는 것과 같으니 힘써 지행持行할 것"을 당부하였다. 선생의 부음이 알려지자 조정에서는 제물祭物과 예관禮官을 보내어 제사지내고 사간원司諫院 대사간大司諫에 추증追贈하였다. 이어 광해군光海君 때에는 선생에게 '도덕박문왈문道德博聞曰文 직도불요왈정直道不撓曰貞', 즉 도와 덕을 갖추고 널리 배웠다는 뜻의 문文과 도를 곧게 하여 흔들림이 없었다는 뜻의 정貞을 사용하여 문정文貞이란 시호謚號[3)]와 함께 영의정領議政에 추증하였으며, 선생을 향사享祀하고 있던 덕산의 덕천서원德川書院, 합천의 용암서원龍巖書院, 김해의 신산서원新山書院을 모두 사액賜額하였다.

2) 학덕學德

선생이 생존했던 시기는 조선조 중기로 이 시기는 성리학의 이론적 탐구가 본격적으로 전개되던 때였다. 게다가 선생은 당대의 명류들과 두루 깊이 사귀었으니 이윤경李潤慶 준경浚慶 형제, 이항李恒, 이황李滉, 성수침成守琛, 성운成運, 이원李源, 이희안李希顔, 신계성申季誠, 김대유金大有, 이림李霖 등이 그들이니 모두 성리학에 고명한 조예를 지니고 있었던 인물들이다.

그러나 선생은 성리학의 이론적인 측면만을 궁구함에 따른 폐단을 익히 알고서 오히려 그 실천을 중시하였다. 선생의 학문은 만년에 산천재 벽에 써 두었던 경敬과 의義 두 글자에 집약된다고 할 수 있다. 이것은 『주역周易』의 곤괘坤卦「문언전文言傳」에 나오는 말로 '경이직내, 의이방외敬以直內 義以方外', 즉 '경으로써 안을 곧게 하고 의로써 밖을 반듯하게 한다'는 뜻을 지녔다. 여기서 선생은 경敬을 내적 수양과 관련시키고 의義를 외적 실천과 관련시켰는데, 이는 평소 즐겨 차고 다녔던 패검佩劍에 '내명자경 외단자의內明者敬 外斷者義', 즉 '안으로 마음을 밝히는 것은 경이요, 밖으로 행동을 결단하는 것은 의이다'라는 명銘을 새겼던 것에서도 알 수 있다. 또 선생은 성성자惺惺子라는 방울을 차고 다녔는데, 그 소리로 항상 마음에 경각심을 일깨워 안을 밝게 하였던 것이며, 행동은 의義에 맞지 않으면 칼로 자르듯이 반듯하게 하였던 것이다. 이와 같이 공허한 이론적 탐구보다는 실천과 실용을 중시한 남명의 학문은 뒷날 실학의 비조로 꼽히기도 한다.

---

3) 선생의 시호에서 '직도불요왈정直道不撓曰貞'이란 표현은 조선시대의 정식 시법諡法에 없는 내용이다. 그런데 이와 같은 뜻을 부여한 것은 선생의 특징을 가장 선명히 드러낼 수 있기 때문으로 볼 수 있다.

또한 선생은 참으로 '선비정신'의 전형이었으니, 이른바 '천자天子도 신하 삼을 수 없고, 제후諸侯도 벗 삼을 수 없는' 처사로서의 모범을 보였다. 당시 4대사화로 인해 사림士林의 기운이 극도로 퇴상해 있던 때를 당하여 선생은 사기士氣를 만회하고 후진을 양성하여 선비의 본래 사명과 직분을 알게 하였다. 이는 선생이 10여 차례 이상 벼슬을 제수 받았으면서도 당시의 정국이 벼슬하여 뜻을 펼 수 있는 여건이 아님을 보고서, 단지 허명虛名으로 부름에 대해 단 한 차례도 나아가지 않고 처사로서의 직분을 굳게 지켰던 것에서도 알 수 있다.

이리하여 선생으로부터 과거를 보아 벼슬에 나아가는 것보다 산림에 묻혀 학문을 수양하는 선비가 더욱 존경받는 풍토가 되었으니, 이른 바 '묘당유廟堂儒'보다 '산림유山林儒'가 정치의 주체가 되는 사림정치시 대士林政治時代가 이때부터 비롯되었다. 이후로 은일隱逸 출사出仕의 관직 한계를 무너뜨려 정승政丞에까지 오를 수 있게 되었으니, 내암 정인홍, 미수 허목, 우암 송시열 등이 그 대표적인 사람들로서 모두 당대의 명현名賢들이었다. 이들은 모두 선생의 신도비명神道碑銘을 써서 추앙하 고 있다.

한편 선생은 정치는 백성들 편에 서서 시행해야 한다는 위민정치爲民 政治를 강조했다. 선생은 항상 백성들의 곤궁한 생활을 마음 아파하여, 관리들과 어울려 정치를 이야기할 기회가 있으면 팔을 휘두르며 백성 들의 고통을 말했으며, 때로 혼자서 슬피 노래 부르고 눈물을 흘린 적이 한두 번이 아니었다고 기록되어 있다. 이와 같은 선생의 위민정치 사상은 백성 위에 군림하는 정치가 아니라 백성이 국가의 근본民爲邦本 임을 알아야 한다는 주장에 근본하는 것으로 「민암부民嵒賦」에 잘 나타 나고 있으니, 여기에서 선생은 '물이 배를 띄울 수도 있고 배를 뒤집을 수도 있다'는 외민畏民사상을 담고 있다.

선생은 이만규李萬珪가 『조선교육사』에서 우리나라 교육사상 가장 성 공한 교육자로 꼽고 있는 것처럼 많은 영재英才를 길렀다. 선생의 교육

철학은 제자를 개인의 자질에 따라 가르치면서 넓게 지식을 섭취하여 그것을 자기 자질에 맞게 소화하는 것을 중히 여겼다. 구체적인 교육방법은 글자 하나하나의 해석에 얽매이지 않고 요체를 파악하는 교수법을 택했으며, 아는 것을 결국 실천에 옮기도록 하는 데 교육의 목적을 두었다.

이리하여 선생의 문하에서 당대의 명유名儒, 석학碩學들이 많이 배출되었으니, 오건吳健 최영경崔永慶 정인홍鄭仁弘 하항河沆 김우옹金宇顒 정구鄭逑 정탁鄭琢 김면金沔 곽재우郭再祐 김효원金孝元 성여신成汝信 등이 그 대표적인 사람들이다. 특히 선생은 김해 시절부터 왜구의 노략질을 직접 목격하고서 오래지 않아 왜적이 침입해 올 것을 알고 제자들에게 이에 대비하도록 하였다. 선생은 성리학뿐만 아니라 천문天文, 지리地理, 의학醫學, 궁마弓馬, 행진行陣 등의 학문에도 밝아 제자들을 기르는데 이와 같이 병법兵法도 가르쳤던 것이다. 이후 결국 임진왜란이 일어나자 영남의 곽재우 정인홍 김면 등 3대의병장과 조종도趙宗道를 비롯한 50여 명의 의병장이 선생의 문하에서 일어나 국난을 극복하는데 크게 기여하였던 것이며, 여기서 선생의 학덕은 더욱 혁혁히 빛나게 되었다.

이 같은 선생의 학덕은 산해정 시절의 '한사존성, 악립연충閑邪存誠, 岳立淵冲(사악함을 막고 성을 보존하여 산악 같이 우뚝하고 깊은 연못처럼 고요하라)'라는 좌우명座右銘에서 비롯하여, 뇌룡정 시절의 '시거이용현 연묵이뇌성尸居而龍見 淵默而雷聲(시동처럼 가만히 있다가 용처럼 나타나고, 깊은 연못처럼 고요히 있다가 우레 같이 소리친다)'는 자세에서 함양되고, 산천재 시절의 '경의敬義'로 최종 집약되었던 것이다. 그리하여 후세에서 선생을 일러 '추상열일秋霜烈日'이니 '벽립천인壁立千仞'이니 '봉상만인鳳翔萬仞'이니 '고고탁절孤高卓絶'이니 '선생즉일월先生卽日月'이라고 하는 등과 같은 표현이 있게 되었으니, 이로써 선생의 학문과 인품을 능히 짐작하고도 남음이 있다.

2. 송계 선생의 생애生涯와 학덕學德

1) 생애生涯

선생의 휘는 계성季誠, 자는 자함子諴, 성은 신씨申氏이니 본관은 평산平山이며, 생전에 스스로 지은 호는 석계石溪이고 사후에 사림에서 존숭하여 송계松溪 선생이라 하였다. 선생은 1499년(연산군 5) 11월 27일 경남 밀양시 삽포리 집에서 아버지 통덕랑 탁倬과 어머니 군수 순무筍茂의 여女 일직 손씨 사이에서 태어났다. 5세부터 아버지에게 글을 배우기 시작하였고, 11세부터는 송당松堂 박영朴英 선생의 문하에 나아가 수학하였다.

선생의 조부는 휘가 승준承濬, 자는 대원大源, 호는 낙진당樂眞堂인데 생원시에 장원 급제하고서 교관을 지내다가 일찍 세상을 떠났다. 이때로부터 밀양으로 이거하여 자리를 잡았다. 이 분에게 동생이 한 분 있었으니 휘가 승연承演이고 상서원판관을 지냈는데, 슬하에 아들이 없고 딸만 두었다. 그 딸 중의 한 분이 홍문관수찬을 지낸 광주 이씨廣州李氏 수정守貞(1477~1504)에게 출가하여 이윤경李潤慶 이준경李浚慶 등을 낳았다. 따라서 이들과 송계 선생은 6촌의 인척관계가 있다. 이수정은 부친이 폐비 윤씨에게 사약을 가져간 사연으로 인하여 1504년 갑자사화에 연루되어 형제가 모두 참형을 당한 인물로 사화의 희생양이 된 인물이다. 그 아들인 이준경(1499~1572)은 호가 동고東皐이고 자가 원길原吉로 벼슬이 영의정에 이르렀는데, 남명 선생과는 어려서부터 깊은 교유를 이어온 인물이다. 남명 선생이 김해에 정착하자 『심경』을 선물하니, 이에 대해 남명 선생은 「서이군원길소증심경후書李君原吉所贈心經後」를 지어 감사의 뜻을 표하기도 하였으며, 평생토록 서신을 주고받으며 교유를 이어갔다. 남명 선생과 송계 선생 그리고 동고 선생은 이렇게 또 다른 인연을 통하여 그 관계가 더욱 돈독할 수가 있었다.

3세에는 백부 엄경이 식년문과에 장원 급제하였으나 아버지는 건강 문제로 벼슬에 나아가지 않았다. 6세에 갑자사화가 일어났고 21세에 기묘사화가 일어나 많은 사류가 화를 당하는 것을 목격하고서는 과거에 응시할 뜻을 버리고 『소학』과 육경에 전념하였다.

18세에 홍양興陽 이씨를 부인으로 맞이하였으며 20세에는 아들 유정有定을 얻었다. 31세에는 밀양부사로 부임한 회재 이언적의 방문을 받았다. 32세 때에 남명 선생이 김해에 산해정을 지으니 대곡 성운 선생과 삼족당 김대유 선생 그리고 황강 이희안 선생 등 당대의 명유들이 한 자리에 모여 학문을 강론하니 당대에 '덕성이 모였다'는 말이 있었다. 이후로 남명 선생과는 깊은 교유를 가지면서 수시로 편지를 주고받았다.

47세에 조정에서 덕행으로 벼슬에 불렀으나 나아가지 않았고, 50세 때와 53세 때에도 조정에서 불렀으나 건강을 이유로 나아가지 않았다. 63세에는 조정에서 유일遺逸로 불렀으나 나아가지 않았다. 48세 때에 큰아들 유정이 세상을 떠나자 재악산載岳山 금강동의 금강암金剛庵으로 들어가 십여 년 이상 세상을 등지고 살면서 학문에만 전심하며 가끔씩 벗들을 방문하여 학문을 강론하고 벗들의 죽음에 조문하는 일에만 출입하였다. 49세 때에 소요당逍遙堂 박하담朴河淡을 방문하여 수일 간 『주역』을 강토하고서 『주역의의문답집周易疑義問答集』을 지었다. 56세에는 부인 홍양 이씨가 돌아가 장례를 치렀다. 59세에 제자들의 간청으로 옛집으로 돌아와 석계 가에 송죽松竹을 심고 집을 지어 석계정사石溪精舍라 하고, 좌우에 도서를 두고서 책을 손에서 놓지 않았으며, 작은 병풍 두 폭을 만들어 좌우명을 써 두었는데 손님이 오면 접어서 치웠다.

그 병풍의 한 폭에는 '경이직내敬以直內 의이방외義以方外(경으로 안을 곧게 하고, 의로 밖을 반듯하게 한다)'라고 쓰고, 다른 한 폭에는 '간기배불획기신艮其背不獲其身 행기정불견기인行其庭不見其人(그 등 뒤에 머물면 그 몸을 보지 못하고, 그 뜰에 걸어다니면 그 사람을 보지 못한다)'고 써 두었다고 한다. 이 구절은 『주역』의 곤괘 「문언전」과 간괘의 괘사에 나오는 말이다. '경이직내 의이방외'는 남명학의 요체이기도 하지만 송계 선생도 이를 매우 중시했음을 알 수 있고, '간기배불획기신 행기정불견기인'은 '그 머물 곳에 머물고 행할 때에 행하면 허물이 없다는 뜻으로, 출처를 중시하는 구절이다'.

64세 때인 1562년 5월 21일 조용히 운명하니, 유언으로 벼슬을 쓰지 못하도록 하였으며 유서를 남겼다.

선생이 세상을 떠난 14년 후에 밀양부사 김극일이 글을 지어 여표비를 건립하니, 이는 유허비와 비슷한 성격의 비석이기는 하지만 그 유래를 찾기 어려울 정도로 독특한 것이다. 평생 벼슬에 나아가지 않은 선생의 덕을 기리기 위한 사업으로 이해할 수 있다. 1613년부터 사림이 조정에 상소를 올려 선생을 신산서원에 병향할 것을 청하였다. 신산서원은 이미 1609년에 조정으로부터 사액을 받았으므로 병향을 하고자 함에는 반드시 국왕의 윤허를 받아야 하기 때문이었다. 1615년에 다시 상소를 올리니 예조에서 회계하기를 국왕의 윤허를 받았다고 하였다. 「예조 회계」를 보면, 정승들인 이원익 기자헌 정창연 등이 동의하는 의견을 내었으며, 판중추부사 심희수가 재가를 청하여 병향이 결정되게 되었음을 알 수 있다. 이에 다음해인 1616년부터 남명 선생과 더불어 신산서원에 병향하였다. 이어 1637년에는 점필재 김종직 선생을 모시고 있는 예림서원禮林書院에 배향하였고, 예림서원은 1665년에 사액되었다.

2) 학덕學德

선생이 태어난 시기는 조선조가 개국한 지 100년이 조금 지난 때로서 훈구파와 사림파가 첨예한 대립을 거치며 투쟁하고 있었으며, 관학과 성리학이 병존하다가 성리에 대한 탐구로 학문의 중심이 바뀌고 있었다. 선생은 4대 사화 중에서 6세 때 갑자사화를, 21세 때에 기묘사화를 그리고 47세에 을묘사화를 직접 목격하였다. 그런 과정에서 선생은 어려서부터 학문에 뜻을 두고서 과거 공부를 일삼지 않았다. 일찍부터 송당 박영 선생에게 나아가 수학하면서 도의를 강마하고 성리를 토론하여 조예가 더욱 깊고 식견이 더욱 높았다.

선생은 성장하여 남명 조식 선생, 황강 이희안 선생, 대곡 성운 선생, 삼족당 김대유 선생, 청송 성수침 선생, 동주 성제원 선생 등 여러 선생과 서로 왕래하고 종유하면서 막역한 벗이 되었으니, 모두 그를 외우畏友로써 추중했다. 이들은 대개 벼슬에 나아가지 않았거나 또는 지방의 수령직에만 나아간 인물들로서 모두 당시의 정국이 조정에 나아가 벼슬할 시기가 아니라는 점에 뜻을 같이 하고 있었다고 할 수 있다. 그리하여 선생도 당시 사화士禍로 유림의 기상이 꺾인 나머지 광채를 숨기고 자취를 감춰 임천林泉에서 자수自守하였다. 조정에서 누차 유일遺逸로 불렀으나 병을 칭탁하여 일어나지 않고 결국 백의白衣로써 일생을 마쳤다. 특히 선생은 일찍이 말하기를 "남명은 설월雪月의 기상이 있고 황강은 주선하는 수단이 있으며 삼족당은 활달하여 얽매이지 않는 기상이 있으니 모두 나의 익우益友이다."라고 하여 더욱 깊게 교유하였다.

선생의 공부는 격물格物 치지致知 성의誠意 정심正心을 학문의 근본으로 삼았고 수신修身 제가齊家 치국治國 평천하平天下를 학문의 효용으로 삼았다. 나아가 그 언동과 행위는 한결같이 정대正大함에서 나왔으니 남의 선행善行을 들으면 기쁜 빛이 안색에 드러났고 남의 불선不善을 들으면 연민의 정이 마음에 가득하였다. 집안에서 거처할 적에는 효제孝悌의 도리를 다하여 가정 법도가 엄숙했고 향리에서 지낼 적에는 경신敬愼의 정성을 표하여 고을 사람들이 기뻐하였다. 유순하면서도 엄격했고 엄격하면서도 온화했으니 친척과 붕우로부터 마을과 고을에 이르기까지 흔연히 공경하지 않음이 없었다. 그리하여 만년에 이르러 식견이 더욱 높아지고 조예가 한층 깊어져 속유俗儒나 범사凡士가 능히 헤아릴 수 없는 점이 있었다.

　선생은 소시부터 성현聖賢의 학문에 뜻을 두어 육경六經의 문장에 전념하고 소학小學의 가르침에 종사하였다. 경敬으로써 존심存心의 요체로 삼고 성誠으로써 지경持敬의 근본으로 삼아 참되게 온축함을 힘써 오랫동안 하였으니 도道가 정묘하고 인仁이 숙성하였다. 그 공부의 방법으로는 일찍이 30세 이전부터 밤에 취침하지 않았으니 등불을 끄고서 관대를 벗지 않고 궤안을 마주하여 단정히 앉아 조용히 사색하고 말없이 명상하다가 밤이 깊어지면 궤안에 기대어 잠시 눈을 붙일 뿐이었다. 각고면려를 오랫동안 한 이후에 비로소 취침하였지만 대략 이경二更에 누웠다가 닭이 울면 즉시 일어났으니 이는 돌아가실 때까지 한결같았다. 그리하여 "존양存養이 숙달되면 기상이 고대高大해지고 성찰省察이 오래되면 이 마음이 자연히 성명誠明해져 사물을 접함에 두루 응수하고 알맞게 대처할 수 있다."라고 하는 경지에까지 이르렀다.

　스스로 학문의 즐거움을 표현하기를 "명교名敎 가운데 스스로 즐거움이 있으니 고량膏粱이 아니라도 배부르고 금수錦繡가 아니라도 아름다우며 종고鐘鼓가 아니라도 즐겁다. 성현聖賢이 어찌 나를 속이겠는가!"라고 하였고, 또 "고확顧確이란 두 글자를 나는 일찍이 마음에서 잊어본 적이 없다."고 하였으니 '顧'는 『중용中庸』의 '言顧行 行顧言'이란 말에 근거한 것이며 '確'은 『주역周易』 건괘乾卦 「문언전文言傳」의 '樂則行之 憂則違之 確乎其不可拔'에 근거한 것으로 보인다. 중년에 큰아들을 잃어 상심하고 비통해하여 재악산載岳山에 들어가 금강암金剛庵에 거처하면서 날마다 경전經傳을 즐기며 세상과 상통하지 않은 지가 거의 십수 년인데 이 시기에 함양공부가 더욱 무르익은 것으로 보인다.

　선생 사후에 그 덕을 칭송하는 이들은 "선생은 한 고을에 거처하면서 영달을 구하지 않았고 저술을 일삼지 않았으며 오로지 학문을 자기의 소임으로 삼았다. 구이口耳를 비루하게 여기고 실천實踐을 독실하게 하였으며 고요하고 단정하여 언소를 함부로 하지 않았다. 내면에 충만한 것은 충신忠信과 성경誠敬이고 밖으로 드러난 것은 온량溫良과 정고貞固이며 새벽에 일어나 저녁까지 매진하면서 조금도 해이함이 없었다. 이에 그 모습을 본 자는 사벽함이 저절로 사라지고 그 말을 들은 자는 누추함이 저절로 없어졌다. 그 밖에 학문한 조예의 깊고 얕음은 참으로 소자小子들이 능히 언급할 바가 아니다.”라고 하였다.

　이러한 선생의 학덕을 문인 점필재 김종직의 손자인 김뉴金紐는 「행장」에서 ‘당시 사람들이 모두 산림山林의 재상宰相’이라 하였다고 하고서 ‘선생 같은 분은 독신篤信한 군자라 하겠고 또한 그 뜻을 고상히 하여[高尙其志] 왕후王侯를 섬기지 않은 이[不事王侯者]라고 하겠다’고 하였다. 남명 선생은 「묘갈명」에서 ‘공은 학문學問과 조신操身이 시종 불변하여 누구도 따를 수 없는 어진사람이었다’고 하고, 명銘에서 이르기를 ‘우리 당黨의 인물 중에 신군申君이 제일이니, 안으로는 엄숙嚴肅했고 밖으로는 청고淸苦했다. 선현에게 사숙私淑했으니 송당松堂의 문인이고, 비록 벼슬하지 않았으나 남긴 향기 전해지리’라고 하였다. 내암 정인홍은 「중건 여표비지」에서 ‘아! 선비가 세상에 태어나 크게 행하는 것과 궁하게 사는 것이 모두 하나의 도이다. 선생께서 세상에 살아계실 적에는 그 잠덕潛德과 유광幽光이 시종 밝게 드러났으니 자사子思가 이른 바 “군자는 멀리 있으면 우러러보고 가까이 있으면 싫증나지 않는다.”는 것이다. 이는 선생이 궁하게 살았어도 감할 수 없는 점이자 참으로 선생으로 하여금 크게 행하게 하였더라도 또한 더할 수 없는 점이다. 더할 수도 없고 감할 수도 없는 것이 군자의 본분이다’라고 하여 선생이 군자의 덕을 온전히 한 인물로 묘사하였다.

일러두기

◈ 이 책은 남명 선생을 향사하고 있는 덕천서원 용암서원 신산서원
등 세 서원의 역사적 변천과정과 그 내용을 최대한 수습하여 정리하
고자 기획되었다. 『덕천서원지』·『용암서원지』·『신산서원지』 세 권
을 한 질로 묶었다. 이렇게 함으로서 세 서원의 전체적 모습을 쉽게
확인할 수도 있고 동시에 각각의 서원지는 단행본으로서의 역할도
할 수 있도록 하였다.

◈ 덕천서원의 경우는 서원의 역사를 기록한 『덕천서원지』가 소략하지
만 남아 있어 그 대체적인 연혁을 알 수가 있다. 그러나 용암서원과
신산서원은 훼철 이후 관리가 제대로 이루어지지 않아 서원이 보유
하고 있던 자료들이 모두 분실되어 남은 것이 전혀 없는 실정이다.
그러므로 덕천서원의 연혁은 부분적으로 보충하여 정리하였지만,
용암서원과 신산서원의 연혁은 여러 가지 자료들을 열람하여 처음
부터 새로 정리하였다.

◈ 덕천서원에는 수우당 최영경 선생이 종향되어 있고, 신산서원에는
송계 신계성 선생이 병향되어 있지만 용암서원은 남명 선생만 제향
되어 있다. 따라서 『덕천서원지』에서는 수우당 선생의 생애자료와
관련한 기록들을 포함시켰고, 『신산서원지』에는 송계 선생의 생애
자료와 관련된 기록을 포함시켰다.

◈ 덕천서원 주변에는 산천재를 비롯하여 남명 선생 묘소와 여재실
및 세심정 등의 사적지와 남명기념관과 한국선비문화연구원 그리고
덕문정 등과 같은 남명 선생 관련 기념사업 건물들도 산재하고 있다.

따라서 『덕천서원지』에는 이러한 사적지와 기념물 등과 관련한 내용들도 모두 포함하였다. 용암서원은 세 차례 위치를 바꾸어 건립되었는데, 현재의 서원은 뇌룡정 옆에 복원되었다. 그 주변에는 남명 선생께서 탄생한 생가지(남명 선생의 외가)가 복원되어 있으므로, 『용암서원지』에는 뇌룡정과 생가지에 대한 내용도 포함하였다. 신산서원은 임란 때 소실된 후 산해정 자리에 복원하였으나, 훼철 이후 산해정만 복원하고 신산서원은 복원하지 못하고 있다가 1999년도에 산해정을 확대하여 신산서원으로 중건하였으므로, 현재의 신산서원 강당이 바로 산해정이다. 그러므로 『신산서원지』에는 산해정의 모든 자료들도 포함하였다.

◈ 『덕천서원지』는 연혁을 먼저 수록하되 현재 서원에 걸려 있지 않은 기문류 등도 수습하여 여기에 포함시켰다. 이어서 봉안문 축문 향례 의절 등을 실었다. 그 뒤에 「남명 선생의 유향」편을 두어 선생이 남긴 자료를 수록하였다. 이어 「덕천서원의 자료」편을 두어 덕천서원이 소장하고 있는 원임록과 원생록 사우연원록 등에 기록된 명단을 정리하여 수록하고, 청무소축에 대해 소개하고 대표적 청무소 한 편을 번역하여 실었다. 그리고 각종 현판들을 수록하고, 세심정까지 포함하였다. 그 뒤에 「남명 선생편」을 두어 행장 묘갈명 묘지명 신도비명 교지 사제문 연보 등을 수록하였다. 이어서 「수우당선생편」에는 제남명선생문 행장 묘갈명 묘지명 신도비명 사제문 덕천서원 배향고문 등을 포함하였다. 그 뒤에 「산천재편」을 수록하여 각종 주요 문서와 행례홀기 등을 실었다. 이어서 여재실과 덕문정 관련 글을 싣고, 남명기념관과 한국선비문화연구원의 연혁과 주요 사업을 수록하였다. 그리고 「부록」으로 남명학 관련 기관들의 연혁과 주요사업실적을 수록하고, 그동안의 각종 기념사업 실적을 나열하였다. 따라서 『덕천서원지』는 그 분량이 다른 서원지에 비해 상당히 방대하다.

◆『용암서원지』는 연혁을 먼저 수록하고, 이어서 「남명 선생편」을 두어 남명 선생의 유향과 선생의 생애자료와 관련한 글들을 묶었다. 이어서 용암서원에 게시된 각종 현판의 글들을 싣고, 「뇌룡정편」을 그 뒤에 두어 관련 내용들을 수록하였다. 이어서 '남명 선생 생가지' 사진을 싣고 간단한 설명을 붙였으며, 그 뒤에 「을묘사직소(일명 단성소)」를 수록하여 그 내용을 알 수 있게 하였다. 「부록」으로는 「남명학의 선양경과」와 「남명 선생 선양회 연혁」을 실었다.

◆『신산서원지』는 연혁을 먼저 수습하여 수록하되 현재 게시되어 있지 않은 기문류의 글들도 수습하여 포함하였다. 그 뒤에 「남명 선생편」을 두어 남명 선생의 유향 및 생애자료와 관련된 기록들을 묶었다. 이어서 「송계 선생편」을 두어 송계 선생 관련 각종 기록들을 정리하였다. 그 뒤에 「신산서원편」을 두어 신산서원과 관련한 각종 현판들을 수록하고, 이어 「산해정편」을 두어 산해정과 관련된 모든 현판들을 실었다. 「부록」으로는 「남명학의 선양경과」를 실었다.

◆각 항목들에 대한 이해를 돕기 위하여 각 장마다 따로 '개요'를 붙여 구체적인 설명을 하였다.

◆사적지들에 걸려 있는 현판의 수록순서는 지어진 연기가 있는 경우는 연도가 앞서는 것부터 하였으며, 같은 일에 대한 기록에 대해서는 상량문, 기문, 원운의 순서로 하였다.

◆모든 한문으로 된 글들은 번역을 붙였으며, 일반인들의 이해를 돕고자 번역문을 먼저 싣고, 필요한 경우에는 원문과 대조해 볼 수 있도록 원문을 바로 이어 수록하였다.

◆번역은 원문의 문맥에 따르는 것을 가장 우선으로 하면서, 모두 한글로 번역하고 이해에 필요하다고 생각되는 한자는 괄호로 묶어 표시하였다.

◆원문의 작자들은 한결같이 당대의 명유名儒들로서 문장에 매우 어려운 구절을 많이 사용하였는데, 이러한 구절들은 가급적 각주를 달아

서 이해를 돕도록 하였고, 글의 작자에 대해서는 각주를 다는 것을 원칙으로 하였고, 글 속에 나타나는 인물들에 대해서도 가능한 범위 안에서 각주를 달았다.

◈ 번역에 있어 상량문·시詩·명銘 등은 원문이 지니는 운율을 최대한 살려 번역하였으므로, 읽을 때 운문체의 음률로 읽으면 그 맛이 더욱 드러나게 하였다.

◈ 책 표시는 『 』로 하였고, 논문이나 단편적인 글 제목은 「 」로 표시하였으며, 일반적 인용은 ' '로 표시하고, 대화체의 인용은 " "로 표기하였다.

◈ 책의 일차적인 편집과 설명문은 김경수가 담당하였고, 이에 대해 허권수 감수위원 및 이성규·노재성·박병련·최석기·이상필·김낙진·김학수 등 7명의 검토위원이 교정과 윤문을 맡았다.

◈ 이 책에 실린 한문 원문은 몇 가지를 제외하고는 이창호李昌浩 씨가 모두 번역하였으며 최종 교정은 김경수와 같이 맡았다.

◈ 책의 편찬에 있어 자료의 전산작업과 각주를 다는 작업에 구자익 박사와 구진성 박사의 도움이 있었다.

◈ 책 끝에 수록한 편찬위원회의 명단은 세 서원지의 공동편찬위원회로 이해하면 된다.

목차

제**1**부 남명 선생편

제**2**부 송계 선생편

제3부 신산서원편

제**4**부 산해정편

산해정과 신산서원 연혁[1)]

○ 1530년(중종 25) 남명 선생께서 김해의 탄동炭洞(지금의 김해시 대동면 주동리 원동)에 산해정을 세우고 30년 이상 강학하였다.

남명 선생은 1548년 합천 삼가로 다시 돌아가게 되고, 이어 1561년에는 산청 덕산으로 이거하게 되지만, 1568년 김해에 머물고 있던 부인이 돌아가기까지는 수시로 산해정을 왕래하였던 것이 여러 기록에서 확인된다.

신재 주세붕[2)]의 「연보」에 의하면 '이 해 9월에 산해정으로 남명을 방문하여 『심경』·『중용』·『대학』 등의 책을 강론하였다'고 되어 있다. 이 시기에 남명 선생은 밀양의 송계 신계성[3)]과 합천 초계의 황강 이희안[4)] 등과 깊게 교유한 것으로 나타난다. 또한 배대유[5)]의 조부인 배학裵鶴(1498~1569)[6)]도 산해정에서 남명을 자주 만난 것으로 기록되어 있다(안정복, 『순암집』 권21 「영릉참봉임천배공묘갈명」).

---

1) 이 내용은 이상필, 「남명 조식 유적 소고 (Ⅰ)」(『대동한문학』 제29집) 및 김경수, 「산해정과 신산서원의 문화공간적 역할」(『남명학』 제20집)을 참고하여 연대별로 재구성한 것이다.

2) 주세붕周世鵬(1495~1554): 자는 경유景游, 호는 신재愼齋·남고南皐·무릉도인武陵道人·손옹巽翁이며, 본관은 상주尙州로 칠원에 거주하였다. 저서로 『무릉잡고』가 있다.

3) 신계성申季誠(1499~1562): 자는 자함子諴, 호는 송계松溪, 본관은 평산으로 밀양에 거주하였다. 저서로 『송계실기』가 있다.

4) 이희안李希顔(1504~1559): 자는 우옹愚翁, 호는 황강黃江, 본관은 합천으로 초계에 거주했다. 저서로 『황강실기』가 있다.

5) 배대유裵大維(1563~1632): 자는 자장子長, 호는 모정慕亭, 본관은 분성으로 영산에 거주했다. 정인홍의 문인으로 임진왜란 때 창의하였다. 저서로 『모정집』이 있다.

6) 배학裵鶴(1498~1569): 자는 태충太沖, 호는 임천林泉, 본관은 분성으로 영산에 거주했다.

○ 1537년에 정지린7)이 처음으로 제자로 와서 배운 후부터 정복현8)·이제신9) 권문임10)·노흠11)·문익성12) 등이 산해정으로 찾아와 제자로 입문하였다.

○ 무민당 박인(1583~1640)13)은 '산해'의 의미를 '산을 베고 바다에 임했다[枕山臨海]'로 해석하였다. 만성 박치복14)은 '나지막한 언덕으로 인해 태산의 높음을 생각하고, 작은 강물을 근거로 하늘에까지 이르는 큰물을 미루어 생각하는' 뜻으로 해석하였다. 면우 곽종석15)은 '태산에 올라 바다를 바라본다[登泰山而觀於海]'는 뜻으로 보았다.

○ 1588년(선조 21) 김해시 대동면 주동리 산해정 동쪽 산기슭에 부사 양사준과 정자正字 안희安憙16) 및 향인이 신산서원을 건립하였다. 신어산神魚山의 이름에서 신神과 신新의 발음이 같고, 『주역』「대축괘」에 '나날이 새로워지는 것[日新]을 성대한 덕[盛德]'이라고 하였기에

---

7) 정지린鄭之麟(1520~1600): 자는 인서麟瑞, 호는 서암棲巖, 본관은 초계로 정운鄭雲의 아들이다.
8) 정복현鄭復顯(1521~1591): 자는 수초遂初, 호는 매촌梅村, 본관은 서산으로 거창에 거주했다. 저서로 『매촌실기』가 있다.
9) 이제신李濟臣(1510~1582): 자는 언우彦遇, 호는 도구陶丘, 본관은 고성으로 의령에 거주하였다. 1544년 산해정으로 남명을 찾아뵙고 한 달여 기간을 머물렀다. 저서로 『도구실기』가 있다.
10) 권문임權文任(1528~1580): 자는 흥숙興叔, 호는 원당源塘, 본관은 안동으로 권규權逵의 아들이다.
11) 노흠盧欽(1527~1602): 자는 공신公愼, 호는 입재立齋, 본관은 광주로 삼가에 거주했다. 임난 때 창의하였다. 저술로 『입재집』이 있다.
12) 문익성文益成(1526~1584): 자는 숙재叔栽, 호는 옥동玉洞, 본관은 남평으로 합천에 거주하였다. 저서로 『옥동집』이 있다.
13) 박인朴絪(1583~1640): 자는 백화伯和, 호는 무민당无悶堂, 본관은 고령으로 야로에 거주하였다. 정인홍의 문인이다. 저서로 『무민당집』이 있다.
14) 박치복朴致馥(1824~1894): 자는 훈경薰卿, 호는 만성晚醒, 본관은 밀양이다. 함안에서 태어나 만년에 합천 가회에 거주하였다. 류치명柳致明과 허전許傳에게 수학하였으며, 저서로 『만성집』이 있다.
15) 곽종석郭鍾錫(1846~1919): 자는 명원鳴遠, 호는 면우俛宇, 본관은 현풍玄風으로 단성丹城 출신이다. 이진상에게 수학하였다. 저서로 『면우집』이 있다.
16) 안희安憙(1551~1613): 자는 언우彦優, 호는 죽계竹溪, 본관은 순흥으로 함안에 거주했다. 임난 때 창의했다. 저술로 『죽계집』이 있다.

신산新山이란 이름을 붙였다.

○ 1592년(선조 25) 신산서원과 산해정이 임진왜란으로 왜군들에 의해 소실되었다.

○ 1608년(선조 41) 안희·황세열[17]·허경윤[18] 등이 주도하여 신산서원을 산해정의 옛 터에 중창하였다.『김해읍지』에 '김진선 신산서원창건'이라 되어 있으므로 당시 김해부사인 김진선金振先이 서원 중창에 도움을 준 것을 알 수 있다.

○ 1609년(광해 원) 신산서원이 사액되었다.
이때에 덕산의 덕천서원 및 합천의 용암서원 등과 함께 사액되었다. 이 무렵 내암 정인홍[19]이 신산서원 원장을 맡았으나 곧 사임하였다. 이 해에 역양 문경호[20]가 원장으로서 신산서원에 와서 사당에 알현했다는 기록이 있다(『역양집』「연보」37년 기유).

○ 1616년(광해 8) 전 해인 1615년에 송계 신계성 선생의 병향이 윤허되어, 이 해부터 병향하였다.

○ 1618년(광해 10) 모정 배대유가 조차마[21]의 부탁으로「신산서원기」

---

17) 황세열黃世烈: 본관은 창원이다.
18) 허경윤許景胤(1573~1646): 자는 사술士述, 호는 죽암竹庵, 본관은 김해로 김해에 거주했다. 저술로 『죽암집』이 있다.
19) 정인홍鄭仁弘(1536~1623): 자는 덕원德遠, 호는 내암來庵, 본관은 서산으로 합천 가야에 거주하였다. 남명의 수문인으로 꼽히며 임진왜란 때 의병대장으로 활약하였다. 인조반정 이후 적신으로 처형되어 순종 때에 신원되었다. 저술로 『내암집』이 있다.
20) 문경호文景虎(1556~1619): 자는 군변君變, 호는 역양嶧陽, 본관은 남평으로 야로에 거주했다. 정인홍·정구의 문인이다. 저술로 『역양집』이 있다.
21) 조차마曺次磨(1557~1639): 자는 이회二會, 호는 모정慕亭이다.

를 지었다.

『모정집』에 실린 「신산서원기」에는 서원 창건 당시에 '방백읍재方伯 邑宰'의 도움이 있었다고 했는데, 후에 사우당 조이추[22]가 1705년에 그 기문을 써서 현판으로 달면서 '방백 윤근수[23]와 읍재 하진보[24]'라고 내용을 추가하였다. 창건 당시 윤근수와 하진보는 경상감사나 김해부사가 아니었다.

○1619년(광해 11) 6월에 한강 정구[25]가 서원에 들러 사당에 참배하였다.

○1636년(인조 14) 간송 조임도[26]가 원장이었다는 기록이 있다(『간송집』 권3, 「답김난고 병자」).

○1646년(인조 24) 당시 조은 한몽삼[27]이 원장이었다는 기록이 있다.[28]

○1705년(숙종 31) 사우당 조이추가 「신산서원기」를 현판에 써서 걸었다.

---

22) 조이추曺爾樞(1661~1707): 자는 원경元卿, 호는 사우당四友堂, 본관은 남평南平으로 김해에 거주했다. 이형상李衡祥, 이만부李萬敷 등과 교유했다. 저술로 『사우당집』이 있다.

23) 윤근수尹根壽(1537~1616): 자는 자고子固, 호는 월정月汀, 본관은 해평海平으로 윤두수尹斗壽의 동생이다. 1574년 경상도관찰사로 부임했다. 저술로 『월정집』이 있다.

24) 하진보河晉寶(1530~1585): 자는 선재善哉, 호는 영모정永慕亭, 본관은 진양으로 진주 단목에 거주했다.

25) 정구鄭逑(1543~1620): 자는 도가道可, 호는 한강寒岡, 본관은 청주로 성주에 거주했다. 저술로 『한강집』이 있다.

26) 조임도趙任道(1585~1664): 자는 치원致遠·덕용德勇, 호는 간송澗松, 본관은 함안으로 함안에 거주했다. 저술로 『간송집』이 있다.

27) 한몽삼韓夢參(1589~1662): 자는 자변子變, 호는 조은釣隱, 본관은 청주로 진주 정수에 거주하였다. 저서로 『조은집釣隱集』이 있다.

28) 이 해에 조은이 쓴 「신산서원청득노비장新山書院請得奴婢狀」이라는 글이 『조은집』에 남아 있는데, "병술丙戌 산장시山長時"라고 부기되어 있다.

이 현판의 뒷면에는 '숭정기원후육십구년중추상완 남평조이추서崇
禎紀元後六十九年仲秋上浣 南平曹爾樞書'라고 되어 있고, '원임院任 조시영趙時
瑩 조구령曹九齡, 유사有司 류창문柳昌文'이란 글이 명시되어 있다.

○ 1796년(정조 20) 『어정규장전운御定奎章全韻』을 하사받았다.

○ 1818년(순조 18) 당시 김해부사인 이석하의 주창으로 산해정을 신
산서원 옆에 복원하였다. 서원 유생 송윤증·류방식·조석권 등이 일
을 주관하였다. 상량문은 이석하가 짓고 기문은 양산군수였던 김유
헌이 지었다.
이 무렵 부사 이석하가 원장이었다는 기록이 『김해읍지』에 보인다.
『김해읍지』에 수록된 김유헌의 기문에 '… 선생이 몰한 뒤에 그 정자
곁에 서원을 세워 향사하였다. 그러나 후생 말학으로서 선생의 풍모
를 느끼려는 사람들은 지금도 산해정을 말한다. 임진 계사의 전쟁
때 정자가 소실된 뒤 다시 세워지지 않았다. 그 230년 뒤에 부사
이석하가 산장이 되어 강개한 마음으로 복원을 꾀하였다. 원유 송윤
증이 재물을 모아서 도우고, 류방식이 실로 일을 주관하여 그 다음
해에 낙성되었다. 낙성된 해에 내가 양산 군수로 부임하였다. 원유
조석권이 와서 나에게 말하기를 "상량문은 산장에게 요청하였으니,
사또께서 어찌 기문을 지어주시지 않겠습니까?" 하였다.'라고 되어
있다.

○ 1830년(순조 30) 무렵 신산서원이 중수되었다. 그 무렵 김해부사를
지냈던 학서 류이좌(1763~1837)가 일을 주선하였다가 그 10년 뒤에
유생 송윤증·송석순·허학·노병연 등이 일을 주관하였고, 재정은 조
중진이 담당하였다.
류이좌의 『학서집』에 수록된 「신산서원강당중수기」는 다음과 같다.

신산서원 강당 중수기

    김해金海는 수로왕首露王의 고도古都이자 남명南冥 선생께서 송계松溪 제현과 더불어 또한 일찍이 주부동酒府洞 산해정山海亭에서 강학한 곳으로 유풍과 선속이 돈후하고 화락하니 이것이 바로 신산서원新山書院이 말미암아 창건된 바이다. 내가 예전에 외람되이 이 고을을 다스리면서 서쪽 성곽의 납릉納陵을 알현하고 인하여 신산서원에 나아가 선생의 사당에 절하고는 서원의 선비들과 동행하여 우러러 대현의 향기가 남아 있는 자리를 돌아보았으니 우매한 나의 소망은 안문雁門의 처벌을 다시 받기를[30] 바랄 뿐만이 아니었다. 다만 그 당실堂室과 재사齋舍는 연대가 오래되어 퇴락했으니 계획을 세워 수리하는 일은 실로 당시 수령의 책임인데도 양사재養士齋를 향교 곁으로 이건하고는 재력이 모자라 능히 사업을 추진하지 못했고 병으로 인해 관직에 물러나서는 돌아와서도 송사가 남아 있었다.

    10년 뒤 서원 유생 노이문盧以文이 고을 사림의 뜻으로 나를 찾아와 부탁하여 말하기를 "신산서원의 강당講堂이 무너진 것을 고을 사람들이 모두 마음과 힘을 합쳐 이제 겨우 중수했습니다. 집채와 서까래가 굉장하여 산천의 경색이 달라졌으니 원컨대 한 마디 말을 내려 기문을 지어주십시오."라고 하였다. 내가 불각시에 벌떡 일어나 감사하며 말하기를, 훌륭하다. 고도의 유풍이 현인을 숭상하고 교육을 부흥시키는 일을 즐겨 이루었다. 내가 불민하여 녹봉만 허비하면서 뜻은 있어도 이루지 못한 일인데 이제야 용이하게 눈앞에 우

---

29) 유이좌柳台佐(1763~1837): 자는 사현士鉉, 호는 학서鶴棲, 본관은 풍산豊山으로 서애西厓 유성룡柳成龍의 6세손이다. 1794년 문과에 급제하여 정언 사성 교리 예조참의 동부승지 부총관 우승지 호조참판을 지냈다.

30) 원문의 '부안문지기復雁門之踦'는 한漢나라 단회종段會宗의 고사에서 나왔다. 단회종은 경녕竟寧(B.C. 33) 연간에 서역도호西域都護로 부임했다가 임기를 채우고 돌아와서는 안문태수雁門太守로 재직 중에 법을 어겨 면직되었다. 그 후 서역의 제국들이 글을 올려 단회종을 다시 보내줄 것을 요청하자 양삭陽朔(B.C. 24~21) 연간에 또 서역도호로 부임하게 되었다. 이에 절친한 친구인 곡영谷永이 그 늙은 몸으로 멀리 떠나는 것을 걱정하면서 편지를 보내 말하기를 "바라건대 그대는 큰 공을 세우려 하지 말고[願吾子 毋求奇功] 임기가 다하면 서둘러 돌아와[終更亟還] 또한 안문태수로 있을 때처럼 처벌을 다시 받는다 해도 족할 것이다[亦足以復雁門之踦]"라고 하였다. 여기에서 저자가 이 말을 인용한 것은 김해에 다시 부임하고 싶은 바람을 드러낸 것이라 하겠다.

뚝 솟은 모습을 보게 되었다. 참으로 제공의 정성 바친 지극함과 힘을 쏟은 근면함이 아니었다면 어찌 능히 이와 같겠는가! 주부자朱夫子의 백록동부白鹿洞賦에 "지난 일은 미칠 수 없어 나의 마음 괴롭지만, 앞날 일은 이을 이가 있으니 내 무엇을 구하리."라고 하였다. 이는 바로 금일의 일을 얘기한 것이니 감복하여 칭탄할 뿐이다. 단지 한스러운 것은 전일에 함께 유람하던 즐거움을 이어 건물의 찬연한 아름다움을 우러러 바라볼 수 없다는 점이다.

비록 그러하나 내 이로 인하여 가만히 할 얘기가 있다. 강당을 짓는 것은 학문을 강론하기 위해서이다. 남명의 가르침에 말하기를 "학문은 지경持敬보다 요긴한 것이 없으므로 주일主一 공부에 치중하여 언제나 깨어 있고 신심神心을 수렴해야 한다. 학문은 과욕寡欲보다 우선한 것이 없으므로 극기克己에 힘을 쏟아 찌꺼기를 씻어내고 천리天理를 함양해야 한다."[31]고 하였다. 송계가 말하기를 "그저 헛되이 지내면 되는 일이 없고, 부지런히 나아가면 이르는 곳이 있다."[32]고 하였다. 이제 우리 여러 군자들이 참으로 지경과 과욕에 매진하면서 그저 헛되이 지냄을 경계하고 부지런히 나아감에 뜻을 둔다면 이 서원의 강당에 올라 선생의 도를 강론하는 것이 여기에서 벗어나지 않을 것이다. 그리고 수로왕의 화평하고 순후한 풍속도 또한 만회할 수 있을 것이니 여러 군자들은 이에 힘쓸 것이다. 중수한 공역은 유생 송윤증宋允增 송석순宋錫洵 허학許學 노병연盧秉淵이 그 일을 주관했고 돈과 곡식을 맡아서 장인과 음식을 증감한 이는 조중진曹重振이니 모두 한 고을에 명망 있는 사람들이다.

新山書院 講堂 重修記

柳台佐

金陵 首露氏之古都 南冥先生 與松溪諸賢 亦嘗講道於酒府洞之山海亭 遺風善俗 敦厚豈弟 新山書院之所由創也 余於昔年 忝守是邦 謁西郭納陵 仍詣新山 拜先生廟 招携院中多士 緬仰周旋於大賢遺馥之地 懵陋之幸 不啻復雁門之躕也 第其堂室齋寮 年久荒頹 綱紀修茸 實維當日官守者之責 而移建養士齋於校宮之傍 力有所詘 未克敦事 因病解官 歸有餘訟 後十年 院儒盧斯文以文 以鄕士林之意

---

31) 『남명선생별집』 권지2 「언행총록」에 나오는 말이다.
32) 『송계선생실기』 「유사」편에 나오는 말이다.

委訪謬囑曰 新院講堂之頹圮者 一鄕悉心效力 今纔重修 棟宇椽桷 山川改觀 願賜一言以記之 余不覺蹶然而起 謝曰 多乎哉 古都遺俗之樂成於尙賢興敎之事也 余之不敏 虛費俸廩 留意未就者 今乃容易見眼前突兀 苟非諸公效誠之摯 用力之勤能如是乎 朱夫子 白鹿洞賦曰 往者不及 余心憂兮 來者有繼 我將焉求兮 政說道今日事 艶服欽歎 恨不得續前日聯遊之樂 仰瞻輪奐之美也 雖然 抑余因此而竊有所誦 講堂之設 所以講學也 南冥之訓曰 學莫要於持敬 故用工於主一 惺惺不昧收斂神心 學莫先於寡欲 故致力於克己 滌淨渣滓 涵養天理 松溪之言曰 悠悠泛泛都不濟事 勉勉循循 自有所至 今我諸君子 苟能從事於持敬寡欲 悠泛以爲戒 勉循以着意 則躋是院之堂 講先生之道者 要不外是 首露氏 熙熙淳厖之俗 亦可以挽回之矣 諸君子 其勉乎哉 重修之役 儒生宋允增 宋錫洵 許僆 盧秉淵 幹其事 掌金穀以上下工食 曺重振也 皆一鄕之望云.

○ **1867**년(고종 4) 성재 허전(1797~1886)[33]이 원장이었다는 기록이 있다. 노상직[34]의 『소눌집』 권47 「성재선생연보」에 '병인년 선생 70세 2월에 제생들과 더불어 산해정에서 강학하였다. 이때에 선생은 신산서원의 원장이었다'는 기록이 있다.

○ **1871**년(고종 8) 신산서원과 산해정이 대원군의 서원철폐령으로 훼철되었다.

○ **1890**년(고종 27) 하경도·조종응·허찬 등 3명의 유사가 주관하여 서원철폐령이 폐지되지 않아 산해정을 중건하고 3월 중정일에 남명선생을 향사하였다. 송계 선생은 후손들이 서원철폐령이 폐지되고 난 후에 향사하는 것이 좋겠다고 하여 이때에 함께 향사하지 않았다. 『만성집』에 수록된 만성 박치복(1824~1894)[35]의 「산해정중건기」는

33) 허전許傳(1797~1886): 자는 이로而老, 호는 성재性齋, 시호는 문헌文憲, 본관은 양천陽川이며, 현 경기도 포천 출신이다. 저술로 『성재집』 및 『사의士儀』 등이 있다.

34) 노상직盧相稷(1855~1931): 자는 치팔致八, 호는 소눌小訥, 본관은 광주光州로 밀양 등지에 거주했다. 저술로 『소눌집』이 있다.

다음과 같다.

산해정 중건기

박치복朴致馥

땅이 한 촌 정도 높은 것부터 까마득히 하늘 위로 솟은 것에 이르기까지가 모두 산이다. 졸졸 흐르는 작은 물줄기의 시작부터 숱한 냇물이 주입되어 어느 때 다할 것인지 알 수 없는데도 가득 차지 않고 미려尾閭36)에 물이 새어 어느 때 그칠 것인지 알 수 없는데도 마르지 않는 것에 이르기까지가 모두 바다이다. 그렇다면 천하에 가득한 것이 단지 이 산과 바다일 뿐인데 어찌 언덕 하나 구렁 하나를 보고서 그것만이 오로지 산이라 하고 바다라 하겠는 가! 비록 그러하나 산이 비록 높다 해도 그 정상이 모두 태산에 속하지는 않고 바다가 비록 크다 해도 오히려 형기形氣의 테두리에서 벗어나지는 않으 니 지극한 도道의 광대함은 또한 산이나 바다로써 개괄한 바가 아니다.

남명 조식 선생이 젊은 시절 김해의 부인 향리에서 모친을 봉양하면서 신 어산神魚山 아래 삼차三叉37) 해상에 집을 지어 강학했는데 그 정자에 산해정山 海亭이라 편액을 걸었다. 이는 대개 작은 언덕을 보고서 태산의 높음을 상상 하거나 항구 하나를 근거하여 하늘까지 차오르는 큰물을 헤아려 본 것이겠지 만 그 형이상학의 도는 만물의 존재 밖으로 초월하여 명칭과 형상이 없으니 선생께서 뜻을 부친 바를 추측해 보건대 그것은 이에 있지 않겠는가!

선생이 세상을 떠난 후 사림이 산해정 동쪽에 서원을 건립했는데 임진년 난리에 화재를 당하였다. 이에 허죽암許竹庵 안죽계安竹溪 제현이 전란에 파괴 된 것을 중창重創했으나 정자는 힘이 모자라 착수하지 못하고 그 편액을 서원 누각에 걸어놓고서 당시 모습을 추상한 지가 거의 300년이다. 금상今上 무진

---

35) 박치복朴致馥(1824~1894): 자는 훈경薰卿, 호는 만성晩醒, 본관은 밀양이다. 함안에서 태어나 만년에 합천 가회에 거주하였다. 류치명柳致明과 허전許傳에게 수학하였으며, 저서로 『만성집』이 있다.

36) 미려尾閭: 고대 전설 중 바닷물이 새어나가는 곳이라 한다. 『장자莊子』 「추수秋水」편에 "천하지수天下之水 막대어해莫大於海 맡천귀지萬川歸之 부지하시지이불영不知何時止而不盈 미려설지尾閭泄之 부지하시이이 불허不知何時已而不虛"라는 말이 있다.

37) 산해정에서 내려다보이는 아랫마을 앞에는 물이 세 갈래가 합쳐지는 곳이 있었다. 그래서 붙인 이름이다. 지금은 일제 당시 바다를 매립하여 넓은 들이 만들어지면서 그 자취가 사라졌다.

년(1868)에 조령朝令으로 서원이 철폐되고 향사를 지내던 자리에는 잡초만 무성하니 고을 인사들이 모두 탄식하며 말하기를 "서원의 철폐는 하늘의 뜻이지만 정자를 복원하지 못한 것은 그 책임이 우리에게 있지 않겠는가!" 하였다. 그리고 들어가 고을 원 이후李侯에게 고하니 원이 말하기를 "나의 책임이다." 하고는 약간의 자금을 희사하여 비용으로 쓰게 하고 학전學田 몇 두락을 조사하여 출연하였다. 이에 고을 전체가 다투어 권면하여 재물을 모으고 공사를 추진하면서 행여 남에게 뒤질까 염려하였다. 강당의 옛 터를 정비하여 정자를 새로 세웠으니 그 규모는 가로 길이가 여섯 기둥이고 세로 깊이가 한 칸 반이다.

공사를 마치고는 사중社中의 사람들이 서찰을 보내 그 일을 기록해주기를 청하였다. 내 이르기를, 선생의 도는 태산도 그 높기가 부족하고 바다도 그 넓기가 부족하다. 정자의 흥폐興廢가 도의 승침升沈이 되는 것은 아니지만 후인들이 쳐다보면서 추모함에는 도움이 되지 않는다고 할 수 없다. 하늘이 사문斯文의 정자를 보우하여 수풀과 잡초가 우거진 자리에 다시 이를 건립하여서는 꿩이 날고 새가 날개를 펼친 듯 화려한 건물이 주변 경치를 바꾸었으니 이는 강우江右에 규성奎星의 모임이 이로부터 조짐을 드러내 우리의 도가 부흥함을 거의 다시 볼 수 있지 않겠는가! 도는 사람에게 멀리 있지 않으니 이를 구하기만 하면 된다는 말은 바로 선생의 글에 있다.

山海亭 重建記

朴致馥

自地高一寸 至于峻極于天 皆山也 自涓涔濫觴之始 至于百川注之 不知何時已而不盈 尾閭泄之 不知何時止而不渴 皆海也 然則 盈天下者 只是山與海而已 豈一邱一壑之所得而專哉 雖然 山雖高而頂上已不屬泰山 海雖鉅而猶不離於形氣之圍 則至道之大 又非山與海之所可槪也 南冥曺先生 少日就養于金官之婦氏鄕 築室講道于神魚山下三叉海上 扁其亭曰山海 蓋因培塿而想泰山之高 據一港而推稽天之浸 而若其形而上之道 則超乎有物之表而無名狀 可擬先生之所寓意者 其不在玆乎 先生沒後 士林建書院于亭之東 龍蛇之訌 厄於灰燹 許竹庵 安竹溪 諸賢重創於創痍之餘 而亭役則力絀未及擧 揭其扁於院樓 以寓存想者 垂三百年 今上

戊辰 以朝令撤院 俎豆遺墟 鞠爲茂草 府之人士 咸咨嗟曰 院之廢 天也 亭不復
其責不在吾輩乎 入告府伯李侯 侯曰吾責也 捐若干銅以需之 查出學田幾頃 於是
一境競勸 鳩財董工 猶恐或後 拓講堂舊址而新之 其制 袤六楹 深一室半 功旣竣
社中人致書 請記其事 余謂 先生之道 泰山不足高也 瀛海不足大也 亭之廢興 不
足爲道之升沈 而後人之瞻想寓慕 則不可謂不爲助也 天佑斯文之亭也 復起於榛
蕪灌莽之餘 鼄飛鳥革 形勝改觀 安知江右奎明之會 不自此兆眹 而吾道之興 可幾
也耶 道不遠人 求之則是 有先生之書在

신산서원을 중건하고 그 서원의 누각에 산해정의 편액을 걸어둔
것이 300년이라고 하였으니, 지금 산해정에 걸린 편액이 아마도 처
음 산해정의 편액이 그대로 전해져 온 것이라고 볼 수 있다.

○1924년 김해군수 이장희가 주관하여 산해정을 중수하였다.

○1949년 유사 송세정이 주관하여 산해정을 중수하였다.
　유사 송세정이 4년간 산해정의 유사를 맡아 유계를 확충하고 계금을
　모아 정자를 수리하고 제전祭田을 마련하였으며, 제기와 제관의 접대
　기물을 모두 갖추었다.

○1970~1971년 산해정을 중수하였다.
　1970년에 김해향교 전교 조경래가 위원장이 되고, 어순선이 재무를
　맡고 조성출이 재정유사를 맡았으며 전 국회의원 조규갑이 도움을
　주어 산해정을 대대적으로 중수하였다.

○1983년 유사에 송세우·김응구·조성출이었다.

○1992년 '신산서원복원추진위원회'를 구성하였다.

○1993년 산해정이 경상남도 문화재자료 제125호로 지정되어 정부의 보수금이 책정되어 중수하였다. 유사는 허중구였다.

○1998년 '신산서원복원추진위원회' '산해정' '김해향교' '유도회김해시지부'가 공동으로 신산서원 복원을 추진하였다.

○1999년 6월 12일 신산서원을 복원하고 남명 선생과 송계 선생을 병향하였다.
* 시설규모 강당 17평, 동재와 서재 각 9평, 외삼문 4평, 화정실 5평, 사우 9평, 내삼문 2평, 원장 등 총 공사비(국비+도비+시비) 480,966,000원이 투입되었다.
이때의 「남명 선생 봉안문」과 「상향축문」, 「송계 선생 봉안문」과 「상향축문」은 다음과 같다.

남명 선생 봉안문

허권수

유세차 기묘년(1999) 4월 정묘 삭 29일 을미에 후학 ***는 남명 선생에게 감히 밝게 고합니다.

엎드려 생각건대, 하늘이 우리나라 보우하여 진유眞儒가 우뚝하게 출현했으니, 일월日月의 기상을 받았고 하악河嶽의 정기를 타고났습니다. 품성이 고매하고 도량이 활달했으며, 단엄하고 강직하며 정대하고 확고하였습니다. 소시부터 성인聖人을 기약하여 밤낮으로 매진하더니, 사승師承을 말미암지 않고서도 탐구하고 완미했습니다. 경전을 널리 궁구하면서 분발하여 식사도 잊었고, 백가를 두루 섭렵하면서 잠시도 쉬지 않았습니다. 마음으로 체득함을 귀히 여기고 일신을 돌아보아 단속했으며, 학문은 위기爲己를 근본했으니 경의敬義가 그 핵심이었습니다. 멀리 공자孔子를 소급하여 끊어진 학문을 소술했고, 나가면 행하고 물러나면 은둔하여 남들이 알아줌을 구하지 않았습니다.

뜻을 품고 산림에서 지냈지만 구차히 침묵하지 않았으며, 세상 피한 자릉子

陵과는 상이하여 백성과 나라를 걱정했으니, 맑은 밤에 슬프게 노래하면서 남 몰래 눈물을 흘렸습니다. 지조를 구하고 의리를 행하면서 스스로 명절名節을 닦았으니, 횡류 속의 지주砥柱처럼 독립하여 두려워하지 않았습니다. 도가 성취되고 덕이 충만하여 명성이 날마다 퍼지니, 원근의 준사들이 눈 속에 서서 가르침을 청했습니다. 고원함을 좇지 말고 하학下學하여 상달上達하라 하였고, 의심스런 뜻을 분석하여 털끝도 남김이 없었으며, 정성스럽게 양단兩端을 두드려 현인 석학 육영에 힘썼습니다.

임금이 좋은 정치 펼치려고 초빙하는 깃발이 연이었으나, 탕湯 임금의 뜻이 비록 간절해도 신야莘野에서 밭 갈기를 그치지 않았습니다. 당시 정사 무너지고 나라 근본 혼란하니, 광란이 사방에 범람하여 사문斯文은 기백을 잃었습니다. 바른 말의 상소 한 장에 조야朝野가 두려워했고, 만년에 한 번 나아가 임금의 실정失政을 직간하였습니다. 출처가 엄정하여 권도權度를 자세히 살폈으니, 행동은 무겁기가 천균千鈞 같고 기상은 깎아지른 절벽 같았습니다. 세 조정 징사徵士에다 백세의 유철儒哲이었는데, 소미성少微星이 광채 잃어 온 나라가 슬퍼하였습니다. 우리 유림 누구를 우러를까 시귀蓍龜가 자취를 감추었으니, 사당 세워 추모하면서 대중들 슬픔을 위로하였습니다.

이에 이 신산新山은 지팡이 짚고 노닐던 곳으로, 몇 개의 기둥을 세워 산해山海라 편액하고는, 학문을 계승하여 제자를 가르친 지 30년이 흘렀습니다. 익우益友인 송계松溪 선생은 뜻이 같고 마음이 일치하여, 내왕하고 강론하면서 덕 닦음에 자익을 더했습니다. 사람들이 다투어 추모하고 자리에는 향기가 남아 있어, 이에 정자의 터에 서원 세워 향사를 드렸으니, 낙동강 물가에다 신어산 기슭이었습니다. 현인을 존숭하고 선비를 양성하여 유풍儒風이 진작되었으니, 남기신 덕 전해져 선비들의 긍식矜式이 되었습니다.

왜란倭亂이 갑자기 들이닥쳐 서원이 불에 타 없어지자, 많은 선비들이 상의하여 삽시간에 복원하였습니다. 이에 송계 선생을 한 사당에 연향聯享하니, 나라가 장려하여 신산新山이라 사액하였습니다. 서원 건립 지나치게 남발하자 임금이 훼철을 명했으니, 신산서원도 재앙을 입어 선비들이 억울해 하였습니다. 복향復享하여 빈조蘋藻를 올렸지만 사람들 마음에 어찌 흡족하겠습니까, 기약하지 않아도 뜻이 같아 향론鄕論이 크게 일어났습니다. 이에 계획 세워 영건하니 누가 감히 힘을 쏟지 않겠습니까, 예전 모습 다시 드러내니 상쾌하고 장엄합니다. 길일 택해 봉안함에 관리 선비 일제히 모였으니, 서직黍稷

이 향기롭고 변두邊豆 정결합니다. 공경히 흠향하기를 고하노니 신령께선 강림하시고, 광명을 베푸시어 도맥道脈을 길이 전하게 하십시오.

南冥 先生 奉安文

許捲洙

維歲次 己卯 四月 丁卯朔 二十九日 乙未 後學○○○ 敢昭告于
南冥先生 伏以 天佑吾東 眞儒挺出 受氣日月 稟精河嶽 賦性超邁 氣宇恢廓 端嚴
剛毅 正大果確 自幼期聖 日夕乾惕 不由師承 窮硏詛嚼 博究經傳 發憤忘食 旁搜
百家 孜孜不息 心得是貴 反躬造約 學本爲己 敬義其核 遠溯洙泗 乃紹絶學 用行
舍藏 不求人識 卷懷邱壑 不苟從黙 異乎子陵 拳拳民國 淸宵悲歌 竊泣淚滴 求志
行義 自礪名節 砥柱橫流 不懼獨立 道成德充 聲聞日擴 遐邇髦彦 請教立雪 戒勿
趨高 下學上達 剖析疑義 言入毫末 諄諄叩端 務育賢碩 王欲善治 旌命絡繹 湯意
雖懇 莘耕不輟 時政隳壞 國本杌隉 狂瀾四溢 斯文喪魄 諤諤一疏 朝野震爆 晩一
赴召 直諫君失 出處之嚴 權度精察 動止千鈞 氣像壁削 三朝徵士 百世儒哲 少微
晦彩 通國悲哭 吾黨誰仰 蓍龜匿跡 建祠寓慕 可療群憾 乃茲神山 杖屨攸及 數楹
之構 山海扁屋 續學授從 歷年三十 益友松溪 志同契合 來往講論 修德麗澤 人爭
羹墻 地猶餘馥 爰就亭址 設院薦苾 洛江之湄 神山之麓 尊賢養士 儒風振作 遺德
連綿 諸儒矜式 倭燹遽至 宮牆燬滅 多士協謀 不日興復 乃以松溪 聯享一室 國家
獎之 賜新山額 建院太濫 王命毁撤 新山謬罹 章甫鬱悒 復享蘋藻 群情詎洽 不期
志同 鄕論峻發 載經載營 誰敢不力 舊容更現 噲噲翼翼 筮日妥靈 官紳齊集 黍稷
馨香 邊豆淨潔 敬以告侑 神其來格 惠以光明 用壽道脈

상향축문

도는 공자孔子를 소술하고 경의敬義로 바탕을 삼았습니다.
유교遺敎가 다함이 없으리니 백세의 종사宗師입니다.

常享祝文

道紹洙泗 敬義爲基 遺敎不歇 百世宗師

송계 선생 봉안문

유세차 기묘년(1999) 4월 정묘 삭 29일 을미에 후학 ***는 송계松溪 신선생申先生에게 감히 밝게 고합니다.

엎드려 생각건대, 성인聖人이 멀어져 말씀이 없어지고 도道가 남기신 책에만 있으니, 참된 선비가 있지 않았다면 누가 그 진전眞詮을 밝히겠습니까! 강물에 원천源泉이 있고 계도함에 선각先覺이 있듯이, 위대한 선생께서 남방에 우뚝이 출현하였습니다. 하악河嶽에서 정기 받아 기개가 추상秋霜 같았고, 소시부터 옷을 걷고 문목공文穆公에게 수업하였습니다. 이치는 천인天人에 통달하고 오로지 성학聖學에 전념했으며, 정순한 조예는 경의敬義가 표적이었습니다. 고상함은 고괘蠱卦 상구上九 따르고 잠룡潛龍처럼 잠복함이 확고했으니, 천 길의 절벽 같은 기상은 시종 변함없이 한결같았습니다.

다행히도 동덕同德이 있어 덕산德山이 하늘 높이 우뚝터니, 산해山海의 정자에서 달마다 왕래했습니다. 온축한 것은 드러내지 않음이 없었고 논의는 합치되지 않음이 없었으니, 동시대의 유현儒賢으로 경이롭게 추중하였습니다. 염락濂洛) 남은 운치에다 창주滄洲의 높은 경지이니, 그 안은 장엄하고 그 밖은 청고했습니다. 우리 당黨의 으뜸이란 문정공文貞公의 말이 있고 낙천樂泉과 여헌旅軒의 천양하는 글이 있습니다.

이 신산서원 쳐다보니 나라에서 보답하여 사액賜額하였고, 오직 두 분 부자夫子를 나란히 연향聯享했으니, 첨앙할 곳이 있어 유림의 긍식矜式이 되었습니다. 예전 서원 훼철된 지 이미 백 년 지났으니, 희령熙寧 연간의 무성한 잡초가 대대로 내려온 재앙입니다. 창상滄桑이 누차 변해 사론士論이 일제히 애통해하더니, 모든 사람이 의견 모아 서원과 사당을 복원했습니다. 길일 택해 공경히 봉안함에 금패 찬 선비들 운집하니, 제물이 정결하고 집사가 조심스럽습니다. 나약한 이 일으킨 풍범은 백세토록 격동할 것이니, 이제부터 시작하여 향사享祀에 소홀함이 없을 것입니다. 엎드려 바라건대 보우하시어 우리를 다함없이 살펴주십시오.

松溪 先生 奉安文

李雨燮

維歲次己卯四月丁卯朔二十九日乙未 後學○○○ 敢昭告于
松溪申先生 伏以 聖遠言湮 道在遺編 不有眞儒 孰明其詮 若流有源 若啓有先 有
卓先生 崛起南服 鍾精河嶽 氣如秋肅 妙歲摳衣 文穆之席 理貫天人 專心聖學 造
詣精熟 敬義之的 高尙蠱九 潛龍介確 壁立千仞 終始一節 幸有同德 德山天屹 山
海之亭 式月徵逐 靡蘊不披 靡論不合 幷世儒賢 瞠然推轂 濂洛餘韻 滄洲高躅 其
內齊莊 其外冰蘗 吾黨之最 文貞有筆 樂泉旅軒 闡揚有述 睠茲新山 崇報賜額 惟
兩夫子 幷腏聯壁 瞻依有所 儒士矜式 舊院之撤 己閱百曆 熙寧茂草 世遺之厄 屢
變滄桑 士論齊盡 僉意允同 院祠載復 穀朝虔妥 襟珮坌集 籩豆靜嘉 執事有恪 儒
立之風 聳動來百 其始自今 禋祀無斁 伏祈啓佑 惠我無極

상향축문

하악河嶽의 정기 받고 천인天人의 학문을 닦았습니다.
의리가 문정공文貞公과 같으니 백세의 긍식矜式입니다.

常享祝文

河嶽之精 天人之學 義同文貞 百世矜式

1부 남명 선생편

제1장 남명 선생의 유향

제2장 남명 선생의 생애자료

제1장 남명 선생의 유향

<개요>

남명 선생의 유묵과 유품은 많이 남아 있지 않다. 선생 사후 불과 20년 만에 임진왜란이 일어나 선생께서 남긴 것들 거의 모두가 병화에 소실되었기 때문이다. 특히 선생의 제자 50여 명이 의병장으로 일어나 왜군의 작전에 심각한 타격을 주었기에 선생에 대한 왜군의 감정이 극도로 좋지 않았던 것으로 볼 수 있다. 일제강점기에도 선생의 위패를 봉안하고 문중에서 불천위제사를 드리는 별묘(여재실)로 들어가는 종택 입구에 면사무소를 설치하여 그 기운을 꺾고자 하였다고 한다.

현재 선생의 유묵으로 알려지고 있는 것은 8종이다. 그러나 선생의 친필로 알려진 간찰 중 1장은 선생의 작품이 아닌 것으로 판단되어 여기에서 제외하였으며, 여기에 수록한 「의성김씨묘지」와 「판교공묘갈명」도 선생의 친필은 아닌 것으로 판단되지만 선생이 지은 글이므로 포함하였다. 나머지 5편의 글은 지금까지 선생의 친필로 인정되고 있다.

선생의 문집은 여러 차례에 걸쳐 간행되었다. 여기에 수록한 문집과 목판은 산천재의 장판각에 보관되어 있던(현재는 남명기념관 수장고에 보관되어 있음) 마지막 목판으로 98년도에 다시 영인한 것과 초간본인 '갑진본(1604)' 그리고 1700년 이후 간행된 이정본 계통의 주요 판본들이다.

선생은 평소에 허리에 검을 즐겨 차고서 '경의검'이라 하였다. 나중에 이것을 정인홍에게 전했다고 하는 설도 있으나 확인된 바는 없다. 또한 옷섶에 방울을 차고서 '성성자'라고 하여 그 소리로 항상 스스로를 경계하였다. 이것은 선생의 제자이자 외손서인 동강 김우옹에게 주었다는 사실이 확인된다.

'사성현 유상 병풍'으로 불리는 작은 병풍은 선생이 직접 그린 공자 주렴계 정명도 주자 등의 흉상인데, 세월이 지나면서 계속 종이를 새로 입히고 덧칠을 하여 최근에는 거의 그림을 알아볼 수 없는 실정이었다. 2016년도에 진주박물관에서 이 그림에서 새로 입힌 종이와 덧칠을 제거하고 원래의 모습에 가까운 상태로 복원하였다. '신명사도'도 감정 결과 조선중기의 재질이 확인되어 진주박물관에서 '사성현 유상 병풍'과 같이 원형에 가깝게 복원하였다.

1) 유묵遺墨

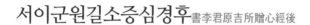

서이군원길소증심경후書李君原吉所贈心經後

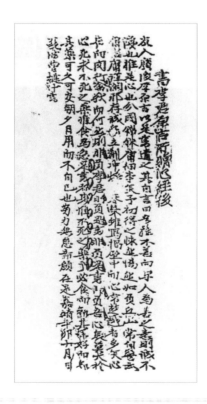

남명이 김해에 정착한 후인 1531년에 동고東皐 이준경李浚慶으로부터 『심경心經』을 기증받고서 느낀 감상을 쓴 글로서 현재 동아대학교박물관에 소장되어 있다. 『교감 국역 남명집』에 수록되어 있으므로 번역문만 싣는다. 여기서 선생은 『심경』에서 말하는 '이 마음을 저버리면 자신의 마음을 저버리는 것'이라고 하면서 자신의 「좌우명」을 처음으로 드러내고 있다.

나의 벗 광릉 이원길이 이 책을 주면서, 스스로 말하기를 "나는 비록 착하지 못하지만 남이 착하도록 도와주려는 생각은 진실로 얕지 않다. 이 '마음'을 잘 미루어나가면 비록 나라를 나누어주더라도 저울 눈금처럼 자잘하게 여길 것이다"라고 하였다.

내가 처음 이 책을 받고는 황송하고 두려워서 마치 산더미를 짊어진 듯하였다. 내가 항상 스스로 경계하여 "언행을 신의 있게 하고 삼가며, 사악함을 막고 정성을 보존하라. 산처럼 우뚝하고 못처럼 깊으면 움돋는 봄날처럼 빛나고 빛나리라"라는 말을 써서 벽에 걸어두었으나, 마음은 늘 초나라와 월나라 사이처럼 아득히 멀어져 있는 경우가 많았다.

마음은 죽고 육체만 걸어 다닌다면 금수가 아니고 무엇이겠는가? 그렇다면 내가 이군을 저버린 것이 아니라 바로 이 책을 저버린 것이며, 이 책을 저버린 것이 아니라 바로 내 마음을 저버린 것이다. 그러니 슬프기로는 마음이 죽은 것보다 더 큰 것이 없다. 죽지 않는 약을 구했으면 먹는 것이 급한 일인데, 이 책은 아마 마음을 죽지 않게 하는 약이리라. 반드시 먹어서 그 맛을 알고 좋아해서 그 즐거움을 알아야, 오래갈 수도 있고 편안할 수도 있으며, 아침저녁으로 일상생활에서 쓰기를 스스로 마지않을 것이다. 노력하여 게으르지 않도록 하라, 안자와 같이 되는 길이 바로 여기에 있느니라.

가정 신묘년(1531) 10월 일에 하성 조건중이 쓰다.

남명 선생이 배삼익裵三益에게 보낸 편지

남명 선생이 제자인 임연재臨淵齋 배삼익裵三益(1534~1588, 자는 여우汝友)에게 보낸 편지이다. 『임연재문집』「연보」에 의하면 배삼익은 32세 때에 밀양 교수로 부임하여 선생을 배알한 것으로 나타난다. 첫머리의 '교아校衙'가 향교 관아를 지칭하는 말이므로 이 편지도 그 당시에 쓴 것임을 알 수 있다. 배삼익이 보내준 물고기와 약재 등에 대해 고마움을 표시하는 내용이다. 이 편지글은 성균관대학교에서 간행한 『근묵槿墨』의 제1권에 수록된 것에서 발췌한 것이다.

여우汝友[1] 시사侍史[2]에게 절하며 사례함. 배정자裵正字[3] 교아校衙[4]

　매양 한 번 헤어지고 나면 오랫동안 봄날의 회포 같습니다. 참으로 십 년 동안 서로 이끌어주어 세월이 오래 될수록 더욱 깊어짐을 알겠습니다. 미련이 남아 그칠 수가 없으니 어찌 이것이 도를 배운 사람의 일이겠습니까! 홀로 자탄할 뿐입니다.

　지금 계응啓應[5]을 만나 얘기가 끝나지도 않았는데 황혼녘에 다시 서신을 받고 아울러 부쳐준 물고기도 받았습니다. 계응도 공에게 들은 것이 있는지 매 번 가져다주는 것이 물고기뿐만이 아닌데 공이 다시 중첩하여 보내주니 어찌 선물하는 것을 남용하십니까? 염소焰焇[6]도 또한 너무 많으니 장차 주머니에 넣어두었다가 필요할 때를 대비하겠습니다.

　차후로 소식 또한 끊어지고 노부老夫의 죽음도 얼마 남지 않았으니 한갓되이 슬프고 한스러울 뿐입니다. 엎드려 바라건대 살펴보십시오. 삼가 사례 드립니다. 등불 아래 객을 마주하여 서둘러 적어 보냅니다.

섣달 26일　건중楗仲

---

1) 여우汝友: 배삼익裵三益(1534~1588)의 자字. 배삼익은 홍해인興海人으로 호가 임연재臨淵齋이고 안동에 거주했으며 퇴계의 문인이다. 명종 19년(1564) 문과에 급제하여 호조좌랑 풍기군수 양양부사 사헌부 장령 성균관 사예 황해도 관찰사를 지냈다. 『남명집』에 보면 배삼익이 남명 선생을 위해 지은 만시輓詩가 등재되어 있다.

2) 시사侍史: 윗사람을 모시고 문서를 맡아보는 사람이란 뜻으로 서찰 봉투에 상대방을 높여서 쓰는 말이다.

3) 정자正字: 홍문관 승문원 교서관 등에 소속된 정 9품직 벼슬이다.

4) 교아校衙: 향교 관아이다. 『임연재선생문집』 「연보」편에 보면 배삼익은 32세인 1565년 9월에 밀양 교수로 부임하여 남명 선생을 배알하였다고 한다.

5) 계응啓應: 미상未詳

6) 염소焰焇: 염소焰消인 듯하다. 염소는 소석消石이라고도 하는데 염전에서 나는 광물질로 적열積熱을 풀어주고 소변을 잘 나오게 하며 오임五痳을 다스리는 약재로 사용된다.

汝友 侍史 拜謝 襄正字 校銜

每作一別 長似春懷 定知十年相攜 愈
久愈深 留滯不已 豈是學道之事也 獨
自鳴嘆 今見啓應 說到不已 向昏 復得
信字 竝蒙 惠寄江魚 啓應 因 公有聞
件件所惠 不啻江魚
公復稠疊委遺 何見
賜之濫耶 焰焇亦至太優 將囊貯 以備緩
急 此後 消息亦斷 老夫存亡無日 徒懷
悵恨 伏惟
尊照 謹謝
臘二十六日　燈下對客 草送　楗仲

남명 선생이 성수침成守琛에게 보낸 편지

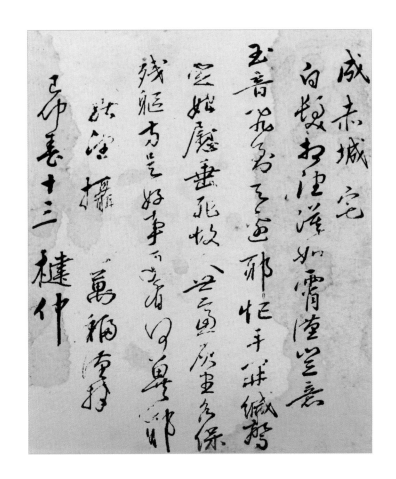

남명 선생이 벗인 청송 성수침 선생의 편지를 받고서 답장으로 쓴 글이다. 아마도 명종 14년(1559) 기묘년에 쓴 것으로 추정된다. 이 간찰은 의령의 강구봉 씨가 소장하고 있다.

성적성成赤城⁷⁾ 댁

백발 되어 서로 바라보니 아득하기가 하늘의 은하 같은데 어찌 옥음이 날아서 하늘 끝에 이를 줄을 알았겠습니까? 급히 손을 놀려 봉함을 열어보고는 놀라움이 진정되자 비로소 위안이 되었습니다.

죽을 때가 다 된 친구이니 세상 생각이 식은 재처럼 다하였습니다. 각자 쇠잔한 몸을 보전하고 있는 것만으로도 바야흐로 좋은 일인데 다시 무슨 바람이 있겠습니까? 단지 바라건대 몸조리 잘 하시어 만복하십시오. 삼가 절합니다.

기*년⁸⁾ 중춘 13 건중健仲

成赤城宅
白髮相望 漠如霄漢 豈意
玉音飛到天邊耶 忙手開緘 驚
定始慰 垂死故人 世慮灰盡 各保
殘軀 方是好事 更有何冀耶
姑望攝履萬福 謹拜
己仲春十三 健仲

---

7) 적성赤城은 적성積城(현 파주)인 듯하다. 성수침은 만년에 적성 현감을 제수 받았다.

8) 천간天干에 기자己字가 들어가는 해를 말하는데 지지地支는 생략되어 있다. 명종 14년 기미년(1559)으로 추정된다.

남명 선생이 토끼를 요청하는 편지

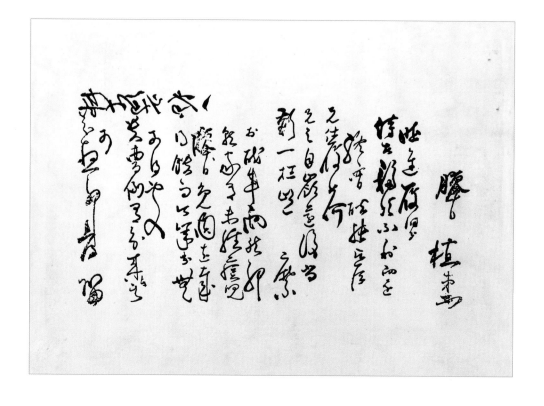

초서草書로 쓴 편지로서 현재 경북 예천군 풍양면 삼강리 고故 정재홍鄭載洪 씨 집안에서 소장하고 있다. 탈초와 번역을 첨부한다.

어제 이동履洞9)에 갔더니 시자侍者가 처소를 옮겼습니다. 만나지 못하고 돌아와 밤새도록 안타까웠습니다. 문안드리니 형은 벼슬 중의 근황이 어떻습니까? 형이 영남에서 돌아온 후 여태 한 번 왕림하기를 아끼시니 어찌 직분에 얽매여 그런 것입니까?

드릴 말씀은 집안에 두창痘瘡[홍역]을 마치지 않은 아이가 있습니다. 납일臘日[섣달]의 토끼고기를 해마다 구해 먹었는데 금년에는 구할 데가 없습니다. 귀조貴曹에는 관례상 나누어주는 것이 있을 것이니 보내줄 수 있겠습니까?

나머지는 모두 한 번 만날 때로 미루고 이만 줄입니다. 늙은이가 송구합니다.

납일臘日에   식植 아우 올림.

臘日　植弟頓

昨進履洞　則

侍者移次　不利而還

終宵耿悵　卽候

兄　仕履如何

兄之自嶺還後　尙

靳一往　豈靡

於職事而然耶

就　家有未經痘兒

臘日兎肉　連歲

得饋　而今年　則無

可得處

貴曹　例有分來者　其

可

送惠耶　都留

一穩　不備　老悚

9) 이동履洞: 『서울지명사전』에 보면 중구 을지로 저동 초동 사이에 걸쳐 있던 마을 이름으로 신을 파는 가게가 있어 신전골이라 하였다고 한다.

남명 선생이 이요李瑤에게 보낸 편지

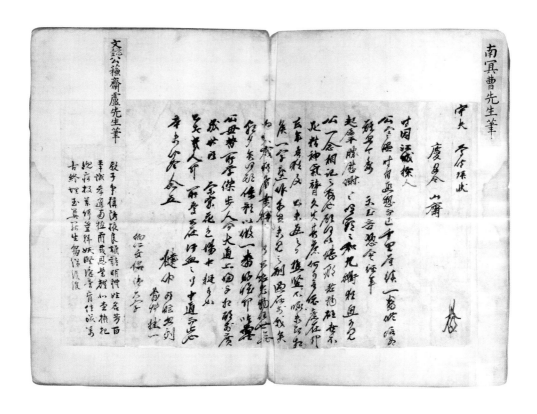

선생이 신미년(1571)에 경안령 이요에게 보낸 글이다. 이요李瑤(1537~?)는 세종의 아들인 담양군의 증손으로 자가 수부이다. 안부를 묻고 학문에 정진하기를 바라면서 '한혈마汗血馬가 달려가다가 중도에서 그만두는' 일이 없기를 바란다고 하고 있다.

수부守夫¹⁰⁾의 학문하는 시하侍下에 드리는 글

경안령慶安令 산재山齋

때때로 강성江城 사람을 인하여 공公의 안부를 탐지하고는 스스로 멀리서 그리워할 뿐입니다. 천리 길을 계속 왕래할 수 없으니 한번 서신을 보내기도 어렵습니다. 홀연히 이제 옥음玉音을 보여주어 근년의 기거가 평안함을 알았으니 심히 위로되고 감사합니다. 명학鳴鶴의 화답이 도성까지 통하여 공이 일념으로 기억해주는 근면함을 보겠으니 돌아보건대 어찌 감당하겠습니까?

노부老夫는 비록 다행히 죽지는 않았지만 정신과 기력이 예전 상태를 잃은 지 오래되었으니 어찌 예전 모습 그대로 있다고 말할 수 있겠습니까? 지난 해 내가 공이 돌아가기 전에 문안할 수도 있었는데 나무하는 아이가 겨를이 없어 안부 편지 한 자도 전하지 못하고 문득 천리 멀리 만날 수 없는 작별을 하였으니 허물이 나에게 있습니다. 짐작컨대 내년에도 고향 행차가 있겠지만 단지 노부가 세상에 살아 있을 날이 얼마 없어 염려스러우니 어찌 해 그림자를 잡아매어 한 번 좋은 회포를 나누기를 기약하겠습니까?

오직 바라건대 공은 배운 바를 폐하지 말고 인간의 대도大道 위를 활보하여 서로 더불어 넓은 성城으로 돌아가기를 기약합시다. 종가宗家의 화색花色이 빛나는 장중에서 공과 같이 특출한 이가 몇이나 되겠습니까? 단지 우려되는 바는 한혈마汗血馬가 달려가다가 중도에서 그만두는 것입니다.

건중楗仲이 현기증이 나서 어지러이 써서 만에 하나를 거론합니다.

---

10) 수부守夫: 경안령慶安令 이요李瑤(1537~?)의 자字. 이요는 세종의 아들인 담양군潭陽君의 증손曾孫이다.

慶安令 山齋

時因江城人探

公寒溫 時自遐想而已 千里莫續 一番修信爲

難 忽今委 示玉音 憑審經年

起居平勝 慰謝慰謝 鳴鶴之和 九衢猶通 可見

公一念相記之勤也 顧何以堪耶 老物雖幸不

死 精神氣瘁 久失其舊 何可言依舊在耶

去年 吾猶及公未返之日 樵竪不暇 未即相

候一字 遽作千里未見之別 過在於我矣

想來歲 猶有桑梓之行 只恐老物住世無

朝夕矣 何期係影 以做一番好懷耶 唯冀

公毋替所學 傑步人間大道上 歸與相期於廣

城地頭 宗家花色場中 挺有如

公者幾人耶 所憂只在汗血之行 中道而止也

辛未仲冬念五 楗仲 頭眩* 劇 亂艸 挂一

의성 김씨 묘지義城金氏墓誌

선생의 제자이자 외손서인 동강東岡 김우옹金宇顒의 누이를 위해 1570년에 지은 묘지문墓誌文이다. 현재 남명의 후손인 고故 조봉조曺鳳祚 씨 집안에서 소장하고 있는데, 『교감 국역 남명집』에 수록되어 있으므로 번역문만 싣는다.

집에 칠보의 구슬이 있다면 사람들은 그 집이 가난한 집이 아님을 안다. 김씨 가문의 경우는 이옥·대옥이 있는 셈이다. 삼척 부사 김공 사로는 아들 셋을 두었으니, 우홍·우굉·우옹이다. 모두 좋은 성적으로 문과에 급제해 문원을 독차지해서 우리나라의 쌍벽이 되었다. 딸 하나를 두었는데 강 위에 뜬 아름다운 달이 물속에 떨어진 것 같았으니, 세 아들에 비교하자면 천구가 완염 가운데 있는 것 같았다. 이군 응명에게 시집간 사람이 바로 그 사람이다.

몇 살 안 되었을 때 길쌈 벽돌이나 가지고 노는 것이 그녀의 일이련마는 어버이의 병에 한 번도 곁을 떠난 적이 없었다. 점점 자라서는 의젓하고 차분하며, 단정하고 순수하였다. 효성과 우애의 마음은 타고난 것이었다. 시집가서는 시어머니의 성품이 너그럽지 않고 남편은 생각이 모자랐지만, 공경히 따르고 온화하게 견디며 부도를 잘 지켰다. 친정어머니가 돌아가시자 허둥지둥 달려와서 애통해 하다가 자리에 쓰러졌다. 상을 다 마치기도 전에 병이 심해져 일어나지 못하고 말았으니, 애석하다.

부인의 보계는 문소에서 나왔으니 고려 태자첨사 용비의 후손이요 통정대부 부사 희삼의 딸이다. 바탕이 맑고 깨끗해서 안팎으로 모두 흠이 없었다. 예의범절이 정성스럽고 단아했으며, 말과 행동에 법도가 있었다. 재물에 대해 욕심을 내지 않고 남을 꾸짖는 모진 소리를 입에 올리지 않았다. 백로는 희고 까마귀는 검은 것은 대개 타고난 바탕이 있어서 그렇게 된 것이다.

병이 깊어진 지 여러 날 되어 기력이 실낱같았으나, 정신과 언동은 평소 때나 꼭 같았다. 집안 식구들이 신에게 빌어 보자고 하자 문득 역정을 내어 "죽고 사는 것은 천명이 있는 것이니, 푸닥거리를 해서 피할 수 있는 것이 아니다"라 고 하면서 못하게 하였다. 다만 대부에 관한 몇 마디 말을 여러 동기간들에게 부탁하고 세상을 떴다. 아무리 옛날에 독실히 공부하여 훌륭한 인격을 갖춘 사람이라 하더라도 아마 이러하지는 못했을 것이다. 오직 정명도 선생의 딸이 이와 흡사할 뿐이다. 향년은 스물일곱 살이었고 딸아이가 하나 있었다. 선영 곁에 합장하였다.

선대부는 나와 사이좋게 지냈고, 우옹은 또 나의 손녀에게 장가들었다. 우옹이 울면서 나에게 말하기를 "저는 차마 흰 옥이 누런 흙 속에 묻혀서 까마득히 아무도 모르게 하지는 못하겠습니다. 누이의 행적을 비석에 새겨 그녀의 존재를 남기게 해 주십시오"라고 하였다. 나는 남에 대해서 잘 인정해주지 않는다. 무슨 일이 있어도 살아 있는 사람에게 아첨한 적이 없었는데, 지금 편안히 지내면서 어찌 죽은 귀신에게 아첨하려 하겠는가? 마침내 이어서 말하기를 "부인은 문 밖 출입을 하지 않아서 이정에 기록되지는 못한다. 그러나 달 속의 계수나무와 같아 사람들이 가까이 할 수는 없어도 향내는 그치지 않는다"라고 하였다. 나는 마침 통혼한 가문의 우호로 인해 그 향기를 맡고 이를 기록한다.

융경 4년 경오년(1570) 10월 모일에 남명 조식이 쓰다

판교공묘갈명 判校公墓碣銘

선생이 직접 지은 부친 승문원판교承文院判校 조언형曺彦亨의 묘갈명이다. 이 글은 선생의 친필로 알려져 있지만 약간의 의문점도 있다. 자식으로서 아버지의 묘갈을 지었는데, '임금을 섬기고 백성을 다스릴 적에 기술할 만한 덕이 있다면 사관이 기록하고 백성들이 말할 것'이라고 하여 한 글자의 수식도 없음을 볼 수 있다.

2) 사성현 유상 병풍과 신명사도

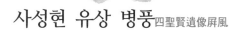

사성현 유상 병풍_{四聖賢遺像屏風}

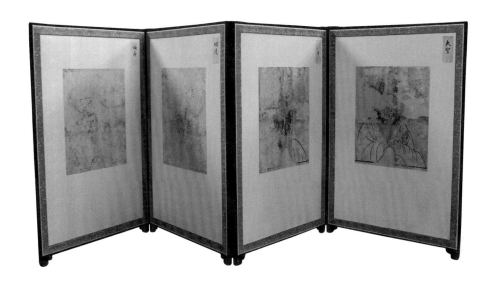

남명 선생은 공자孔子, 주렴계周濂溪, 정명도程明道, 주자朱子 등 네 성현의 흉상胸像을 손수 그려서 높이가 60cm가 채 안 되는 자그마한 네 폭의 병풍으로 만들어 놓고 때때로 직접 가르침을 받는 듯이 참배하였고 한다.

이 병풍은 선생의 후손인 고故 조원섭曺元燮 씨가 소장하고 있다가 작고하기 전에 남명기념관으로 기증하였다. 덕천서원이 훼철되고 난 후 산천재에서 이 화병을 모시고서 채례를 드렸는데, 이때 남명 선생의 위패를 동편에 모시고 함께 향사를 드렸다. 2016년 현재 이 화병은 국립진주박물관에서 최대한 원형을 회복한 것이다.

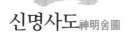

신명사도神明舍圖

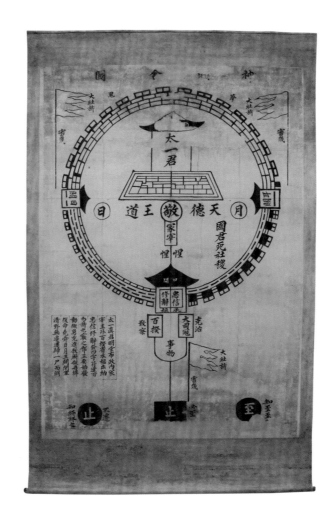

'신명사도'도 감정 결과 조선중기의 재질이 확인되어 진주박물관에서 '사성현 유상 병풍'과 같이 원형에 가깝게 복원하였다.

3) 패검佩劒과 성성자惺惺子

▲ 패검

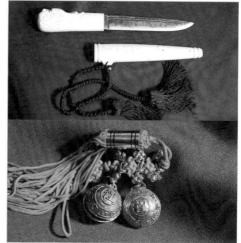

▲ 복원된 경의검과 성성자

남명 선생은 평소 뜻을 굳게 하기 위해 칼을 즐겨 차고 있었다고 전한다. 칼은 약간 긴 것과 짧은 것 두 자루였다고 한다. 칼자루는 상아象牙로 만든 것(흰자루)과 물소뿔로 만든 것(검은 자루) 두 종류였으며, 1960년대 초까지 검은자루로 만든 것은 있었다고 전한다. 칼 자루에는 '내명자경內明者敬 외단자의外斷者義(안으로 마음을 밝히는 것은 경이요, 밖으로 행동을 결단하는 것은 의이다)'라는 명銘을 새겼으므로 '경의검敬義劒'으로 불린다. 이 경의검은 선생의 사후에 조선의 선비 사회에서 전설처럼 전해지고 있었다고 하며, 이 경의검을 직접 본 느낌을 기록으로 남긴 경우도 있다.

긴 칼은 6.25 당시 인민군 장교가 가져간 것으로 전해지고 짧은 칼은 그 이후에 분실된 것으로 전해지는데, 이 사진은 선생의 후손 고故 조원섭曺元燮 씨가 일제강점기에 찍어 둔 것이다. 남명 선생께서는 평소 스스로 경각심을 일깨우기 위해 성성자惺惺子라는 방울을 옷섶에 달고 다녔는데, 나중에 이를 제자인 동강 김우옹에게 주었다고 한다. 오른쪽 사진은 2001년 남명탄신 500주년을 맞이하여 기념사업의 일환으로 '경의검'과 함께 복원한 '성성자'의 모습이다.

4) 문집文集 및 목판木板

▲ 현존하는 목판과 1998년에 인출한 문집

선생의 문집은 1602년에 제자인 정인홍 등에 의해 해인사에서 처음 간행되었는데, 책판이 불에 타 2년 뒤에 다시 간행하여 현재까지는 이것이 최고본最古本으로 확인되는 '갑진본(1604)'이다. 그 후 『남명집』은 여러 가지 이유로 인해 수정·보완되면서 현재까지 확인된 바로는 대략 16차에 이르는 판본이 있다.

위의 책은 현재 남명기념관에 보관되어 있는 목판으로 1998년에 인출한 판본이며, 다음 쪽의 그림은 현존 최고본인 갑진본(1604) 계열의 병오본 『남명집』의 주요 판본들이다.

▲ 현존 최고본인 갑진본(1604) 계열의 『남명집』

(이상필 교수가 소장하고 있는 3권 2책의 완질 병오본(1606) 『남명집』)

▲ 이정본 계통의 『남명집』

(남명 선생의 후손인 조영철 씨 등이 기증한 판본으로 남명기념관에 전시되어 있다.)

제2장 남명 선생의 생애자료

이 장에서는 남명 선생의 생애자료를 기록한 글을 싣는다. 선생 사후 제자인 내암 정인홍과 동강 김우옹이 각각 행장을 지었다. 당시 선생의 문하에는 학문적으로나 정치적으로 상당한 명망을 지닌 제자들도 있었지만 당시 30대 중반이었던 두 사람이 행장을 지은 것은 의미하는 바가 있다고 하겠다. 정인홍은 임종 직전의 선생이 평소의 독서 차기인 「학기」를 『근사록』의 체제에 따라 분류 편집할 것을 허락할 정도로 아끼며 기대한 인물이었다. 김우옹은 남명 선생의 절친한 친구인 김희삼의 아들로 어려서부터 학행이 뛰어났고 성년이 되어서는 남명 선생의 외손서가 된 인물로 문장이 뛰어났다. 이 둘의 「행장」은 그 내용이 대부분 비슷하지만 또한 다소 다른 점도 있으므로 그 차이를 살펴보는 것도 흥미롭다. 『남명집』과 『내암집』 및 『동강집』에 수록된 두 「행장」은 모두 지은 시기가 1572년 윤2월로 되어 있다. 그런데 두 「행장」의 내용에는 모두 4월 6일에 있었던 남명의 장례식도 언급하고 있다.

대곡 성운이 지은 묘갈명墓碣銘은 가장 절친한 친구의 입장에서 남명 선생의 생애와 학덕을 잘 묘사하고 있는 명문으로 남명 선생에 대한 후대의 평가에서 기준이 되는 글이라고 할 수 있다. 특히, 그 명銘에서 이르기를 '그러나 어찌 반드시 금일의 사람에게만 알아주기를 구하겠는가! 곧바로 백세를 기다려도 아는 이는 알아 줄 것'이라고 하여 당시에 남명이 임금이 제대로 알아주지 못해 세상을 위해 쓰이지 못했음을 탄식하고 있다.

보통 묘지명은 장례식에 맞추어 짓는 것이지만 남명 선생의 경우는 구한말의 거유인 면우 곽종석이 지었다. 그 글의 말미에 '당일에 선생은 경과 의를 해와 달로 가르쳤지만, 선생이 돌아가시고 난 오늘날에는 "선생이 곧 일월先生卽日月"이라'고 표현할 정도로 극진한 존경심을 표하고 있기도 하다.

남명 선생의 신도비명神道碑銘은 아마도 우리 역사에서 다른 유래가 없을 정도로 네 개나 된다. 이는 인조반정이라는 역사적 사건이 초래한 결과로서 남명학파의 부침을 담고 있다. 처음 정인홍이 신도비명을 지어 비석으로 세웠다가 인조반정 이후 철거하고, 이후 송시열과 허목 그리고 조경 등이 지은 신도비명이 있다. 미수 허목이 지은 것으로 덕산에 신도비를 세우고 우암 송시열이 지은 것은 부득이 합천의 용암서원 뜰에 비석으로 세워 '용암서원묘정비龍巖書院廟庭碑'라고 하였다. 용주 조경이 지은 것은 비석으로 세우지 못했다. 그러다가 일제강점기에 우여곡절을 겪으면서 허목이 지은 비석을 철거하고 송시열이 지은 것으로 다시 세웠다. 따라서 여기에 수록한 순서는 정인홍 허목 송시열 조경의 순으로 하였다. 비석에 새겨진 글은 문집에 수록된 글과 약간 차이가 나는 경우가 더러 있는데, 여기서는 비석에 쓰인 글을 따랐다.

선생의 비문을 쓴 인물들은 모두가 당대의 명문장들로서 그 문체가 지극히 고상하다. 이들의 문장은 참으로 전범이 되기에 족하여 후인들이 쉽게 비판할 것이 못되며, 두고두고 깊이 완미할 가치를 지니고 있다고 하겠다.

마지막에는 선생의 「연보」를 실었는데, 편의상 핵심적인 내용만을 수록하였다.

행장 行狀

　선생의 성은 조씨曹氏이고 휘는 식植이며 자는 건중楗仲이니 세계가 창산昌山에서 나왔다. 고려 태조의 덕궁공주德宮公主가 하가下嫁하여 아들 서瑞를 낳아 형부원외랑이 되었으니 선생의 시조이다. 고조 휘 은殷은 중랑장이고 비妣 곽씨郭氏는 현감 흥인興仁의 여이며 증왕부 휘 안습安習은 성균생원이고 비妣 문씨文氏는 학유 가용可容의 여이며 왕부 휘 영永은 벼슬하지 않았고 비妣 조씨趙氏는 감찰 찬瓚의 여이다. 고考 휘 언형彦亨은 통훈대부 승문원 판교이니 충순위 이국李菊의 여와 결혼하여 홍치弘治 신유년1501 6월 임인에 가수현嘉樹縣 토동兎洞에서 선생을 낳았다.

　관례 전에 공명과 문장으로 스스로 기약하더니 일세一世를 능가하여 천고千古에 내달릴 뜻을 지녔다. 책을 읽음에 좌구명左丘明과 류종원柳宗元의 문장을 즐겼고 글을 지을 때는 기고奇高함을 좋아하여 세체世體를 달갑게 여기지 않더니 누차 향시에 합격하여 명성이 사림에 진동했다. 가정嘉靖 병술년(1526)에 선대부先大夫의 상을 당하여 시묘侍墓로 3년을 마쳤다. 선생은 집안이 청빈하고 결혼한 김해金海의 부가婦家가 자못 넉넉하여 모부인을 모시고 나아가 봉양했다. 을사년(1545)에 모친상을 당하여 관棺을 받들고 돌아와 선대부의 묘 동쪽 기슭에 장사하고 시묘를 처음과 같이 하였으며 상복을 벗지 않았고 초려를 벗어나지 않았다. 상을 마치고 인하여 본향本鄕에 거주했으니 구택舊宅 가까이에 일실一室을 지어 계부당鷄伏堂이라 하였고 앞 시내를 굽어보는 곳에 모옥茅屋을 지어 뇌룡사雷龍舍라 하고는 화공으로 하여금 뇌룡雷龍의 형상을 그리게 하여 벽에 붙였다. 만년에는 두류산頭流山 아래 복거하여 그 집을 다시 뇌룡雷龍으로 이름 짓고 달리 정사精舍를 지어 산천재山天齋라 편액하고는 노년을 보냈다.

　선생은 호매豪邁하여 무리와 어울리지 않았고 높은 식견은 천성에서 나왔다. 중종 정유년(1537) 선생의 나이 37세였으니 이때 나라에 다급한 일이 없었는데도 홀로 우환의 기미를 보고 드디어 선부인先夫人에게 청하여 과거를 포기하고는 산림에 은둔하였다. 의춘宜春의 명경대明鏡臺를 사랑하여 왕래하며 거처한 지 수 년이었고 김해의 탄동炭洞에 산해정山海亭을 지어 학문을 강론하고 덕을 쌓으며 외물外物을 바라지 아니한 것이 또한 수 년이었다. 중종이 비로소 헌릉참봉을 제수했으나 나가지 않았고 명종이 전생서 종부시 주부를 제수하고 또 단성丹城 현감을 제수했으나 모두 나가지 않았으며 소를 올렸지만 비답批答이 없었다. 그 뒤에 또 사지를 제수했으나 나가지 않았고 병인년(1566)에 유일遺逸로 불렀지만 사양했으며 다시 상서원 판관으로 부르자 이에 명을 받아 사정전思政殿에서 인견하였다. 주상이 치란의 도와 학문의 방법을 물으니 대답하여 말하기를 "고인古人의 치란은 서책에 있으니 신의 말을 기다릴 필요가 없습니다. 신은 가만히 생각건대 군신 사이에는 정의情義가 서로 부합하여 환연히 틈이 없어야 하니 이것이 바로 다스림의 법도입니다. 옛날 제왕들은 신하 대접을 벗과 같이하여 더불어 치도治道를 강론했으나 지금은 비록 이와 같지 못하더라도 반드시 정의情義가 서로 부합한 연후에 가능할 것입니다." 하였다. 또 말하기를 "백성들의 흩어짐이 물이 사방으로 흐르는 것과 같으니 마땅히 불난 집을 구하듯이 하여야 합니다. 인주의 학문과 다스림의 근본은 반드시 스스로 체득함을 기다려야 할 것이니 한갓되이 남의 말을 듣는 것은 무익합니다."라고 하였다. 주상이 또 삼고초려三顧草廬의 일을 물으니 대답하기를 "반드시 영웅을 얻은 연후에야 큰일을 할 수 있기 때문에 세 번이나 제갈량諸葛亮을 찾아 간 것입니다. 제갈량이 일고一顧에 일어나지 않은 것은 혹자들이 시세時勢가 그러했다고 하지마는 그러나 소열昭烈과 함께 일한 지 수십 년 동안 끝내 한실漢室을 회복하지 못했으니 이는 곧 알 수 없습니다." 하고 드디어 고산故山으로 돌아왔다.

융경隆慶 정묘년(1567) 지금의 주상이 왕위에 올라 교서敎書로 부르니 사양하여 말하기를 "신은 늙음이 심하고 병이 깊으며 죄가 많아 감히 명을 따를 수 없습니다. 재상의 직분은 사람을 등용하는 것보다 큰일이 없는데도 지금 이에 선악善惡을 논하지 않고 사정邪正을 분별하지 아니합니다."라고 하였다. 이때 근신近臣이 경연에서 주상에게 아뢰어 말하기를 "조식曹植은 배운 바가 유자儒者와 다르기에 이로써 사양한 것입니다." 하였다. 교지를 연이어 내려 반드시 불러들이고자 하였으나 다시 사양하고 말하기를 "청컨대 구급救急이란 두 글자를 올려 몸을 바침에 대신합니다." 하고 인하여 시폐時弊 십수조十數條를 열거하여 말하기를 "온갖 병폐가 바야흐로 위급하여 천의天意와 인사人事를 능히 헤아릴 수 없는데도 이를 방치하여 구제하지 아니하고 한갓되이 허명虛名을 일삼으면서 논의만 열중합니다. 아울러 산야山野의 버려진 사람을 불러서 현인賢人을 구한다는 미명美名을 더하니 명분이 실지를 구하기에 부족함이 마치 그림의 떡으로 허기를 채우기에 부족한 것과 같습니다. 청컨대 완급緩急과 허실虛實을 다시 자세히 살피십시오." 하였다. 당시 주상이 바야흐로 유학 제현을 불러 온 조정이 성리性理를 논설하고자 하니 조정의 기강이 무너지고 나라의 근본이 날로 쇠퇴함으로 선생이 대개 이를 깊이 염려하여 언급한 것이다. 무진년(1568)에 다시 교지敎旨를 내려 부르니 사양하고 봉사封事를 올렸는데 비답批答을 내려 이르기를 "이 격언格言을 보니 재덕才德의 높음을 더욱 알겠다."고 하였다. 다시 종친부 전첨을 제수했으나 병으로 사양하고 나가지 않으니 조정에서 자리를 비워두고 기다린 지가 일 년이 넘었다. 신미년(1571)에 큰 흉년이 들자 주상이 곡식을 하사했는데 인하여 감사하고 다시 상소한 뜻으로 거듭 아뢰어 간절함을 보였다. 이 해 12월 병이 들어 침과 약을 썼으나 오랫동안 효험이 없었다. 주상이 내관內官을 보내어 문병하였지만 이르지 아니하여 세상을 떠났으니 임신년(1572) 2월 8일로 향년 72세이다. 선비들이 서로 조문하며 사문斯文을 위하여 통곡했으니 유독 문하생뿐만 아니었다.

선생은 천자天資가 이미 특별하고 오랫동안 힘써 수양했으며 의義를 이에 바탕삼아 참으로 이로써 성취했으니 역량은 족히 만 길 높은 산악 같고 신채는 일월과 더불어 광채를 다툴 만하였다. 세인이 좋아하는 일체를 초개 같이 여겨 이로써 다른 사람에게 바라지 않았고 "저들이 부귀富貴로써 한다면 나는 인의仁義로써 대하리니 내 무엇을 꺼리겠는 가!" 하여 스스로 경솔히 쓰임을 구하지 않았다. 엄정하고 준결했으나 온화하고 정성스런 뜻이 일찍이 서로 통하지 않음이 없었으며 고답하고 초월했으나 백성을 사랑하고 세상을 근심하는 마음은 일찍이 하루도 잊지 못하였다. 그 부모를 섬김에는 신혼晨昏으로 반드시 정성定省하여 돌아가실 때까지 그만두지 않았고 부모가 연로하고 집안이 가난했지만 숙수菽水를 오히려 즐기면서 녹봉을 위해 벼슬하고자 아니했으며 친상親喪을 치를 때는 예를 좇아 허물이 없었다. 그 형제간의 우애에는 집안의 재물을 모두 형제에게 나누어주어 조금도 스스로 지니지 않았고 아우 환桓과 더불어 한 담장 안에 살면서 같은 문으로 출입했으며 늙도록 적사嫡嗣가 없자 승중承重으로 환桓에게 부탁하였다. 그 사람을 대할 때는 비록 비부鄙夫 야인野人이라도 반드시 온화한 안색과 따뜻한 말로 능히 그 진정을 다하게 했으니 선행을 하면 반드시 마주하여 칭찬했고 허물이 있으면 문득 잘 인도했다. 서로 아는 사람에게도 그 병통을 꺼리지 아니하고 처방을 내려 하여금 스스로 다스리게 하였다. 비록 소원해도 그 단점을 덮어두지 않았으며 사람을 관찰할 때 꿰뚫어보는 법과 경중을 달아보는 깊이에는 쉬이 헤아릴 수 없는 점이 있었다. 그 세상을 잊지 않음에는 백성들의 괴로움을 염려하여 마치 자기 몸이 아픈 듯이 하였고 회포가 쌓이어 이를 얘기할 때면 혹 목이 메면서 이어 눈물을 흘렸다. 벼슬아치와 더불어 얘기할 때 일분이라도 백성을 이롭게 할 수 있는 일이 있으면 힘을 다하여 고했으니 그 혹 베풀어지기를 바라서이다. 누차 불러도 나가지 않았고 남들이 알아주지 않아도 걱정하지 않았으니 사람들은 혹 그 높고 강직하여 벼슬하지 않는 이로

만 인식하고 애초부터 몸을 고결히 하여 세상을 초월한 선비가 아닌 줄을 알지 못했다. 일찍이 왕명을 받고 나아가 아룀이 정성스럽고 간절했으며 거듭 봉장封章을 올려 단충丹衷을 쏟았으니 군신의 의를 처음부터 폐하고자 아니했다.

고괘蠱卦 상구上九의 전傳에서 말한 선비의 고상함은 한 가지 길만 있는 것이 아니다. 도덕을 품고서도 때를 만나지 못하여 고결히 자기를 지킨 이도 있고 자족의 도를 알아 물러나서 스스로를 보전한 이도 있으며 능력과 분수를 헤아려 알아주기를 구하지 아니한 이도 있고 청렴과 절개로 자기를 지켜 천하의 일을 탐탁하게 여기지 않으면서 홀로 그 일신을 깨끗이 지닌 이도 있으니 혹자는 선생이 이 몇 가지 중에 해당된다고 여겼다. 지금 선비들의 습성이 투박해져서 이욕利欲이 드러나고 의리義理가 상실됨을 염려했으니 겉으로는 도학道學을 내세우지만 안으로 사리私利를 품어 시세를 따라 명성을 취하는 이가 세상에 만연한지라 심술心術을 무너뜨리고 세도世道를 그르침이 어찌 단지 홍수와 같은 이단異端 뿐이겠는가! 그들의 처신과 행사를 보건대 왕왕 전혀 학자 같지 아니하여 속학배들이 이를 좇아 비난하니 이는 참으로 명성만 취하고 알맹이를 버린 자들의 죄이다. 그 사이 행여 진실하게 학문을 하는 이도 또한 잘못된 이름을 입을 수도 있어 안타깝지만 그러나 단지 학문이 진실하지 아니함을 근심할 뿐 어찌 이를 고민하겠는가! 매양 초학들이 성명性命의 이치를 고담高談하는 것을 들으면 항상 꾸짖어 말하기를 "공부란 처음부터 사친事親 경형敬兄의 사이에서 벗어나지 않거늘 초학의 선비가 혹 그 부모 형제에게는 잘못하면서 문득 천도天道의 묘리妙理를 찾고자 하니 이것이 무슨 공부이며 무슨 습성인가!" 하였다. 이기李芑가 일찍이 영남으로 부임했는데 기芑는 평소 중용中庸을 즐겨 읽어 당시 사람들에게 추중을 받았다. 책을 가지고 선생을 찾아와 의리義理에 의심나는 점을 논하자 답하여 말하기를 "상공相公은 제가 과업科業을 버리고 산림에 살고 있으니 혹 학문을 쌓아 견문이 있으리라 짐작하였겠지만 이는 속임을 많이 당한 것입니다. 이 몸은 병이 많기에 인하여 조용한 곳에 들어앉아 단지 여생을 보전할 뿐 의리義理의 학문은 강론할 바가 아닙니다." 하였다. 이렇게 겸손할 말로 회피함에는 실로 뜻이 있었으니 기㷌는 결국 을사사화의 흉괴兇魁가 되었다. 출처를 군자의 대절大節로써 깊이 여겼으니 고금의 인물을 두루 논할 때에는 반드시 먼저 그 출처를 살핀 연후에 그 행사行事의 득실을 논했다. 일찍이 말하기를 "근세에 군자로서 자처하는 사람이 또한 적지 않지만 출처가 의義에 합당한 이는 전혀 듣지 못했다. 얼마 전 오직 퇴계退溪가 고인古人에 거의 가깝다고 하지만 그러나 인욕人欲이 다했는가를 논할진대 필경 그 분수를 다하지 못함이 있다."고 하였다.

병인년(1566)에 왕명을 받았는데 당시 이일재李一齋도 또한 사축으로 부름을 받아 경사京師에 이르렀다. 하루는 서로 만나는 자리에 선비들이 많이 모여들자 일재一齋가 사도師道로써 자임하여 후배와 더불어 의리義理를 강론하였다. 선생이 술잔을 들다가 문득 이를 희롱하여 말하기를 "그대와 나는 모두 도둑이다. 이름을 도둑질하고 벼슬을 훔치고도 이에 감히 남을 향해 학문을 논하니 어찌 그대의 우각牛角을 굽히지 아니하는가? 심히 경건하지 못하다."고 하였다. 선비들이 이를 괴이하게 여기자 선생이 이르기를 "일재一齋는 세습에 물들었는데도 엄연히 현자로 자처하니 내 수긍할 수 없다."고 하였다. 일찍이 부윤 이정李楨과 더불어 오랫동안 사귀다가 취향이 갑자기 달라 자못 서로 어긋나더니 뒤에 일로 인하여 절교하였다. 선생은 구차히 따르지도 아니하고 구차히 침묵하지도 않았으니 식자들은 비록 이를 좋아했지만 알지 못하는 이들은 또한 자못 싫어했다. 나아가고 물러남에 반드시 때를 보아 스스로를 지키려하였고 남을 좇고자 아니하여 암혈巖穴을 굳게 닫고서 죽어도 후회함이 없었으니 천 길을 나는 봉황이라 하여도 될 것이다. 세상에 군자들이 나아가 등용되어선 좋은 일을 하려다 도리어 일을 실패하고 몸을 망쳐 사림에 화를 끼친 이들을 애석히 여겼으니 이는 바로 기미를 살핌에 밝지 아니하고 시세를 판단함에 자세하지 아니하며 또한 송宋나라 원풍元豐 연간의 대신大臣들과 함께 하는 뜻을 알지 못했기 때문이다. 나라의 큰일을 담당한 이들이 기미를 알지 못하고 시세를 살피지 아니하며 마음을 합치지 않고서 단지 강직과 날카로움으로 자임하여 망녕되이 일을 저지르고는 혹 서로 전후하여 승부를 다투니 이는 처음부터 진심으로 나라를 위한 것이 아니라 단지 사심을 좇았을 뿐이다. 어떤 사람이 묻기를 "선생으로 하여금 세상에 뜻을 얻게 한다면 큰 사업을 이루겠습니까?"라고 하자 말하기를 "나는 일찍이 덕과 재주가 없고 잘난 점이 없으니 어찌 능히 사업을 감당하겠는가! 단지 훌륭한 친구를 서로 권장하고 후배들을 발탁하여 많은 현재賢材로 하여금 각각 그 재능을 다하게 하고서는 앉아서 그 성공을 살피는 일은 내가 혹 할 수 있을 것이다."고 하였다. 어떤 이가 지금의 과거를 결단코 폐지할 수 없다고 하니 말하기를 "옛날 선비를 뽑을 적에는 어깨를 나란히 하여 나온 이들이 모두 훌륭한 인재였으니 비유컨대 재목을 길러 들보와 기둥과 서까래 같은 재목들이 모두 갖추어짐에 재목 따라 이를 벌채하여 큰집을 짓는 것과 같다. 양성함에 법도가 있고 등용함에 빠뜨림이 없으면 절로 넉넉해질 것이다."고 하였다. 일찍이 이르기를 "제갈공명諸葛孔明은 소열昭烈이 삼고三顧하여 나왔으나 행할 수 없는 시기에 행하려고 하다가 소용小用의 유감을 면하지 못했다. 만약 끝내 소열昭烈을 위해 일어나지 아니하고 차라리 융중隆中에서 일생을 마쳐 천하 후세가 무후武侯의 사업을 알지 못하더라도 또한 괜찮았을 것이다." 하였으니 고인을 상론할 때 전언前言에 얽매이지 아니하고 일단의 새로운 뜻을 구함이 왕왕 이와 같았다.

그 학문을 함에는 선생의 나이 25세 때에 벗들과 함께 산사山寺에서 공부를 하였는데 성리대전性理大全을 읽다가 허노재許魯齋가 말한 "이윤伊尹이 뜻한 바를 뜻으로 삼고 안연顏淵이 학문한 바를 학문으로 삼아서 나아가면 큰일을 하고 물러나선 지킴이 있어야 하나니 장부는 마땅히 이와 같아야 한다. 나아가서 성취함이 없고 물러나서 지킴이 없다면 뜻한 바와 학문한 바가 장차 무엇이겠는가!"라는 구절에 이르러 이에 비로소 전일의 학문이 옳지 않음을 깨달아 부끄러움에 땀을 흘리고 망연자실하여 밤이 새도록 잠자리에 들지 않다가 새벽에 벗들에게 읍하고 돌아왔다. 이로부터 성현의 학문에 전념하여 용감히 직진하더니 다시 속학俗學에 굽히지 않았다. 날렵하고 분방한 기운이 한 번 크게 변하자 동정動靜과 어묵語默은 예전 모습이 아니었지만 오히려 스스로는 완전히 씻지 못했다고 여겼다. 그 독서를 할 때에는 일찍이 장구章句를 해석하지 아니하고 혹 10행을 이울러 읽어 내려가다가 자기에게 절실한 곳에 이르면 문득 깨달아 전념하였다. 화항직방和恒直方으로 사자부四字符를 삼고 격물치지格物致知로 제일 공부로 삼았으며 경敬으로써 심신을 돌아보고 기미로써 미세한 움직임을 살폈으며 주일근독主一謹獨으로 금인명金人銘을 지었고 색태塞兌라는 글자를 써서 근언계謹言戒로 삼았으니 모두 표제標題로 삼아 염두에 두었던 것이다. 항상 금령金鈴을 차고 다니면서 성성자惺惺子라 하였으니 깨어 있음을 환기시킨 공부이며 선성현先聖賢의 유상遺像을 그려 때때로 궤안에 펼쳐놓고 엄숙히 마주하였다. 항상 혁대革帶를 묶었으니 명銘하기를 "혀는 새는 것이고 가죽은 묶는 것. 산 용을 잡아 묶어 깊은 곳에 감춰두라." 하였고 즐겨 보검寶劍을 찼으니 명銘에 말하기를 "안으로 밝은 것은 경敬이고, 밖으로 끊는 것은 의義이다."라고 하였다. 일찍이 신명사도神明舍圖를 만들어 이에 명銘을 지었는데 안으로는 마음을 잡아 함양하는 실체를 드러내고 밖으로는 성찰하여 극복하는 공부를 밝혔으니 표리表裏가 일치한 모양과 동정動靜이 서로 함양되는 이치가 그림을 보면 일목요연하여 모두 볼 만하였다. 이는 선생이 스스로 체득한 바를 손수 그린 것이다. 선유들이 논한 천도天道 천명天命 심心 성정性情 이기理氣 등과 학문하는 차례와 덕에 들어가는 맥락을 손수 그린 그림이 한두 개가 아니며 모두 지극히 분명했으니 또한 남에게 보이려고 한 것이 아니었다.

항상 논어論語 맹자孟子 중용中庸 대학大學 근사록近思錄 등과 같은 책을 연구하여 그 근본을 북돋우고 그 취향을 넓혔으니 그 중에 나아가 더욱 자기에게 절실한 부분은 다시 사색을 더하였다. 거론하여 남에게 말할 때는 구차히 널리 펼쳐 듣기 좋음을 구하지 않았고 문득 강론하여 외인外人들의 논란을 야기하지 않았으니 이는 선생이 실질에 근본하여 요점을 파악한 것이다. 최후로 특별히 경의敬義를 드러내어 창벽 간에다 크게 써 놓고 일찍이 말하기를 "오가吾家에 이 두 글자가 있는 것은 하늘에 일월日月이 있는 것과 같으니 만고에 뻗치도록 바뀌지 않을 것이다. 성현의 천만 마디 이야기가 그 귀결점은 모두 이 두 글자를 벗어나지 않는다."고 하였다. 학문에는 반드시 자득自得함을 귀하게 여겼으니 말하기를 "한갓되이 서책을 의지하여 의리를 강론하여도 실제로 체득함이 없는 것은 끝내 소용이 없으니 이를 마음에 체득하여 입으로 표현하기 어려운 듯이 해야 한다. 학자는 말을 잘하는 것으로 귀하게 여기지 않아야 한다."고 하였다. 대개 선생은 이미 경전經傳을 널리 구하고 백가百家를 두루 통한 연후에 번잡함을 수렴하고 몸소 실천하여 요점을 터득했으니 스스로 일가一家의 학문을 이루었다. 일찍이 학자들에게 일러 말하기를 "학문하는 요점은 먼저 지식을 고명하게 해야 하니 마치 태산에 올라 만물이 모두 아래에 있는 것 같은 연후에야 오직 나의 행하는 바가 이로울 것이다."고 하였다. 또 말하기를 "도시의 큰 시장을 구경해 보면 금은金銀의 노리개가 없는 것이 없지만 종일토록 거리를 오르내리면서 그 값을 얘기해보아도 결국 자기 집안의 물건이 아니 되니 도리어 나의 한 필 베로써 한 마리 고기를 사가지고 오는 것만 못하다. 지금의 학자들이 성리性理를 높이 얘기하면서도 자기에게 소득이 없는 것은 무엇이 이에 다르겠는가!" 하였다. 또 말하기를 "밤중의 공부는 절실한 곳이 많으니 잠을 많이 자지 않아야 한다." 하였고 또 "평소 거처할 때 처자妻子와 섞여 지내는 것은 옳지 않다. 비록 자질이 훌륭하더라도 습성에 빠져들면 끝내 바른 사람이 될 수 없다."고 하였으니 이는 모두 선생의 평소 말씀이다. 사람을 가르칠 때는 반드시 자질을 보고 이를 좇아 격려했으며 책을 펼쳐 강론하고자 아니 했으니 말하기를 "옛날 성인들의 미묘한 말과 깊은 뜻 중에 사람들이 쉽게 깨달을 수 없는 것은 주자周子 정자程子 장자張子 주자朱子가 서로 이어 천명하여 남김이 없다. 학자들은 그 알기 어려움을 근심하지 말고 단지 실천하지 않음을 근심해야 할 뿐이다. 단지 그 흐릿함만 깨우쳐주면 깨어난 뒤에는 천지일월을 장차 스스로 볼 것이다."고 하였다. 일찍이 책을 저술하지 않았으니 단지 독서할 때 중요한 말을 차기箚記하여 이를 학기學記라 이름했다.

선생은 기우氣宇가 청고하고 눈빛이 형형하여 바라봄에 진세塵世의 인물이 아님을 알 수 있다. 언론의 빼어남은 우레가 치고 바람이 일듯하여 사람들로 하여금 은연중에 이욕利欲의 잡념을 없게 하였으니 자기도 모르게 사람을 감화시킴이 이와 같았다. 평소 거처할 때 종일토록 단정히 앉아 일찍이 나태한 모습이 없었고 귀한 손과 마주해도 동요되지 않았으며 천하거나 어린이를 접할 때도 해이함이 없어 나이 칠순이 넘도록 항상 한결 같았으니 그 자연함이 이와 같았다. 가수嘉樹의 선업이 매우 빈약하여 혹 흉년이 들면 집안사람들이 나물밥조차 잇지 못했으나 선생은 느긋이 걱정하지 않았다. 덕산德山에 거처한 뒤에도 화전火田에서 거둔 곡식은 겨우 연명할 정도였지만 선생은 태연히 항상 넉넉한 듯하였다. 병환이 나신 뒤로 혼절했다가 소생한 것이 몇 번이었지만 사생死生으로써 조금도 의義를 어지럽히지 않았고 부인의 손에서 운명할 수 없다 하여 방실旁室로 하여금 접근치 못하게 하였다. 병환이 조금 차도 있을 적에는 문득 경의敬義로써 힘써 문생에게 말하기를 "이 두 글자는 학자에게 지극히 중요하다. 오로지 공부가 원숙해야 하나니 원숙해지면 한 점의 티끌도 마음에 없을 것이다. 나는 이 경지에 이르지 못하고 죽는다."고 했으니 평생토록 지닌 바를 이에서 더욱 징험하겠다. 아! 외진 땅에 말세 되어 도학道學이 떨쳐지지 못하더니 선생께서 우뚝이 떨치고 일어나 사전師傳을 말미암지 아니하고 능히 스스로 수립하여 초연히 홀로 나아갔다. 대개 또한 사람 중에 이에 능한 이가 드문지 오래되었으니 이는 내가 좋아하는 바에 아첨하는 말이 아니다. 이해 겨울 두류산頭流山에 목가木稼 재앙이 있어 식자들이 자못 철인哲人에게 불행이 있으리라 하더니 선생이 과연 병을 얻어 일어나지 못했다. 세상을 떠나던 날 세찬 바람과 폭우가 몰아쳤으니 사람들이 우연이 아니라 하였다.

부인은 남평南平 조씨曹氏 충순위 수琇의 여이니 선생보다 먼저 별세했다. 1남 1녀를 낳았으니 아들 차산次山은 풍골이 비범했으나 9세에 요절했고 딸은 만호 김행金行에게 출가하여 2녀를 낳았는데 장녀는 권지승문원 부정자 김우옹金宇顒에게 시집갔고 다음은 유학 곽재우郭再祐에게 시집갔다. 선생은 부인과 비록 사이가 좋지는 못했지만 종신토록 은의恩義를 끊지는 않았다. 선생과 판관 이희안李希顔은 지기知己의 벗으로 내외內外가 더불어 통했는데 이李가 일찍이 말하기를 "조모曹某는 그 부부 사이에 더욱 남달리 행하기 어려운 바가 있으나 남들이 이를 알지 못한다."고 했으니 그 지적한 바를 알 수는 없지만 벗들이 신복信服했음을 볼 수 있다. 만년에 방실旁室을 얻어 3남 1녀를 낳았으니 차석次石은 부사 김수생金水生의 딸에게 장가들었고 차마次磨는 미혼이며 차정次矴과 여식은 모두 어리다. 4월 초 6일에 산천재山天齋 뒤 임좌壬坐 병향원丙向原에 장사했으니 선산에 환장還葬하지 못한 것은 시세가 혹 그러했을 것이다. 아! 아!

융경隆慶 6년(1572) 임신 윤 2월 일
문인 생원 정인홍鄭仁弘 근장謹狀

先生 姓曹氏 諱植 字楗仲 系出昌山 高麗太祖 德宮公主 下嫁生子瑞 爲
刑部員外郞 於先生始祖 高祖諱殷中郞將 妣郭氏縣監興仁之女 曾王父諱

安習成均生員 妣文氏學諭可容之女 王父諱永不仕 妣趙氏監察瓚之女 考
諱彦亨通訓大夫承文院判校 娶忠順衛李菊女 以弘治辛酉六月壬寅 生先生
於嘉樹縣之兎洞 未冠 以功名文章自期 有駕一世軼千古之意 讀書喜左柳
文字 製作好奇高 不屑爲世體 屢捷發解 名震士林 嘉靖丙戌 遭先大夫憂
廬墓終三年 先生家世淸貧 授室金官 婦家頗饒 奉母夫人就養 乙巳丁憂 奉
柩還葬于先大夫墓東岡 廬墓如初 身不脫衰 足不出廬 服闋 因居本業 近舊
宅 構一室曰鷄伏堂 俯前流 結茅屋曰雷龍舍 使工畫者摹雷龍狀 棲諸壁 晚
卜頭流山下 其室復以雷龍名 別構精舍 扁曰山天齋 老焉 先生豪邁不群 明
見高識 出於天性 中廟丁酉 先生年三十七 于時 國家無朝夕之虞 獨見有憂
達之幾 遂請命先夫人 棄擧子業 笙遁山林 愛宜春之明鏡臺 往來棲息 累歲
月 作山海亭于金官之炭洞 講學蓄德 不願乎外者 亦有年矣 中廟始授獻陵
參奉 不就 明廟除爲主簿典牲也宗簿也 又除爲縣監丹城也 皆不就 上疏不
報 其後又授司紙 不就 丙寅以遺逸召 辭 復以尙瑞院判官徵 乃拜引對思政
殿 上問治亂之道爲學之方 對曰古今治亂 載在方策 不須臣言 臣竊以爲君
臣之際 情義相孚 洞然無間 此乃爲治之道 古之帝王 遇臣僚若朋友 與之講
明治道 今雖不能如此 必須情義相孚 然後可也 又言生民離散 如水之流 救
之當如失火之家 人主之學 出治之本 必須自得 徒聽人言 無益也 上又問三
顧草廬事 對曰必得英雄 然後可以有爲 故至於三顧亮 亮一顧不起 或者時
勢然也 然與昭烈 同事數十年 竟未能興復漢室 此則未可知也 遂去歸故山
隆慶丁卯 今上嗣服 以敎書召之 辭曰臣老甚病深罪深 不敢趨命 宰相之職
莫大於用人 今乃不論善惡 不分邪正 蓋時有近臣 於筵中白上 曰曹植所學
異於儒者 故以此辭 有旨繼下 必欲徵起 復辭曰請獻救急二字 以代獻身 因
歷擧時弊十數條 曰百疾方急 天意人事 有未能測 舍此不救 徒事虛名 論篤
是與 幷求山野棄物 以助求賢美名 名不足以救實 如畫餠之不足以救飢 請
以緩急虛實 更加審處焉 時主上方問儒學諸賢 滿朝論說性理 而朝綱不振
邦本日壞 先生蓋深念之 故及之 戊辰 又下旨趣召 辭 上封事云云 批下云
觀此格言 益知才德之高矣 轉授宗親府典籤 以病辭不就 朝廷虛位以待者
逾一年 辛未 大匈歉 上賜之粟 因陳謝 復以疏意申啓 而更劘切焉 是年十
二月 疾作 鍼藥久不效 上遣中使問疾 未至而終 壬申二月八日也 享年七十

有二 士子相吊 爲斯文慟 不獨門下輩也 先生天資旣異 克治力久 義爲之質
而信以之成 力量足以岳立萬仞 神采可與日月爭光 一切世好視若草芥 而
不以此望於人 以仁以義 吾何慊乎 而不自輕以求用 方嚴淸峻 而和易懇惻
之意 未嘗不相濟 高蹈遠引 而愛物憂世之念 未嘗一日忘 其事親也 晨必省
昏必定 終不或輟 親老家貧 菽水猶歡 不欲爲祿仕 執親之喪 遵禮不懟 其
友睦也 家藏盡以業兄弟 一毫不自與 與弟桓居共一垣 出入同門 年老無嫡
嗣 以承重付桓 其接物也 雖鄙夫野人 必和顏溫語 使得盡其情 爲善必面稱
有過輒導 於相識之人 不諱其病痛 因投鍼劑 使之自治 雖踈遠 不沒其長
雖親愛 不掩其短 至於觀人之際 視察之鑑 斤兩之蘊 有未易窺測者 其不忘
世也 念生民困悴 若恫瘝在身 懷抱委襞 言之或至嗚噎 繼以涕下 與當官者
言 有一分可以利民者 極力告語 覬其或施 屢徵不起 不見是而無悶 人或認
爲高亢不仕之人 而不知初非潔身長往之士也 嘗趨朝命 奏對誠切 再上封
章 披瀝丹悃 則君臣之義 初不欲廢也 蠱之上九 傳曰士之高尙 亦非一道
有懷抱道德 不偶於時 而高潔自守者 有知止足之道 退以自保者 有量能度
分 安於不求知者 有淸介自守 不屑天下之事 而獨潔其身者矣 或者 先生於
此數者 居一焉 病今之士習偸弊 利欲勝而義理喪 外假道學 內實懷利 以趨
時取名者 擧世同流 壞心術誤世道 豈特洪水異端而已 觀其行己做事 往往
專不似學者 所爲俗學輩 從而譏誚焉 此固取名蔑實者之罪也 其間倘有眞
實爲學者 亦被假僞之名 初可痛也 然特患學不眞實而已 庸何病於此乎 每
聞初學高談性命之理 未嘗不呵止之 曰爲學初不出事親敬兄之間 始學之士
或不能於其父母兄弟 而遽欲探天道之妙 此何等學也 何等習也 李芑嘗出
使嶺外 芑曾以喜讀中庸 爲時所推 以書抵先生 論義理疑處 答曰相公以植
棄擧業入山林 意或積學有見 而不知被欺已多矣 此身多病 仍投閒靜 只爲
保得餘生 義理之學 非所講也 遜辭靳避 實有深意 芑卒爲乙巳兇魁 深以出
處爲君子大節 泛論古今人物 必先觀其出處 然後論其行事得失 嘗曰近世
以君子自處者 亦不爲不多 出處合義 蔑乎無聞 頃者唯景浩 庶幾古人 然
論人欲盡 畢竟有未盡分矣 丙寅拜命 時李一齋 亦以司畜召 至京師 一日相
見 士子坌集 一齋以師道自任 與後輩講論義理 先生因杯勺 遽爲之戲 曰君
與我儘是盜 盜名字竊官爵 乃敢向人論學爲 胡不彎君牛角 不甚敬重 士子

多怪議 先生謂一齋滾同世習 儼然以賢者自當 吾所不服也 嘗與李府尹禎
友善 久之所趨頓異 頗與相失 後因事絶之 先生不苟從不苟默 識者雖好之
不知者亦頗惡之 隱見必欲相時自守 不欲徇人 牢關巖穴 死而不悔 謂之翔
千仞鳳凰 可也 惜世之君子 出爲時用 要做好事 事敗身僇 貽禍士林者 正
坐見幾不明 相時不審 又不知如元豊大臣同之義也 當國大事者 不知幾不
相時不愜 心强銳自任 胡亂作爲 或相前却 因較勝負 初非赤心謀國 只是徇
私意而已 有人問使先生得行於世 做得大事業否 曰吾未嘗有德有才而不長
豈得當了事 但尊舊相獎 後輩推拔 多小賢材 使之各效其能 坐觀其成功 吾
或庶幾焉 或言今之科擧 決不可廢 曰古有選士法 士比肩而出者 皆良才 譬
如養得林木 棟楹樑楠之材 靡有不具 比株而伐之 以構大廈 養之有道 而取
不遺 材用自無不足矣 嘗謂諸葛孔明 爲昭烈三顧而出 欲爲於不可爲之時
顧未免有小用之憾 若終不爲昭烈起 寧老死於隆中 天下後世 不知有武候
事業 亦未爲不可矣 尚論古人 不拘前言 更求一段新義 往往如此 其爲學也
先生年二十五歲時 偕友人隷業於山寺 讀性理大全 至許魯齋之言 曰志伊
尹之所志 學顏淵之所學 出則有爲 處則有守 丈夫當如此 出無爲處無守 所
志所學 將何爲 於是 始悟舊學不是 心愧背汗 惘若自失 終夜不就席 遲明
揖友人而歸 自是刻意聖賢之學 勇猛直前 不復爲俗學所撓 飛揚不羈之氣
一頓點化 動靜語默 非復舊時樣子 猶自以謂或未消了 其讀書也 不曾章解
句析 或十行俱下 到切己處 便領略過其用功也 以和恒直方 爲四字符 以格
物致知 爲第一工夫 敬以心息相顧 幾以察識動微 爲主一謹獨法 作金人銘
書塞兌字 爲謹言戒 皆標題而念在焉 常佩金鈴 號曰惺惺子 蓋喚惺之工也
畵先聖賢遺像 時展几案 肅容以對 常束革帶 銘曰舌者泄 革者結 縛生龍
藏漠冲 愛佩寶劍 銘曰內明者敬 外斷者義 嘗作神明舍圖 繼爲之銘 內以著
操存涵養之實 外以明省察克治之工 表裡無間之體 動靜交養之理 按圖了
然 有目皆可見 此先生所自得而手摹畵者也 以至先儒所論 天道天命心性
情理氣等處 與爲學次第 入德路脉 手自圖畵者 非一二而皆極分明 亦不以
示人 常繹論孟庸學近思錄等書 以培其本 以廣其趣 就其中 尤切己處 更加
玩味 仍擧以告人 未嘗苟爲博洽以徇聽聞之美 未嘗便爲講說引惹外人論議
此先生着實說約者也 最後特提敬義字 大書窓壁間 嘗曰吾家有此兩箇字

如天之有日月 洞萬古而不易 聖賢千言萬語 要其歸 都不出二字外也 學必
以自得爲貴 曰徒靠冊字上 講明義理 而無實得者 終不見受用 得之於心 口
若難言 學者不以能言爲貴 蓋先生旣以博求經典 旁通百家 然後斂繁就簡
反躬造約 而自成一家之學 嘗謂學者 曰爲學要先使知識高明 如上東岱 萬
品皆低 然後惟吾所行 自無不利 又曰遨遊於通都大市中 金銀珍玩 靡所不
有 盡日上下街衢 而談其價 終非自家家裡物 却不如用吾一匹布 買取一尾
魚來也 今之學者 高談性理 而無得於己 何以異此 又曰夜中功夫儘多切 不
可多睡 又曰恒居不宜與妻孥混處 雖資質之美 因循汩溺 終不做人矣 此皆
所雅言也 敎人必觀資稟 將順激勵之 不欲便與開卷講論 曰從古聖人微辭
奧旨 人不易曉者 周程張朱 相繼闡明 靡有餘蘊 學者不患其難知 特患其不
爲己耳 只要喚覺其睡 覺後天地日月 將自覩得矣 未嘗著書 只有讀書時劄
記要語 名之曰學記 先生氣宇淸高 兩目烱耀 望之知其非塵世間人物 言論
英發 雷厲風起 使人潛消利欲之念 而不自覺 其動人如此 燕居終日危坐 未
嘗有惰容 對貴客不爲動 接卑幼不以懈 年踰七旬 常如一日 其自然如此 於
嘉樹先業甚尠 歲或不熟 家人蔬食不繼 先生怡然不以爲意 山居之後 葘畬
所收 僅賴以不死 先生熙然常若甚饒 邅疾之日 絶而復甦者數 不以死生毫
髮亂義 不絶婦人手 令旁室不得近 少間 輒以敬義字 奄奄爲門生言 曰此二
字極切要 學者要在用功熟 熟則無一物在胸中 吾未到這境界以死矣 平生
所存 至此益驗矣 嗚呼 偏荒晚世 道學未唱 而先生傑然奮起 不由師傳 能
自樹立 逈發獨往 蓋亦民鮮能久矣 此非阿所好之言也 是冬 頭流木稼 識者
頗爲哲人憂 先生果得疾不瘳 卒之日 烈風暴雨 人以爲不偶然也 娶南平曹
氏 忠順衛琇之女 先歿 生男一女一 男曰次山 風骨不常 九歲而夭 女適萬
戶金行 生二女 長適權知承文院副正字金宇顒 次適幼學郭再祐 先生於內
子 雖不好合 終身不絶恩義 先生與李判官希顔 爲知己友 內外與通 李嘗曰
曹某 於其夫婦間 尤有人所難能者 而人莫之知也 未知所指 其爲朋友所信
服可見 晚得旁室 生三男一女 曰次石 娶府使金水生女 曰次磨 未娶 曰次
矴與女 皆幼 四月初六日 葬于山天齋後壬坐丙向之原 不得歸祔於先壟者
勢或使然也 嗚呼嗚呼

　　　　　　　隆慶 六年 壬申 閏二月 日 門人 生員 鄭仁弘 謹狀

행장行狀

　선생의 성은 조씨曹氏이고 휘는 식植이며 자는 건중보楗仲甫이니 자호가 남명南冥이다. 조씨는 창산昌山의 저성著姓으로 고려 태조의 신덕왕후神德王后가 덕궁공주德宮公主를 낳아 조씨에게 하가下嫁하여 형부원외랑 서瑞를 낳았으니 이분이 시조이다. 그 후 9세 동안 평장사를 지내 대마다 위인이 났다. 선생은 홍치弘治 신유년(1501) 6월 26일 진시辰時에 태어났다. 나면서부터 특이한 자질이 있었으며 소시에 호방하고 용맹하여 얽매임이 없었다. 자라면서 글짓기를 좋아하여 기고奇高함에 힘쓰더니 문장으로 자부했다. 판교공이 매양 과거공부로 면려하면 선생은 스스로 그 재주를 크게 여겨 이르기를 "과거는 쉽게 합격할 수 있습니다." 하였다. 25세에 벗들과 함께 산사에서 과거공부를 하다가 성리대전性理大全을 읽으면서 노재魯齋 허형許衡의 말 중에 "이윤伊尹의 뜻을 뜻으로 삼고 안자顔子의 학문을 학문으로 삼아 나가서는 큰일을 하고 물러나서는 지킴이 있어야 하나니 장부는 마땅히 이와 같아야 한다."는 글귀를 보고 선생은 척연히 각성하고 망연히 자실하여 비로소 종전의 취향이 그릇됨을 깨달았다. 이에 "고인이 이른 바 위기爲己의 학문이라는 것은 대개 이와 같다." 하고 드디어 탄식하며 분발하여 밤새도록 자리에 들지 않더니 새벽에 벗들에게 읍하고는 돌아왔다. 이로부터 실학에 뜻을 돈독히 하여 각고면려하더니 종일토록 단정히 앉아 밤을 새운 지 수년이었다. 이미 경전을 널리 섭렵하고 백가를 두루 달통한 연후에는 번잡한 것을 수렴하여 간략히 하고 일신을 반성하여 요체를 터득했으니 스스로 일가一家의 학문을 이룩하였다. 가정嘉靖 정유년(1537) 선생의 나이 37세에 비로소 과거를 완전히 포기하고 유학에 전념하였다. 구원丘園에 물러앉아 수죽水竹 사이에 모옥茅屋을 지어서는 세상 일을 사절하고 한가히 자적했으니 이로 말미암아 조용히 수양하고 정신을 연마하여 조예가 더욱 고원해졌다. 집안이 청빈한 선생은 김해로 장가들어 부가婦家가 자못 넉넉했으며 선생이 이미 일찍 부친을 잃었는지라 드디어 모부인을 모시고 김해로 옮겨가 봉양했다. 을사년(1545)에 모친상을 당하자 관棺을 받들어 가수嘉樹로 환장還葬하고는 드디어 본향本鄕에 거처했으며 만년에는 두류산 덕산동에 복거하여 은거처를 정했다.

선생은 중종조에 천거를 입어 특별히 참봉에 제수되었으나 나가지 않았고 명종이 왕위에 올라 거듭 주부를 제수했지만 모두 나가지 않았다. 을묘년(1555)에 특별히 단성丹城 현감을 제수했으나 또 나가지 아니하고 봉사封事를 올렸으니 대략 이르기를 "전하의 국사國事는 이미 그릇되고 방본邦本은 이미 망했으며 천의天意는 이미 떠나고 인심人心은 이미 이반되었습니다. 자전慈殿은 사려가 깊으나 깊은 궁궐의 한 과부에 불과하고 전하께선 어리시어 단지 선왕의 한 고아일 뿐입니다. 백천 가지 천재天災와 억만 갈래 인심人心을 무엇으로 감당하고 무엇으로 수습하시렵니까? 시내가 마르고 우박이 내리니 그 조짐이 무엇입니까? 울음소리 슬프고 소복素服을 하였으니 형상이 이미 드러났습니다. 이때를 당하여 비록 주공周公 소공召公의 재주를 겸하고 나라의 중요한 자리에 있어도 또한 어찌 할 수 없거늘 하물며 일개 미천한 몸으로 재주가 초개같은 이에게 있어서야 어찌 하겠습니까? 위로는 능히 만에 하나도 위태로움을 해결하지 못하고 아래로는 능히 털끝만치도 백성을 도울 수 없으니 전하의 신하되기가 또한 어렵지 않겠습니까? 근왕勤王할 인재를 부르고 국사를 정돈함은 구구한 정형政刑에 있는 것이 아니라 오직 전하의 한 마음에 달렸습니다. 방촌方寸의 마음에 한마汗馬의 노력을 기울여 만우萬牛를 이끄는 위치에서 공을 거두어들이는 일은 그 기틀이 자신에게 있을 뿐입니다. 유독 알 수는 없지만 전하께서 종사하는 일은 무엇입니까? 학문을 좋아하십니까? 성색을 좋아하십니까? 궁마를 좋아하십니까? 군자를 좋아하십니까? 소인을 좋아하십니까? 좋아하는 바가 있는 곳에 따라 존망이 달렸습니다. 참으로 능히 하루에 확연히 깨닫고 분연히 노력하여 홀연 명덕明德과 신민新民의 안에서 터득함이 있으면 명덕 신민의 안에 만 가지의 선행이 모두 내재하고 백 가지의 조화가 흘러나오리니 이를 들어 시행하면 나라가 고르게 될 것이고 백성이 화평하게 될 것이며 위태로움이 편안하게 될 것입니다."라고 하였으니 소가 들어갔지만 비답이 없었다.

병인년(1566)에 조정에서 명유名儒인 성운成運 이항李恒 임훈林薫 김범金範 한수韓脩 남언경南彦經 등을 크게 부르면서 다시 유일遺逸로 선생을 불렀으나 사양하였다. 거듭 교지를 내려 두터이 부름으로 이에 응하여 나아가니 상서원 판관을 제수했고 명을 받들어 사정전思政殿에서 인견할 때에 주상이 치란의 도와 학문의 방법을 물었다. 이에 대답하여 말하기를 "고금의 치란은 서책에 있으니 신의 말을 기다릴 필요가 없습니다. 신은 생각건대 군신 사이에는 반드시 정의情意가 서로 부합한 연후에 큰일을 할 수 있을 것입니다." 하고 인하여 백성들이 떠도는 괴로운 정상을 극렬히 아뢰었다. 주상이 또 삼고초려三顧草廬의 일을 묻자 대답하기를 "제갈량諸葛亮은 영웅이라 사리를 능히 헤아리지 못할 이가 아니지만 그러나 소열昭烈과 더불어 수십 년간 함께 일하여 끝내 한실漢室을 회복하지 못했으니 신은 이를 알 수 없습니다." 하였으니 선생의 뜻은 대개 공명孔明의 출사를 부당하다고 이른 것이었다. 선생은 이미 입대入對하고 즉시 출발하여 남쪽으로 돌아왔으니 조명朝命을 기다리지 않았다. 융경隆慶 정묘년(1567)에 금상今上이 즉위하자 제일 먼저 교서敎書를 내려 권장하고 도움을 구한 바가 매우 지극했으며 얼마 후 연이어 교지敎旨를 내려 날씨가 따뜻한 때를 기다려 역말을 타고 길에 오르라고 하였으나 선생이 거듭 사양하였다. 처음 사양하면서 뜻한 바에는 "늙음이 심하고 병이 깊으며 죄가 많다."는 말이 있었고 또 말하기를 "재상의 직분은 인재를 등용하는 것보다 중한 일이 없는데 지금은 이에 선악善惡을 논하지 않고 사정邪正을 분별치 않습니다." 하였으니 당시 근신近臣이 경연에서 주상에게 아뢰기를 "조모曹某는 배운 바가 유자儒者와 다르기 때문에 이로써 사양한 것입니다."라고 하였다. 재차 사양하면서 뜻을 펼쳐 이르기를 "청컨대 구급救急 두 글자를 바쳐 나라 일으킬 일언一言으로 삼고 몸 바침에 대신합니다. 바야흐로 이제 방본邦本이 무너지고 온갖 폐단이 지극하니 마땅히 대소 관료들이 급박하게 여기기를 마치 화재나 수재에서 구하는 것과 같이 하여도 혹 지탱할 수 없거늘 한갓되이 허명만 일삼고 논의만 힘씁니다. 아울러 산야山野에 버려진 사람을 찾아내어 현인을 구한다는 미명을 더하니 명분이 실질을 구하기에 부족한 것이 마치 그림의 떡이 허기를 채우기에 부족한 것과 같습니다. 청컨대 완급緩急과 허실虛實을 분간하여 처치하십시오." 하였다. 이때에 주상이 바야흐로 유학儒學 제현諸賢을 불러 온 조정이 성리性理를 논하려 하자 조정의 기강이 해이해지고 나라의 근본이 날로 위축되었으니 선생은 이를 깊이 염려했기 때문에 아뢰어 언급한 것이었다.

무진년(1568)에 또 교지를 내려 불렀으나 사양하고 봉사封事를 올려 군덕君德을 개진하였으니 대저 선을 밝히고 몸을 정성되게 하는 것으로 요점을 삼았다. 그 마지막에 이르기를 "신이 전날에 뜻한 바 구급救急이라는 말에 아직까지 천의天意의 감동을 듣지 못했으니 응당 늙은 선비가 곧음을 파는 말이라고 여겨 족히 생각을 움직이지 못한 것이라 여겨집니다. 황차 군덕君德을 개진한 것도 고인들이 이미 진술한 전철에 불과하지만 그러나 전철을 말미암지 아니하면 다시 좇을 길이 없습니다." 하였다. 또 말하기를 "지금 왕령王靈은 떨쳐지지 아니하고 정사政事는 은혜를 빙자함이 많으며 조령朝令은 나오자마자 거두어져 기강이 서지 아니한 지 수세가 되었습니다. 헤아릴 수 없는 위엄으로 이를 진작시키지 아니하면 백방으로 흩어진 팥죽 같은 형세를 구할 수 없고 큰 장마비로서 이를 적시지 않으면 칠년 가뭄에 마른 풀을 살릴 수 없으니 반드시 명세命世의 보필을 얻어 상하가 공경하고 협력함이 같은 배를 탄 사람과 같이한 연후에 조금이라도 무너지고 메마른 형세를 다스릴 수 있을 것입니다."라고 하였다. 또 서리의 정상을 극언하여 말하기를 "당당한 천승千乘의 나라로서 조종祖宗 200년 업적을 의지하여 공경대부가 전후로 늘어서 따르거늘 정사를 아전에게 맡겨서야 되겠습니까? 이것은 소의 귀에도 들려줄 수 없는 일입니다. 군민軍民의 서정庶政과 나라의 기무機務가 모두 이 아전들의 손을 거치면서 사속絲粟 이상의 뇌물이 아니면 행해지지 아니하고 지방에서 바치는 물건은 일체 저지당해 한 물건도 상납되지 아니하니 어찌 전하께서 일국의 큰 부를 누리지 못하시고 도리어 노예가 방납防納한 물건을 의지할 줄 생각했겠습니까? 이에 싫증내지 아니하고 나라 창고의 물건을 도둑질하여 몇 자 몇 말의 저축도 없으니 나라는 나라꼴이 아니고 도적들만 수레 아래 가득합니다. 대저 윤원형尹元衡의 권세도 조정에서 능히 이를 바로잡았거늘 하물며 이 같은 이리와 쥐새끼의 허리와 목을 도끼로서11) 다스리기에 부족하겠습니까? 왕정王廷에 포진한 이들치고 누가 세상을 건질만한 인재와 밤낮으로 수고하는 어진이가 아니겠습니까마는 간신姦臣이 자기와 어긋나면 제거하면서도 간리姦吏가 나라를 좀먹는 것은 방치합니다. 이는 일신만을 생각하고 나라를 염려치 않는 것이기에 명철明哲하다 하지만 어리석지 않음이 없으니12) 자신의 즐거움으로 나라의 근심을 잊은 것입니다. 신은 깊은 산골에 살면서 굽어 살피고 우러러보며 탄식하고 한숨 쉬다가 이어 눈물 흘린 적이 자주 있었습니다. 신은 전하에게 군신의 정분이 일촌一寸도 없는데 무슨 군은君恩에 감격하여 탄식하고 눈물 흘림을 스스로 그칠 수 없었겠습니까? 교분은 얕은데 말이 깊으니 실로 죄가 많습니다. 홀로 헤아리건대 이 땅의 곡식을 먹고 사는 누세累世의 구민舊民으로 욕되이도 삼조三朝에 걸친 징사徵士가 되어 나라를 걱정하는 마음은 오히려 스스로 주周나라 과부13)에 비견할 만하니 부

---

11) 원문의 '제부齊斧'는 자부資斧와 같은 말로 예리한 도끼 또는 제왕의 권력을 상징하는 황월黃鉞을 비유한다.

12) 원문의 '미철불우靡哲不愚'는 『시경詩經』 대아大雅 「억편抑篇」에 나오는 말이다.

름을 받은 날에 어찌 한 마디 말이 없을 수 있겠습니까?" 하였다. 소가 올라가자 교지를 내려 답하기를 "이 격언格言을 보니 재덕才德의 높음을 더욱 알겠다. 마땅히 유념하리라." 하였다.

  기사년(1569) 겨울에 종친부 전첨으로 불렀으나 사양하였고 경오년(1570) 정월에 다시 불렀으나 또 사양했으니 조정에서 자리를 비워두고 기다린 지가 일 년이 넘었지만 끝내 나가지 않았다. 신미년(1571) 여름에 특별히 본도本道에 명하여 곡식 약간 섬을 하사하여 그 궁핍함을 규휼하였다. 선생이 소를 올려 감사하며 말하기를 "군의君義를 받친다." 고 운운하니 주상이 답하기를 "그대의 소장을 살펴보니 나라를 걱정하는 정성은 비록 시골에 있어도 일찍이 잊지 아니함을 보겠다."고 하였다. 이 해 섣달에 선생께서 병이 나셨는데 임신년(1572) 정월에 본도本道에서 병으로 아뢰자 주상이 내관을 보내어 문병하였으나 이르지 아니하여 선생이 세상을 떠났으니 2월 8일이다. 이 날 큰 바람과 폭설로 천지가 아득했으며 산이 무너지고 두성斗星이 떨어졌으니 어찌 작은 변고이겠는가! 부음을 듣고 특별히 명하여 부의賻儀와 제사祭祀를 내리고 벼슬을 추증했다. 임신년 4월 6일에 산천재山天齋 뒷산 임좌壬坐 병향원丙向原에 장사했으니 유명遺命을 따른 것이다. 부인 남평南平 조씨曺氏는 충순위 수琇의 여이니 선생보다 5년 먼저 별세했고 김해金海에 장사했다. 아들 하나를 낳았으니 비범하여 선생이 매우 사랑하였으나 9세에 요절했다. 1녀는 만호 김행金行에게 출가하여 2녀를 낳았으니 장녀는 권지승문원 부정자 김우옹金宇顒에게 시집갔고 다음은 사인 곽재우郭再祐에게 시집갔다. 방실旁室의 아들 3인은 차석次石 차마次磨 차정次矴이고 딸은 어리다.

  아! 선생은 간세間世의 호걸이니 설월雪月 같은 흉금과 강호江湖 같은

---

13) 『좌전左傳』 소공昭公 24년에 나오는 고사故事로 주周나라 과부가 길쌈하는 실이 모자라는 것은 걱정하지 않고 나라가 망할까 염려했다고 한다.

성품으로 만물 밖에 우뚝 서서 일세를 내려다보았다. 고매한 식견은 천품에서 나왔으니 기미를 보고 일을 논함에 사람들의 의표를 뛰어넘었으며 시대를 근심하고 세상을 개탄한 충의의 떨침은 봉사封事와 주대奏對에서 대강 볼 수 있다. 천성이 강개하여 일찍이 남에게 부앙俯仰하지 않았으며 학사 대부와 더불어 이야기가 시정의 폐단과 백성의 곤궁함에 미치면 일찍이 팔을 걷고 목이 메이다가 때로는 눈물까지 흘려 듣는 이들이 경청했으니 이 세상을 잊지 못함이 대개 이와 같았다. 그러나 도를 말미암고 의를 지켰기에 스스로를 낮추어 등용됨을 즐기지 않았으며 가난을 편히 여기고 궁색함을 견디었기에 자신을 굽혀 세속을 따르지 않았다. 그러므로 세상을 길이 사양하고 암혈에서 일생을 마쳐 하여금 조정에서 재능을 시험하지 못해본 채 경륜의 사업은 연하煙霞 가운데서 영락했으니 아! 이것은 누가 그렇게 한 것인가! 그러나 그 성분性分의 안에서 체득한 바는 만고에 뻗치도록 없어지지 않을 것이니 애초부터 등용되거나 물러난다고 하여 더해지거나 감할 바가 아니었다. 선생은 재기가 매우 높아 호매하고 절륜했으며 의논이 뛰어나고 의용이 준엄하여 굳센 기운이 면목에 드러났다. 매양 그 모습을 대하고 그 언론을 접하면 방탕한 마음과 나약한 기운이 감히 심중에서 돋아나지 않았다. 그 조예의 높음과 자득의 오묘함은 어리석고 좁은 소견이 능히 측량하여 억설할 바가 아니다.

잠시 그 눈으로 본 사실로서 말한다면 서실에 홀로 거처하면서 정결하고 엄숙하였고 서책과 기물을 일정하게 두었으며 종일토록 단정히 앉아 일찍이 흐트러지고 기울어진 모습을 볼 수 없었다. 자정이 넘어 취침했으나 또한 일찍이 졸지 않더니 학자들에게 말하기를 "밤중의 공부는 절실한 것이 많으니 잠을 많이 자지 않아야 한다."고 하였다. 또 이르기를 "평소 거처할 때 처자와 섞여 지내는 것은 옳지 않다. 비록 자질이 아름답더라도 습성에 빠져들면 끝내 바른 사람이 될 수 없다." 고 하였으니 그 뜻을 엄격히 하여 자립함에 이런 류가 많았다. 학문을 할 때는 지엽을 버리고 마음에 체득함을 귀하게 여겼고 실천을 급선무로 삼았다. 강론하고 분석하는 말을 즐겨하지 않았으니 대개 헛된 일과 빈말은 궁행躬行에 무익하다고 여겼기 때문이다. 책을 읽을 때는 장구를 해석하지 아니하고 혹 열 줄을 함께 읽어 내려가면서 자기에게 절실한 곳에 이르면 문득 깨달아 공부를 독실히 하였다. 항상 금방울을 차고 다니며 스스로 경계하면서 성성자惺惺子라 하였으니 대개 깨어있음을 환기시키는 공부였다. 일찍이 깨끗한 술잔에 맑은 물을 담아 양손으로 받들고 밤을 지새웠으니 대개 뜻을 다지는 일이었다. 또 작은 병풍에 선성先聖 선사先師의 유상遺像을 그리어 항상 궤안에 안치하고 매양 이를 엄숙히 마주하기를 시좌하여 앞뒤로 호위하듯 하였다. 일찍이 신명사神明舍를 그려 도圖를 만들어서는 항상 주시하며 경계했으니 그 명銘에 말하기를 "태일진군太一眞君이 명당明堂에서 정사 펴니, 안은 총재冢宰 주관하고 밖은 백규百揆 살핀다. 추밀樞密 이에 출납할 때 충신忠信으로 꾸민 말씀, 사자부四字符 드러내고 백물기百勿旂 세웠구나. 아홉 구멍 사특함도 귀와 눈과 입에서 시발하니, 낌새 보아 물리치고 나아가 섬멸하라! 대궐 나가 복명하니 요순시절 일월이라, 세 관문 막아두면 맑은 들판 끝이 없어, 하나에로 돌아가 시동 같고 연못 같네!" 하였고 그 혁대명革帶銘에 말하기를 "혀는 새는 것이고, 가죽은 묶는 것. 산 용을 잡아매어, 깊은 곳에 감춰두라!" 하였으며 그 검명劍銘에 말하기를 "안으로 밝은 것은 경敬이고 밖으로 끊는 것은 의義이다." 하였으니 그 반성하여 안으로 닦고 독신하여 스스로 힘쓴 류가 이와 같았다.

김해에 계실 때 서실을 산해정山海亭이라 하였으니 산을 베고 바다에 임해 유심하고 광활함을 말한 것이며 그 방을 이름하여 계명繼明이라 하고는 좌우에 도서를 두고 고요히 앉아 함양한 지 대개 30여 년이다. 가수의 정사精舍를 계부당鷄伏堂이라 이름했으니 닭이 알을 품듯이 함양한다는 말을 취한 것이고 서실을 이름하여 뇌룡사雷龍舍라 하였으니 시동처럼 앉았다가 용처럼 나타나고 연못 같이 잠잠하다가 우레 같이 소리친다는 말을 취한 것이다. 산거정사山居精舍에 또한 뇌룡雷龍이라 이름을 걸고 그 곁에 "우뢰는 회명晦冥한 곳에서 소리 나고 용은 연해淵海에 산다."라고 적었으며 화공으로 하여금 뇌룡雷龍 형상 일폭을 그리게 하여 좌우座隅에 걸어 두었다. 최후로 서실을 지어 산천재山天齋라 하였으니 역易 대축괘大畜卦의 뜻을 취한 것이다. 재실에는 판창板窓이 있었는데 왼쪽에는 경자敬字를 쓰고 오른쪽에는 의자義字를 썼으니 경자 곁에 고인이 경敬을 논한 중요한 말을 세서細書하여 항상 눈으로 보며 마음으로 생각하였다. 병이 위독한 날에 이르러서도 오히려 그 말을 외워 입에서 끊이질 않았으며 자리에 누운 지 한 달이 넘어도 정신이 어지럽지 않아 학자와 더불어 얘기함에 오히려 행기行己의 대방大方과 출처出處의 대절大節로써 순순히 가르치기를 게을리 아니했다. 병이 위독해지자 자리를 돌려 머리를 동쪽으로 하였으며 부인들을 근접하지 말게 하고 내외를 안정하도록 경계하고는 웃으면서 문인에게 일러 말하기를 "사생死生은 평상의 이치일 뿐이다."라고 하였다. 또 말하기를 "천우天祐는 죽을 때에 풍악을 울리며 줄지어 노래와 춤을 추면서 죽었다 하나 이 어찌 사람의 진정이겠는가! 그 사람은 배우지 못했기 때문에 이와 같이 하였지만 나는 이와 같기를 원치 않는다." 하였으니 천우天祐는 삼족당三足堂 김선생金先生 대유大有이다. 아! 그 사생의 갈림길에서도 확연히 어지럽지 아니함이 이와 같았으니 평소 문학問學의 공부와 정력定力의 견고함이 다른 사람보다 크게 뛰어나 우뚝이 미칠 수 없음을 볼 수 있다.

학자들을 가르칠 때 이르기를 "도시의 큰 시장을 구경해보면 금은의 노리개가 없는 것이 없지만 종일토록 거리를 오르내리면서 그 값을 얘기해보아도 결국 자기 물건이 아니기에 단지 남의 일만 얘기할 뿐이니 도리어 나의 한 필 베로써 한 마리 고기를 사가지고 오는 것만 못하다. 지금의 학자들이 성리性理를 높이 얘기하면서도 자기에게 소득이 없으니 어찌 이에 다르겠는가!" 하였다. 또 말하기를 "염락濂洛 이후 저술과 집해輯解는 차례와 맥락이 일성日星 같이 밝으니 새로 배우는 소생들은 책을 펼치기만 하면 환히 알 수 있다. 다만 그 득력得力의 천심淺深은 구함의 성誠 불성不誠에 달렸을 뿐이다." 하였고 또 말하기를 "나는 학자들에게 단지 그 어리석음을 경계할 뿐이니 이미 눈이 뜨이면 스스로 능히 천지일월을 볼 것이다."라고 하였다. 그렇기 때문에 일찍이 학도를 위하여 경서를 강론하지 않았으며 단지 하여금 반구反求하여 스스로 터득하게 하였다. 그러나 그 정신과 풍도는 사람을 두렵게 하는 면이 있었기 때문에 따르는 학자들의 계발함이 많았으니 도리어 구구한 강설講說이 능히 미칠 바가 아니었다. 자못 참동계參同契를 즐겨 보았으니 지극히 좋은 부분은 학문에 도움이 된다고 여겼다. 또 일찍이 말하기를 "석씨釋氏가 상달上達한 곳은 우리 유가儒家와 더불어 일반이다."고 하였다. 음양陰陽 지리地理 의약醫藥 도류道流의 이론에 이르기까지 그 대강을 섭렵하지 않음이 없었고 궁마弓馬 행진行陣의 법과 관방關防 진수鎭戍의 자리에도 유의하여 궁구하지 않음이 없었으니 대개 그 재주가 높고 뜻이 굳세어 익히지 않은 것이 없었다.

평생 산수山水를 매우 좋아하여 무릇 천석泉石이 아름다운 곳은 편력하여 남김이 없었으니 더욱 두류산頭流山 산수의 장엄함을 사랑하여 열 번을 왕래했으나 싫어하지 않았다. 일찍이 이황강李黃江 제공과 더불어 두류산을 유람하고 기록을 남겼으니 세상에 전한다. 일찍이 글을 짓지는 않았지만 단지 독서할 때 중요한 말을 차기劄記하여 학기學記라고 이름했다. 아! 이것은 단지 강학한 규모이자 공부한 차례이며 의론한 실마리일 뿐이다. 그 용공用功은 친절하고 저명하여 확실한 서두부터 내려왔기 때문에 그 형형한 마음과 열렬한 기상은 세파에 우뚝 서서 후인을 밝게 비추니 백세의 뒷날에도 완부頑夫를 청렴히 하고 유부儒夫를 자립케 할 것이다. 장구章句에 매달리는 소유小儒들은 이목耳目에만 명을 붙이고 사촌四寸의 구이口耳만을 출입하면서 오히려 학술로써 선생을 논의하려 하지만 그 조그마한 이해에 임하여 겨우 터럭 같은 차이에도 당황하여 어쩔 줄을 모르거나 진퇴가 어지럽다. 그 우뚝이 독립하여 의연히 굽히지 아니함이 선생 같은 이를 구할진대 백 명 중에 한 사람도 볼 수 없으니 선생을 또한 어찌 가벼이 논의할 수 있겠는가! 소자小子의 조개껍질 같은 측량으로는 본래 넓은 바다의 깊고 얕음을 엿보기에 부족하지만 다만 오랫동안 종유하면서 그 행사行事의 자취를 제일 익히 보았기에 그 본 바를 대강 엮어서 입언군자立言君子들이 만에 하나라도 채택할 것을 대비한다.

융경隆慶 6년(1572) 윤 2월 일   종사랑 권지 승문원 부정자 김우옹金宇顒 근장謹狀

先生 姓曺氏 諱植 字楗仲甫 自號曰南冥 曺氏 爲昌山著姓 高麗太祖 神德王后 生德宮公主 下嫁于曺氏 生刑部員外郎瑞 寔爲鼻祖 其後 九世平章 代有偉人 先生 以弘治辛酉六月二十六日辰時生 生有異資 早歲豪勇不羈 稍長喜爲文 務爲奇古 以文章自負 判校公 每勉以擧子業 先生自雄其才 謂科第可俯取 年二十五 偕友人 肄擧業於山寺 讀性理大全 至魯齋許氏語 有曰志伊尹之志 學顔子之學 出則有爲 處則有守 丈夫當如此 先生 於是 惕然警發 惘然自失 始悟從前所趣之非 而古人所謂爲己之學者 蓋如此也 遂喟然發憤 竟夜不就席 遲明揖友人而歸 自是 篤志實學 堅苦刻屬 終日端坐 夜以達朝者 累年 旣已 博求經傳 旁通百家 然後斂繁就簡 反躬造約 而自成一家之學 嘉靖丁酉 先生年三十七 始斷棄擧業 一意吾學 屛居丘園 結茅水竹之間 謝絶世故 蕭然自適 由是潛修靜養 磨屬精神 而所造益以高遠矣 家世淸貧 先生授室于金海 婦家頗饒 先生旣蚤孤 遂奉母夫人 就養于海上 乙巳丁憂 奉柩還葬于嘉樹 遂居本業 晩歲卜居頭流之德山洞 以定菟裘之計 先生 以中廟朝 用薦特除參奉 不就 明廟嗣服 再除主簿 皆不就 乙卯歲 特除丹城縣監 又不就 上封事 略云殿下之國事已非 邦本已亡 天意已去 人心已離 慈殿塞淵 不過深宮之一寡婦 殿下幼沖 只是先王之一孤嗣 天灾之百千 人心之億萬 何以當之 何以收之耶 川渴雨粟 其兆伊何 音哀服素 聲象已著 當此之時 雖有才兼周召 位居鈞軸 亦末如之何矣 況一微身 才如草

芥者乎 上不能持危於萬一 下不能庇民於絲毫 爲殿下之臣 不亦難乎 號召
勤王 整頓國事 非在於區區之政刑 唯在於殿下之一心 汗馬於方寸之間 而
收功於萬牛之地 其機在我而已 獨未知 殿下之所從事者 何事也 好學問乎
好聲色乎 好弓馬乎 好君子乎 好小人乎 所好在是 而存亡繫焉 誠能一日惕
然警悟 奮然用力 忽然有得於明新之內 則明新之內 萬善具在 百化由出 擧
而措之 國可使均也 民可使和也 危可使安也 疏入不報 丙寅 朝廷大召名儒
成運 李恒 林薰 金範 韓脩 南彦經等 復以遺逸 召先生 辭 再有旨敦諭 乃就
徵 除尚瑞院判官 拜命引對思政殿 上問治亂之道 爲學之方 對曰古今治亂
載在方策 不須臣言 臣之意 以爲君臣之間 必情意交孚 然後可以有爲也 因
極陳小民流移困頓之狀 上又問三顧草廬事 對曰諸葛亮英雄也 非不能料事
者 然與昭烈同事數十年 竟不能興復漢室 臣所不得而知也 先生意蓋謂孔
明不當出來也 先生旣入對 卽發南還 不竢朝命 隆慶丁卯 今上卽位 首下敎
書 所以獎諭求助者 甚至 已而 繼有旨 待日候溫暖 乘駟上道 先生再辭 初
辭所志 有老甚病甚罪深之語 又言宰相之職 莫大於用人 今乃不論善惡 不
分邪正 時有近臣 於筵中白上 曹某所學 異於儒者 故以此辭 再辭所志 略
云請以救急二字 獻爲興邦一言 以代獻身 方今邦本分崩 百弊斯極 所宜大
小急急 如救焚拯溺 國或支持 而徒事虛名 論篤是與 竝求山野棄物 以助求
賢美名 名不足以救實 猶畫餅之不足以救飢 請以緩急虛實 分揀處置 是時
主上方嚮儒學諸賢 滿朝論說性理 而朝綱不振 邦本日蹙 先生蓋深念之 故
奏及之 戊辰 又下旨趣召 辭上封事 開陳君德 大抵以明善誠身爲要 而於其
終篇 有云臣前日所志 救急之言也 尙未聞天意感動 應以爲老儒賣直之言
不足以動念也 況此開陳君臣 不過爲古人已陳之塗轍 然不由塗轍 更無可
適之路矣 又言當今王靈不振 政多恩貸 令出惟反 綱紀不立者 數世矣 非振
之以不測之威 無以濟百散糜粥之勢 非潤之以大霖之雨 無以澤七年枯旱之
草 必得命世之佐 上下同寅協恭 如同舟之人 然後稍可以制頹靡燋渴之勢
矣 又極言胥吏之狀 曰堂堂千乘之國 籍祖宗二百年之業 公卿大夫 濟濟後
先相率 而歸政於儓隸乎 此不可聞於牛耳也 軍民庶政 邦國機務 皆由此刀
筆之手 絲粟以上 非回俸不行 方土所獻 一切沮抑 無一物上納 豈意殿下不
能享大有之富 而反資於僕隸防納之物乎 此而不厭 加以偸盡帑藏之物 靡

有尋尺斗升之儲 國非其國 盜賊滿車下矣 夫以尹元衡之勢 而朝廷克正之
況此狐狸鼠雛 腰領未足以膏齊斧手 布列王國者 誰非命世之佐夙夜之賢耶
姦臣軋己則去之 姦吏蠹國則容之 謀身而不謀國 靡哲不愚 以樂居憂 臣索
居深山 俯察仰觀 噓唏掩抑 繼之以淚者數矣 臣於殿下 無一寸君臣之分 何
所感於君恩 而齋咨涕洟 自不能已耶 交淺言深 實有罪焉 獨計身爲食土之
毛 尚爲累世之舊民 忝作三朝之徵土 猶可自比於周蟄 可無一言於宣召之
日乎 疏奏 有旨優答 曰觀此格言 益知才德之高矣 當留念焉 己巳冬 以宗
親府典籤召 辭 庚午正月 再召 又辭 朝廷虛位以待者 逾年 竟不至 辛未夏
特命本路 宣賜米菽若干斛 以周其乏 先生上疏陳謝 曰獻言君義云云 上報
曰省賢疏章 可見憂國之誠 雖在畎畝 未嘗忘也 是歲臘月 先生寢疾 壬申正
月 本路以疾聞 上遣中使問疾 未至 而先生易簀 二月八日也 是日 大風暴
雪 天地昏暝 山頹斗隕 豈小變哉 訃聞 特命賜賻賜祭贈爵 壬申四月六日
葬于山天齋後峯 壬坐丙向之原 遵遺命也 夫人南平曺氏 忠順衛琇之女 先
五年卒 葬于金海 生一男雋異 先生奇愛之 九歲而天 一女適萬戶金行 生二
女 長適權知承文院副正字金宇顒 次適士人郭再祐 旁室子三人 曰次石次
磨次矴 女幼 嗚呼 先生 可謂間世之英豪矣 雪月襟懷 江湖性氣 特立萬物
之表 俯視一世之上 高識遠見 出於天資 臨機論事 發人意表 而憂時憤世
忠激義形 發於囊封奏對之間者 概可見也 天性忼慨 未嘗俯仰於人 常與學
士大夫 語及時政闕失 生靈困悴 未嘗不扼腕哽咽 或至流涕 聞者 爲之竦聽
其拳拳斯世 如此 然而由道守義 不肯自小以求用 安貧固窮 未嘗自屈以從
俗 故與世長辭 巖穴終古 使其未試於廊廟 而經綸之業 零落於烟霞 嗚呼
是孰使之然哉 然其所得於性分之內 而亘萬古而不磨者 則初不以用舍而加
損也 先生 才氣甚高 豪邁絶人 議論英發 儀容峻厲 英毅之氣 達於面目 每
對其儀刑 接其言論 則放逸之心 偸懦之氣 自不敢萌于中矣 至其造詣之高
自得之妙 則有非迂愚管見 所能測度 而臆說之者 而姑卽其可見之實 則獨
處書室 整齊瀟洒 書冊器用 安頓有常 終日端坐 未嘗見其隋隳傾倚之時 夜
分就寢 亦未嘗昏睡 嘗語學者 曰夜中工夫儘多切 不可多睡 又云恒居不宜
與妻孥混處 雖有資質之美 因循汩溺 終不做人矣 其屬志自立 多此類也 其
爲學也 略去枝葉 要以得之於心爲貴 致用踐實爲急 而不喜爲講論辨析之

言 蓋以爲徒事空言 而無益於躬行也 其讀書 不曾章解句釋 或十行俱下 到
切己處 便領略 過其用功之篤也 常佩金鈴 以自警省 號曰惺惺子 蓋喚醒之
工也 嘗以淨盞貯清水 兩手捧之終夜 蓋持志之事也 又有短屏畫先聖先師
遺像 常置凡案上 每對之肅然 如侍坐而後先焉 嘗摸畫神明舍爲圖 以寓目
存警 其銘 曰太一眞君 明堂布政 內冡宰主 外百揆省 承樞出納 忠信修辭
發四字符 建百勿旂 九竅之邪 三要始發 動微勇克 進敎廝殺 丹墀復命 堯
舜日月 三關閉塞 淸野無邊 還歸一 尸而淵 其革帶銘 曰舌者泄 革者結 縛
生龍 藏漠冲 其劒銘 曰內明者敬 外斷者義 其反己內修 篤信自力 類如此
其在金海有書室曰山海亭 枕山臨海 幽邃而宏豁 名其房曰繼明 左右圖書
靜坐潛養 蓋三十餘年 嘉樹精舍 名曰鷄伏堂 取涵養如鷄抱卵之語 名書室
曰雷龍舍 取尸居龍見 淵嘿雷聲之語 山居精舍 亦揭名雷龍 書其旁 曰雷則
晦冥 龍則淵海 使龍眠畫雷龍狀一幅 垂之座隅 最後作書室曰山天齋 取易
大畜之義 齋有板窓 左書敬字 右書義字 其敬字邊旁 細書古人論敬要語 常
目擊而心念之 至於疾革之日 猶誦其語 不絶口 寢疾逾月 精爽不亂 其與學
者語 猶以行己大方 出處大節 諄諄不倦 疾甚則命旋席東首 揮婦人勿近 戒
內外安靜 笑謂門人 曰死生常理耳 又曰天祐之死 鳴琴鼓缶 羅列歌舞而化
此豈人情耶 渠不學 故如是 某却不要如此 天祐者 三足堂金先生大有也 鳴
呼 觀其死生之際 確然不亂如是 則可見其平生問學之工定力之固 有大過
人者 卓乎其不可及已 其敎學者 則有云遨遊於通都大市之中 金銀珍玩 靡
所不設 終日上下街衢 而談其價 終非自家家裏物 只是說他家事爾 却不如
用吾一匹布 買取一尾魚來也 今之學者 高談性理 而無得於己 何以異此 又
言濂洛以後 著述輯解 階梯路脉 昭如日星 新學小生 開卷洞見 至其得力之
淺深 則只在求之誠不誠如何耳 又言吾於學者 只得警其昏睡而已 旣開眼
了 自能見天地日月矣 似故未嘗爲學徒談經說書 只令反求而自得之 然其
精神風力 有竦動人處 故從學者 多所啓發 却非區區講說所能及也 頗喜看
參同契 以爲極有好處 有補於爲學 又常言釋氏上達處 與吾儒一般 至於陰
陽地理醫藥道流之言 無不涉其梗概 以及弓馬行陣之法 關防鎭戍之處 靡
不留意究知 蓋其才高志彊 而無所不學也 平生酷好山水 凡泉石佳處 遍歷
靡遺 尤愛頭流山水之壯麗 至於十往來不厭 嘗與李黃江諸公 遊頭流 有錄

行于世 未嘗著書 只有讀書時 箚記要語 名曰學記 嗚呼 此特講學之規模 做功之次第 議論之緒餘耳 其用功 則親切著明 要自確實頭做來 故其烱烱之心 烈烈之氣 卓立頹波 照映方來 而廉頑立懦於百世之下矣 章句小儒 寄命乎耳目 出入於四寸 而猶欲以學術議先生 至其臨小利害 僅如毫髮 而張皇失措 進退無門 求其屹然獨立 毅然不拔 如先生者 百未見一人焉 則於先生 又胡可以輕議焉哉 小子蠡測 本不足以窺滄海之淺深 徒以從遊之久 其於行事之跡 睹之最熟 粗述所見 庶幾備立言君子 採摭之萬一云爾

隆慶 六年 閏二月 日 門人 從仕郞 權知 承文院 副正字 金宇顒 謹狀

묘갈명墓碣銘 병서并序

▲ 남명 선생 묘갈명

▲ 예전에 세웠던 세 기의 묘비들

선생의 묘소에 서 있는 이 묘갈명은 대곡大谷 성운成運이 지은 것으로, 처음 세운 비석은 남명의
제자인 탁계濯溪 전치원全致遠이 글씨를 썼으나 석질이 좋지 않아 마모되어 응와凝窩 이원조李源祚의
글씨로 다시 세웠다. 이 또한 석품石品이 좋지 않아 후에 심재深齋 조긍섭曺兢燮의 글씨로 세 번째의
비석을 세웠는데, 6.25 전쟁 중에 비석에 총탄 흔적이 생기는 등의 사정으로 인해 지금은 네
번째의 비석이 서 있고, 그 글씨는 권창현權昌鉉이 쓴 것이다. 셋 중 가장 작은 것은 예전에
세웠던 숙부인의 묘갈명이다. 근래에 그 옆에 다시 내용을 번역한 국역비를 세웠다. 남명의
묘소 아래 숙부인의 묘소 오른쪽 위편에 그동안 세웠던 비들을 모아서 세워두었는데, 첫 번째의
비석은 없어졌다.

조씨曺氏는 예부터 저명한 성으로 대마다 칭송되는 인물이 났다. 그 선대에 고려 태조 때 벼슬하여 형부원외랑을 지낸 휘 서瑞라는 분이 있었는데 덕궁공주德宮公主가 그 어머니이다. 그 뒤로 연이어 현달하여 휘 은殷은 중랑장이니 공에게 고조이고 이 분이 휘 안습安習을 낳았으니 성균 생원이며 생원이 휘 영永을 낳았으니 벼슬하지 않았다. 그 맏아들 휘 언형彦亨은 처음에 재예才藝로 뽑히어 이조정랑이 되었으나 꼿꼿하고 남과 어울림이 적어 벼슬이 승문원 판교에 이르러 졸했다. 그 배위 이씨李氏는 충순위 국菊의 여로 곤범閫範이 있었고 남편을 섬김에 덕을 어김이 없었다. 공은 그 둘째 아들이니 식植이 이름이고 건중楗仲이 그 자이다.

공은 태어나면서 자품이 총명하고 용모가 빼어났으며 아이 때부터 정중함이 어른과 같아 또래들을 따라 장난치지 않았고 놀이 물건도 또한 손에 가까이 하지 않았다. 판교공이 사랑하여 말을 할 때부터 무릎 위에 앉혀 놓고 시서詩書를 가르쳤는데 응대하여 문득 외우면서 잊지 않았다. 나이 8~9세에 병으로 자리에 눕게 되어 모부인이 근심스런 안색을 지으니 공이 자세를 가다듬고 기운을 내어 짐짓 차도를 보이며 고하기를 "하늘이 사람을 낼 때 어찌 헛되이 하겠습니까! 지금 제가 다행히 남자로 태어났으니 하늘이 반드시 부여한 바가 있어 저에게 성취를 요구할 것입니다. 하늘의 뜻이 여기에 있는데 제가 어찌 오늘 갑자기 요절함을 근심하겠습니까?"라고 하니 듣는 이가 비범하게 여겼다. 점점 자람에 온갖 서적을 널리 통달하지 않음이 없었고 더욱 좌구명左丘明 류종원柳宗元의 문장을 좋아하였다. 이런 까닭으로 문장이 기고奇高하면서도 기력氣力이 있으며 경물을 읊고 사실을 기록함에 처음부터 생각을 기울이지 않은 듯하지만 말이 엄하고 뜻이 세밀하여 엄연히 법도가 있었다. 과거시험으로 인하여 유사有司에게 글을 바치니 유사가 대책對策을 보고 크게 놀라 일등 이등으로 발탁한 것이 무릇 세 번이었으며 고문古文을 배우는 이들이 다투어 전송하면서 본보기로 삼았다.

가정嘉靖 5년(1526)에 판교공이 세상을 떠나니 공은 도성에서 상여를 받들고 내려와 고향에 안치하고는 모부인을 모시고 돌아와 봉양하였다. 공이 어느 날 글을 읽다가 노재魯齋 허형許衡[14]의 말 중에 "이윤伊尹의 뜻[15]을 뜻으로 삼고 안자顏子의 학문[16]을 학문으로 삼으라"는 글귀를 보고는 척연히 깨달아 발분하고 면려하더니 육경六經 사서四書 및 주자周子 정자程子 장자張子 주자朱子가 남긴 글을 강송하면서 이미 하루 해를 다 보내고 또 밤중까지 계속하여 체력이 소진되고 정신이 고갈되도록 연구하고 탐색하였다. 공은 학문에는 경敬을 지니는 것보다 요긴한 것이 없다고 생각했기 때문에 주일主一 공부에 전념하여 밝게 깨어 혼매하지 않았으며 몸과 마음을 거두어 지켰다. 또 학문에는 욕심을 적게 하는 것보다 앞서는 것이 없다고 생각했기 때문에 극기克己에 힘써서 찌꺼기를 씻어 내고 천리天理를 함양하였다. 보이지 않고 들리지 않는 곳에서도 경계하고 깊은 곳에 홀로 있을 때에도 성찰하여 앎이 이미 정묘한 가운데서도 더욱 그 정묘함을 구하였고 행함에 이미 힘쓴 가운데서도 더욱 그 힘을 기울였으며 돌이켜 체험하고 실지를 밟는 것으로 급선무로 삼아 반드시 그 경지에 도달함을 구하였다. 가정嘉靖 24년

14) 허형許衡(1209~1281)은 원元나라 하내인河內人으로 자는 중평仲平 호는 노재魯齋 시호는 문정文正이다. 요추姚樞에게 종학하면서 이정二程과 주자朱子의 저서를 보고는 행도行道로써 자임했고 두묵竇黙과 강습하면서 경전經傳 자사子史 예악禮樂 성력星曆 병형兵刑 식화食貨 수리水利 등을 모두 통달했다. 세조世祖 때 국자좨주國子祭酒 중서좌승中書左丞을 지냈고 저서로는 『독역사언讀易私言』 『노재유서魯齋遺書』 등이 있다.

15) 이윤伊尹은 탕湯임금의 신하로 탕임금을 보필하여 하夏나라 걸왕桀王을 추방하고 상商나라를 건국했다. 『맹자』 「만장萬章」 상편에 보면 이윤이 유신有莘의 들판에서 밭을 갈면서 요순堯舜의 도道를 즐기다가 탕임금이 세 번을 초빙하자 이에 번연히 뜻을 바꾸어 "내가 시골에 살면서 홀로 요순의 도를 즐기는 것 보다는 이 임금으로 하여금 요순 같은 임금이 되게 하고 이 백성으로 하여금 요순의 백성이 되도록 하는 것이 낫지 않겠는가! 나는 천민天民 중에 선각자로 내 장차 이 도로써 이 백성을 깨우칠 것이니 내가 아니면 누가 깨우치겠는가!"라고 하면서 천하의 막중한 대사大事를 자임하고는 탕임금에게 나아가 이를 설득하여 하나라를 정벌하고 백성을 구제했다.

16) 안자顏子는 공자의 제자 중에 가장 학문을 좋아했던 안회顏回. 안회는 극기복례克己復禮에 진력하여 인仁을 함양하였고(『논어』 「안연편」) 공자가 박문약례博文約禮로써 인도하자 그의 모든 재능을 쏟아 학문을 성취하여 성인의 진면목을 보았으며(『논어』 「자한편」) 일단사一簞食와 일표음一瓢飮으로 누항陋巷에 거처하면서도 그 즐거움을 고치지 않은 인물이다(『논어』 「옹야편」).

(1545)에 모부인 상을 당하여 선친의 묘 왼편에 부장하였다.

공은 지혜가 밝고 식견이 높아 진퇴의 기미를 잘 살폈다. 일찍이 스스로 보건대 세도世道가 쇠퇴하여 인심이 그릇되고 풍속이 각박해져 대교大敎가 침체되었으며 또 현인의 벼슬길이 기구하여 재앙의 기미가 은밀히 드러났다. 이때를 당해서는 비록 교화를 만회함에 뜻을 둔다 해도 도道가 때를 만나지 못하여 결국 내가 배운 바를 행하지 못할 것이라고 여겼다. 이런 까닭으로 과거에도 나가지 않고 벼슬도 구하지 않았으며 뜻을 거두어 산야에 은둔하였다. 이에 남명南冥이라 자호하고 그 지은 정자를 산해山海라 하였으며 사舍를 뇌룡雷龍이라 하였다. 최후에는 두류산 수굴운동水窟雲洞으로 들어가 8~9개의 서까래를 얽어매어 산천재山天齋라 편액하고는 몸을 깊이 감추어 스스로 수양한 지 수 년이 되었다.

중종조에 천거되어 헌릉참봉을 제수했으나 나가지 않았고 명종조에 또 유일로서 재차 전생서 종부시 주부를 제수하고 이어 단성丹城 현감을 제수했으나 모두 나가지 않았다. 인하여 글을 올려 이르기를 "국사가 날로 그릇되고 민심이 이미 떠났으니 그 반전의 기틀은 구구한 정형政刑에 있는 것이 아니라 오직 전하의 마음에 있습니다."라고 하였다. 그 뒤 조지서 사지를 제수했으나 병으로 사양했으며 또 상서원 판관으로 불러 들여 전전前殿에서 인견하였다. 이에 주상이 치도治道를 물으니 대답하여 말하기를 "고금의 치란은 책에 실려 있으니 신의 말을 기다릴 필요가 없습니다. 신이 가만히 생각건대 임금과 신하 사이에 정의情義가 서로 부합하여 환연히 틈이 없어야 더불어 다스림을 이룰 수 있습니다. 옛날 제왕들은 신하 대접하기를 벗과 같이 하여 더불어 치도治道를 밝혔으니 신하의 말을 듣고 칭찬하며 감탄한 성군의 성대함이 있게 된 까닭입니다. 바야흐로 이제 백성들이 고통에 빠져 서로 흩어짐이 마치 어지러이 흐르는 물과 같으니 마땅히 서둘러 구하기를 불난 집에 불을 끄는 것과 같이 하여야 합니다."라고 하였다. 또 학문하는 방법을 물으니 대답하기를 "인군의 학문은 다스림을 내는 근원이고 학문은 마음으로 체득함이 제일 귀합니다. 마음으로 체득하면 천하의 이치를 궁구할 수 있고 사물의 변화에 대응할 수 있어 만 가지 기미를 모두 잡아 스스로 무사할 것이니 그 노력은 단지 경敬에 있을 뿐입니다." 하였으며 또 삼고초려三顧草廬의 일을 묻자 대답하기를 "반드시 인물을 얻어야 한실漢室 회복을 도모할 수 있기 때문에 세 번이나 찾아간 것입니다." 하니 주상이 칭찬하였다.

융경隆慶 원년(1567)에 선조가 즉위하여 교지를 내려 불렀으나 사양하였고 이어 징명徵命이 있었지만 또 사양하면서 소를 올려 "청컨대 구급救急이란 두 글자를 받쳐 몸을 바침에 대신합니다." 하고는 시폐時弊 열 가지를 진언했다. 융경隆慶 2년(1568)에 부름을 입었으나 사양하고 또 봉사封事를 올려 말하기를 "다스림의 도는 인군의 명선성신明善誠身에 있으니 명선성신은 반드시 경敬으로써 주를 삼아야 할 것입니다." 하고 인하여 서리의 폐단을 극언하였다. 한참 후 종친부 전첨을 제수했으나 또 사양했으며 신미년(1571)에 큰 흉년이 들어 주상이 곡식을 내리자 글로써 감사를 드리고 인하여 말하기를 "여러 번 소를 올려 말씀을 드렸으나 말이 그대로 시행되지 않았습니다." 하였으니 말이 매우 간절하고 곧았다. 임신년(1572)에 병이 심해지자 주상이 의원을 보내 병을 다스리게 하였으나 도착하기 전 그 해 2월 8일에 세상을 떠나니 향년 72세이다. 산천재 뒷산에 자리 잡아 4월 6일에 안장하였다.

공은 천품이 영달英達하고 기국이 고매高邁했으며 단엄端嚴하고 직방直方하며 강의剛毅하고 정민精敏하였다. 조행이 확고하여 모든 행동은 법도를 따랐으니 눈으로는 나쁜 것을 보지 않고 귀로는 엿듣는 일이 없었다. 장중한 마음을 항상 흉중에 지니고 태만한 모습을 밖에 드러내지 않았으며 항상 깊은 방 안에 조용히 거처하면서 발걸음이 문 밖을 나가지 않았으니 비록 이웃에 사는 이들도 그 얼굴 보기가 드물었다. 닭이 우는 소리를 듣고 새벽에 일어나 관을 쓰고 띠를 두르고는 자리를 정돈하여 시동尸童처럼 앉아서 어깨와 등이 꼿꼿했으니 바라봄에 마치 도형이나 조각상 같았다. 책상을 치우고 서책을 펴면 심안心眼을 집중하여 조용히 관조하고 깊이 사색하면서 책 읽는 소리를 내지 않았으니 방안이 고요하여 마치 사람이 없는 듯하였다. 용의와 거동이 침착하고 단정하여 스스로 준칙이 있었으며 비록 급하고 놀란 때를 당해도 법도를 잃지 않았으니 매우 볼 만 하였다. 집안에서는 엄하게 사람들을 다스려 규문閨門과 외정外庭의 남녀 모두가 정숙했으니 가까이 모시는 몸종들도 머리를 가다듬어 쪽을 단정히 아니하면 감히 나오지 못했으며 비록 부부 사이라도 또한 그러했다.

벗을 사귐에 반드시 단정하여 그 사람이 벗할 만하면 비록 포의라도 왕공처럼 높여 반드시 예로서 공경했고 벗하지 못할 사람이면 비록 벼슬이 높고 귀하여도 흙으로 만든 인형같이 여겨 함께 앉기를 부끄러워하였다. 이 때문에 사귐이 넓지 못했지만 그러나 그 더불어 아는 이는 학행과 문예를 지니어 모두 당세의 이름난 선비 중에 선택된 사람들이었다. 인물을 감별하는 안목이 환하게 밝아서 사람들이 숨길 수 없었으니 어떤 신진 소년이 청반淸班에 올라 명성이 드러났는데 공이 한 번 보고 사람들에게 말하기를 "그 재주를 믿고 스스로 뽐내며 기세를 부려 사람 대하는 것을 보니 뒷날 어질고 능한 이를 해치는 일이 반드시 이 사람을 연유할 것이다." 하였다. 그 후 과연 높은 벼슬에 올라 몰래 흉악한 괴수와 결탁하여 법을 농간하고 위세를 부려 선비들을 섬멸하였다. 또 어떤 선비가 글재주는 있으나 급제하지 못했는데 그 사람됨이 음험하고 시기심이 많아 어진 이를 원수같이 여겼다. 공이 우연히 모임 중에서 보고 물러나 친구에게 말하기를 "내 그 사람의 미간을 살펴보고 그 사람됨을 짐작컨대 외모는 호탕하지만 흉중에 남을 해칠 마음을 품었으니 만일 벼슬을 얻어 심술을 부리면 선인들이 위태할 것이다." 하였으니 친구가 그 밝음에 탄복했다.

매양 국기일國忌日을 당하면 풍악을 듣지 않고 고기를 먹지 않더니 하루는 두세 명의 높은 관리가 공을 청하여 절에 모여서 술자리를 벌였다. 공이 천천히 말하기를 "모 대왕의 기일忌日이 오늘인데 여러분은 어찌 잠시 잊었는가?" 하니 좌우가 깜짝 놀라 사과하고 서둘러 풍악과 고기를 물리고는 술만 한두 잔 돌리다가 이내 헤어졌다. 천성이 효우에 돈돈하여 부모 곁에 있을 때는 반드시 온화한 얼굴로 잘 봉양하여 그 마음을 기쁘게 하였으며 부드러운 옷과 맛있는 음식을 또한 두루 갖추었다. 상喪 중에는 애모하여 피눈물을 흘렸으며 상복을 벗지 않고 밤낮으로 빈소를 떠나지 않았으니 비록 병이 들어도 또한 여막에서 물러나지 않았다. 제사에는 반드시 제물을 갖추어 알맞게 익었는지 깨끗하게 씻었는지를 부엌 하인에게만 맡기지 아니하고 반드시 몸소 살폈다. 조문하는 이가 있으면 반드시 엎드려 곡하고 절만 할 뿐 함께 앉아 말하지 않았으며 하인에게 분부하여 상을 마치기 전에는 집안의 번잡한 일로 찾아와 고하지 말게 하였다. 그 아우 환桓과 더불어 우애가 매우 두터웠으니 말하기를 "지체支體는 떨어질 수 없다" 하고는 한 울타리 안에 같이 살면서 출입에 문을 달리 하지 않았고 밥상과 잠자리를 함께 하며 즐겁게 지냈다. 재산을 덜어 형제 중 가난한 이에게 나누어 주고 털끝만큼도 스스로 가지지 않았으며 누가 상사의 슬픔을 당했다는 말을 들으면 자기 일처럼 아파하면서 달려가 도우기를 수화水火의 재난을 구하듯 하였다. 능히 세상을 잊지 못해 나라를 걱정하고 백성을 근심하더니 매양 달 밝은 밤이면 홀로 앉아 슬피 노래하고 노래가 끝나면 눈물을 흘렸으나 곁에 있는 이들이 그 까닭을 알지 못했다.

공은 만년에 학문이 더욱 진보하고 조예가 더욱 정심했으며 사람을 가르칠 때에는 각기 그 재능에 따라 독실하게 하였다. 질문이 있으면 반드시 의심스런 뜻을 분석하여 그 말이 추호도 남김이 없어 듣는 이로 하여금 환히 통달하게 한 다음에야 그만 두었다. 또 배우는 이들을 경계하여 말하기를 "지금의 학자들이 지극히 가까운 것은 버리고 높고 먼 것만을 쫓으니 병통이 적을 뿐만 아니다. 학문이란 처음부터 부모를 섬기고 형을 공경하며 어른에게 공손하고 어린이를 사랑하는 사이에서 벗어나지 않는다. 만일 여기에 힘쓰지 않고 갑자기 성명性命의 오묘함을 궁구하고자 하면 이것은 인사人事 상에서 천리天理를 구하는 것이 아니니 결국 실지로 얻음이 없을 것이다." 하였다. 옛 성현의 유상遺像을 그려 놓고 아침마다 배알하며 엄숙히 공경하기를 스승 앞에서 직접 가르침을 듣는 듯이 하였다. 일찍이 말하기를 "학자는 잠을 많이 자지 말 것이니 사색 공부는 밤중에 더욱 전념할 수 있다" 하였다. 매양 글을 읽다가 긴요한 말이 있으면 반드시 세 번 거듭 읽었고 붓으로 이를 기록하여 『학기學記』라 이름 하였다. 손수 신명사神明舍를 그리고 인하여 명銘을 지었으며 또 천도天道 심心 성정性情 및 도道에 나아가고 덕德에 들어가는 당실堂室과 과급科級을 그렸으니 그런 류가 하나 만이 아니었다. 또 창벽 사이에 경의敬義 두 글자를 크게 써서 학자에게 보이고 또한 스스로도 경계했으며 병이 위독할 적에도 오히려 경의설敬義說을 들어 간곡히 문생에게 훈계하였다. 임종시에 부인들을 물리쳐 가까이 오지 못하게 하였고 죽음을 편안히 여겨 마음의 동요 없이 조용히 잠자듯이 하였다. 주상이 제문을 내리고 곡식을 부의했으며 사간원 대사간으로 증직하였다.

부인은 남평 조씨南平曺氏로 충순위 수琇의 여이니 공보다 먼저 별세했다. 아들 딸 둘을 낳았는데 아들은 일찍 죽었고 딸은 만호 김행金行에게 출가하여 2녀를 낳았으니 맏사위 김우옹金宇顒은 현재 승문원 정자이고 다음 곽재우郭再祐는 학문을 닦고 있다. 방실旁室에서 3남 1녀를 낳았으니 아들은 차석次石 차마次磨 차정次矴이고 딸은 제일 뒤에 태어나 어리다.

아! 공은 학문에 독실하고 실행에 힘썼으며 도를 닦고 덕에 나아가 깊은 조예와 넓은 견문은 비견할 이가 드물었으니 또한 미루어 전현前賢에 짝이 되고 후세 학자의 종사宗師가 될 만하나 혹자들이 알지 못하여 그 논평에 상이한 점이 있다. 그러나 어찌 반드시 금일의 사람에게만 알아주기를 구하겠는가! 단지 백세를 기다려 아는 이만이 알아 줄 뿐이

다. 내 외람되이 벗의 반열에 들어 종유한 지 가장 오래이니 전후에서
그 덕행을 보아 또한 남들이 미처 알지 못한 바가 있다. 이는 모두
눈으로 본 것이지 귀로 들은 것이 아니기에 가히 사실로 전할 수 있다.
명銘하여 이르기를,

하늘이 덕을 내려 어질고 곧았으니, 거두어 몸에 지녀 자용自用하기
넉넉했다. 남들에게 펴지 못해 은택 보급 못했으니, 시세인가 명운인가
백성 무록無祿 슬플 뿐!

우인友人 창녕昌寧 성운成運 지음
후학 안동安東 권창현權昌鉉 삼가 씀
선생 몰후 385년 병신 10월 일 다시 세움

文貞公墓碣銘 幷序

　　曹故爲著姓 稱世有人 其先 有仕高麗太祖時 爲刑部員外郎諱瑞者 德宮
公主 其母也 其後 相繼昌顯 至諱殷爲中郎將 於公爲高祖 是生諱安習 成
均生員 生員生諱永 不仕 其嗣曰諱彦亨 始以才藝選 爲吏曹正郎 狷介寡合
官至承文院判校以卒 其配李氏 忠順衛菊之女 有閨範 事君子無違德 公其
第二子 植名 而楗仲其字也 生而岐嶷 容貌粹然 自爲兒 靜重若成人 不逐
輩流與戱 游弄之具 亦莫肯近其手 判校公愛之 自能言 抱置膝上 授詩書
應口輒成誦不忘 年八九歲 病在席 母夫人 憂形於色 公持形立氣 紿以小間
且告之曰 天之生人 豈徒然哉 今我 幸而生得爲男 天必有所與 責我做得
天意 果在是 吾豈憂今日遽至夭歿乎 聞者異之 稍長 於書無不博通 尤好左
柳文 以故 爲文奇峭有氣力 詠物記事 初不似經意 而辭嚴義密 森然有律度
因國策士 獻藝有司 有司得對語 大驚 擢置第一第二者 凡三焉 學古文者
爭相傳誦以爲式 嘉靖五年 判校公捐館 公自京師 奉裳帷 安置于鄉山 迎歸
母夫人侍養焉 公一日讀書 得魯齋許氏之言 曰志伊尹之志 學顏子之學 惕

然覺悟 發憤勵志 講誦六經四書 及周程張朱遺籍 旣窮日力 又繼以夜 苦力
弊精 研窮探索 以爲學莫要於持敬 故用工於主一 惺惺不昧 收斂身心 以爲
學莫先於寡欲 故致力於克己 滌淨查滓 涵養天理 戒懼乎不覩不聞 省察乎
隱微幽獨 知之已精而益求其精 行之已力而益致其力 以反躬體驗 脚踏實
地爲務 求必蹈夫閫域 二十四年 丁母夫人憂 附葬于先大夫墓左 公智明識
高 審於進退之機 嘗自見世衰道喪 人心已訛 風漓俗薄 大敎廢弛 又況賢路
崎嶇 禍機潛發 當是時 雖有志於挽回陶化 然道不遇時 終未必行吾所學 是
故 不就試不求仕 卷懷而退居山野 自號南冥 名其所築亭曰山海 舍曰雷龍
最後 得頭流山 入水窟雲洞 架得八九椽 扁曰山天齋 深藏自修 年紀積矣
在中廟朝 以薦 拜獻陵參奉 不起 明廟朝 又以遺逸 再除爲典牲宗簿主簿
尋遷丹城縣監 皆不起 因上章曰 國事日非 民心已離 其轉移之機 非在區區
之政刑 惟在於 殿下之一心 其後 拜司紙 以疾辭 又以尙瑞判官 徵入 引對
前殿 上問爲治之道 對曰 古今治亂 載在方策 不須臣言 臣竊以爲君臣之際
情義相孚 洞然無間 可與致治 古之帝王 遇臣僚若朋友 與之講明治道 所以
有吁咈都兪之盛也 方今生民 困悴離散 如水之潰流 當汲汲救之 如失火之
家云云 又問爲學之方 對曰 人主之學 出治之源 而其學貴於心得 得於心
可以窮天下之理 可以應事物之變 而總攬萬機 自無事矣 其要 只在敬而已
又問三顧草廬事 對曰 必得人 可以圖復漢室 故至於三顧 上稱善 隆慶元年
今上嗣服 有旨召 辭 繼有徵命 又辭 奏疏請獻救急二字 以代獻身 陳時弊
十事 二年 被召 辭 又上封事 言爲治之道 在人主明善誠身 明善誠身 必以
敬爲主 因極陳胥吏姦利事 久之 授宗親府典籤 又辭 辛未 大饑 上賜之粟
以書陳謝 因言累章獻言 言不施用 辭甚切直 壬申 病甚 上遣醫治疾 未至
以其年二月八日終 享年七十有二 卜窆于山天齋後山 葬用四月六日 公天
姿英達 器宇高嶷 端嚴直方 剛毅精敏 操履果確 動循繩墨 目無淫視 耳無
側聽 莊敬之心 恒存乎中 惰慢之容 不形于外 常潛居幽室 足不踏門墻之外
雖連棟而居者 罕得見其面 聽鷄晨興 冠頂帶腰 正席尸坐 肩背竦直 望之若
圖形刻像 拂床開卷 心眼俱到 默觀而潛思 口不作伊吾之聲 齋房之內 寂然
若無人 威儀容止 舒遲閑雅 自有準則 雖在忽卒驚擾之際 不失常度 甚可觀
也 族家 莊以莅衆 閨庭之間 內外肅整 其室婢之備近侍者 不斂髮正髻 不

敢進 雖其配偶之尊 亦然 取友必端 其人可友 雖在布褐 尊若王公 必加禮
敬 不可友 官雖崇貴 視如土梗 恥與之坐 以此 交遊不廣 然其所與知者 有
學行文藝 皆當世名儒之擇也 藻鑑洞燭 人無能廋匿 有新進少年 踐淸班擅
盛譽 公見告人曰 觀其挾才自恃 乘氣加人 異日賊賢害能 未必不由此人 其
後果登崇位 陰結凶魁 弄法行威 士類殲焉 又有士子 有文才未第 其人 陰
猜媢嫉 仇視賢人 公偶見於群會中 退而語友人曰 吾察於眉宇之間 而得其
爲人 貌若坦蕩 中藏禍心 如使得位逞志 善人其殆乎 友人服其明 每値國諱
不聆樂啖肉 一日 有二三名宦 請公會佛寺張飮 公徐言曰 某大王諱辰 今日
是也 諸公 豈偶忘之耶 左右失色驚謝 亟命退樂去肉 酒一再行乃罷 天性篤
於孝友 居親之側 必有婉容 以善爲養 悅其心志 衣柔膳甘 亦莫不具 其在
服 哀慕泣血 不脫絰帶 晨夜身未嘗不在几筵之側 雖遘疾 亦莫肯退就服舍
祭必備物 烹調之宜 滌拭之潔 不以獨任廚奴 必躬親視之 有弔慰者 必伏哭
答拜而已 未嘗坐與之語 戒僮僕 喪未終 勿以家事宂雜者來諗 與第桓友愛
甚篤 以爲支體 不可離也 同居一垣之內 出入無異門 合食共被 怡怡如也
捐家藏 分與兄弟之貧乏者 一毫不自取 聞人遭死喪之戚 痛若在己 匍匐盡
力 如救水火 不能忘世 憂國傷民 每値淸宵皓月 獨坐悲歌 歌竟涕下 傍人
殊未能知之也 公晚歲 學力益進 造詣精深 其敎人 各因其才而篤焉 有所質
問 必爲剖析疑義 其言細入秋毫 使聽者 洞然暢達而後已 且戒學者曰 今之
學者 捨切近 趨高遠 不是小病 爲學 初不出事親敬兄弟長慈幼之間 如或不
勉於此 而遽欲窮探性命之奧 是不於人事上求天理 終無實得 摹古聖賢遺
像 每朝瞻禮 肅然起敬 如在函丈間 耳受而命之誨 嘗曰 學者 無多著睡 其
思索工夫 夜中尤專 每讀書得緊要語 必三復乃已 取筆書之 名曰學記 手自
圖神明舍 因爲之銘 又圖天道心性情 與夫造道入德 堂室科級者 其類非一
又於窓壁間 大書敬義二字 以示學者 且自警焉 病且亟 猶擧敬義說 懇懇爲
門生申戒 其沒也 斥婦人不得近 安於死 心不爲動 怡然如就寢 上賜祭賻粟
贈司諫院大司諫 夫人 南平曺氏 忠順衛琇之女 先公沒 生男女二人 男早夭
女歸于萬戶金行 生二女 其壻之長曰 金宇顒 今爲承文院正字 次曰 郭再祐
方學文 旁室生三男一女 男曰次石次磨次矸 女最後生幼 嗚呼 公篤學力行
修道進德 精詣博聞 鮮與倫比 亦可追配前賢 爲來世學者宗師 而或者之不

知 其論有異焉 然何必求知於今之人 直百世以俟知者知耳 運忝在交朋之
列 從遊最久 觀德行於前後 亦有人所不及知者 此皆得於目 而非得於耳 可
以傳信 其辭曰

  天與之德 旣仁且直 斂之在身 自用則足 不施于人 澤靡普及 時耶命耶 悼民
無祿

                        友人 昌寧 成運 撰
                        後學 安東 權昌鉉 謹書
                    先生歿後 三百八十五年 丙申 十月 日 改立

묘지명墓誌銘 병서幷序

황명皇明 홍치弘治 14년 우리 조선 연산군 7년(1501) 신유 6월 26일 남명 선생이 삼가현三嘉縣 토동兎洞에서 태어났으니 무지개가 집안 우물에서 뻗쳐 나와 자색 광채가 방안에 가득하였다. 융경隆慶 6년 선조대왕 5년(1572) 임신 2월 초 8일 진주晋州 두류산頭流山 아래 사륜동絲綸洞 정침正寢에서 고종考終했으니 산이 무너지고 나무에 얼음이 맺히는 이변이 있었다. 그 태어남에 천지가 영광으로 여기고 그 죽음에 천지가 슬퍼하였다. 철인哲人의 흥망은 예부터 그러했으니 아! 그 어찌하여 그러한가! 선생의 장지葬地는 침실 뒤 임좌원壬坐原에 있으니 유명遺命을 따른 것이다. 선생의 벗 대곡大谷 성선생成先生 운運이 그 묘갈을 지으면서 선생의 진학進學 성덕成德의 실체와 출처出處 동정動靜의 절도를 극진히 말하여 마치 향당에 성인상聖人像을 그려 놓은 것 같으니 백세의 후에도 이를 읽는 이는 선연히 선생을 다시 보는 것 같을 것이다. 다만 그 묘혈墓穴에 기록하여 능곡陵谷의 변고를 대비하는 글이 누락되어 마련하지 못한 지가 또한 300여 년이더니 선생의 원손遠孫 용상庸相이 여러 군자의 명으로 그 글을 나에게 청하였다. 선생이 일찍이 말하기를 "오가吾家에 경의敬義가 있는 것은 하늘에 일월日月이 있는 것과 같아서 만고에 불변할 것이다."라고 하였다. 아! 선생이 계실 때에는 곧 당일의 형상이 있는 경의였고 선생이 돌아가신 후에는 그 마음이 오히려 없어지지 아니하여 곧 만고에 불변하는 경의이니 선생은 곧 일월이다. 일월을 어찌 그려서 전할 수 있겠는가! 누차 사양했으나 이루지 못했기에 삼가 그 시말과 대개를 기술하여 만고의 이목耳目에게 보인다.

선생의 휘는 식植이고 자는 건중楗仲이며 창녕 조씨이니 고려 평장사 휘 겸謙의 후손이다. 대대로 현달하여 동방의 거족이 되었고 성균 생원 안습安習에 이르러 비로소 삼가三嘉에 이주했으니 이 분이 선생에게 증조이다. 조祖 영永은 봉사이니 벼슬하지 않았고 고考 언형彦亨은 승문원 판교이니 청개淸介로 이름이 났으며 비妣 인천이씨仁川李氏는 충순위 국菊의 여이니 부덕婦德이 있었다. 선생은 어려서부터 비범하고 행동이 무거웠으며 놀이와 장난을 아니 하여 엄연히 성인의 풍도가 있었다. 재주가 총명하여 겨우 말할 무렵 대인공이 글자를 가르쳐 주면 문득 외워 잊지 않았고 취학해서는 반드시 그 뜻을 추구하여 이해하지 않고는 그만두지 않았다. 점점 자람에 경사經史를 섭렵하고 고문古文을 즐겨 지었으니 언사가 굳세고 변화가 무상하여 엄연히 법도가 있었으므로 사람들이 다투어 전송하였다. 개연히 공업功業으로 기약하여 천문 지리 의학 산술 궁마 행진 같은 것도 두루 통달하여 그 온축을 넉넉히 하였으며 항상 일세를 다스리고 천고에 능가할 뜻을 지녔으니 과장에 나가 향시에 누차 합격했다. 25세에 산사山寺에서 성리대전을 읽다가 허노재許魯齋가 말한 "이윤伊尹의 뜻을 뜻으로 삼고 안연顔淵의 학문을 학문으로 삼아 나가면 하는 일이 있고 처하면 지킴이 있어야 하나니 대장부는 마땅히 이와 같아야 한다. 나가서 하는 바가 없고 처하여 지키는 바가 없다면 뜻한 바와 배운 바로 장차 무엇을 하겠는가!"라는 대목에 이르러 드디어 활연히 깨닫고 성현의 학문에 전념하였다. 육경사자六經四子와 정주유서程朱遺書를 돌려가며 숙독하고 밤낮으로 정묘한 이치를 궁구하여 마음에 터득하면 몸소 이를 행하였다. 이에 지식은 날마다 고명함에 이르고 행실은 날마다 일상에서 성취되어 마음에 지닌 것은 더욱 중해지고 밖으로 바라는 것은 더욱 가벼워져 태연히 즐거워했으니 대개 장차 나가서는 행하고 물러나서는 지키려는 뜻이 있었기 때문이다. 오직 부모가 계시기 때문에 힘써 과거에 나갔으나 세도가 날마다 쇠퇴함을 보고는 배운 바가 시세에 어긋남을 헤아렸으니 드디어 모부인에게 아뢰고 과거를 포기하였다. 그러나 도와 덕이 충만하여 따르는 이들이 날마다 많아지고 명실이 점점 높아지자 공경들이 서로 편지하여 천거를 논하였다.

중종 무술년(1538)에 헌릉 참봉을 제수하고 명종 무신년(1548)에 전생서 주부로 높였으며 신해년(1551)에 종부시로 옮겨 제수했으나 모두 나가지 않았다. 대개 기묘년(1519) 이래로 현로賢路가 기구하여 참소가 성행하고 을사년(1545) 이후 외척이 권력을 천단하여 정사가 무너지고 선류善類가 도륙되었다. 이에 선생과 평소 교분이 두텁던 청명직절清名直節한 이들이 반이 넘게 참화를 당했으니 선생은 마침내 확고히 꺾을 수 없는 뜻을 지녔던 것이다. 을묘년(1555)에 단성丹城 현감을 제수하자 소를 올려 사양하면서 극언하기를 "국사國事는 이미 그릇되고 방본邦本은 이미 망했습니다. 소관小官은 아래에서 노닥거리며 주색만을 즐기고 대관大官은 위에서 소일하며 오직 재물만 늘리며 내신內臣은 세력을 결집하여 연못에서 용이 싸우듯 하고 외신外臣은 백성을 핍박하여 들에서 이리처럼 날뜁니다. 자전慈殿은 사려가 깊으나 심궁深宮의 한 과부에 불과하고 전하殿下는 어리시어 단지 선왕先王의 한 고아일 따름입니다. 백천 가지 천재天災와 억만 갈래 인심人心을 무엇으로 감당하고 무엇으로 수습하겠습니까?" 하고 말미에 말하기를 "국사의 정돈은 오직 전하의 일심一心에 달렸습니다. 참으로 능히 어느 날 확연히 깨달아 학문에 주력하여 명덕明德과 신민新民의 도에 체득함이 있으면 만 가지의 선행이 갖추어지고 백 가지의 교화가 이루어져 나라는 안정되고 백성은 화목하며 위태로움은 편안하게 할 수 있을 것입니다. 이에 신은 마땅히 미천한 말석에서 채찍을 잡고 그 심력을 다하여 신의 직분을 다할 날이 어찌 없겠습니까!" 하였다.

소가 들어가자 주상이 노하여 말이 자전慈殿을 핍박했다면서 장차 치죄하려고 하였는데 당시 재상의 구원 덕분에 무사하였다. 기미년(1559)에 조지서 사지를 제수했으나 나가지 않았고 병인년(1566) 7월 교지를 내려 불렀으며 8월에 상서원 판관을 제수하고 교지를 내려 재촉하여 불렀다. 당시 권간들이 축출되고 유배되었던 명류들이 모두 조정에 들어와 조정이 조금씩 깨끗해졌으니 선생은 은혜를 거듭 내림에

한 번 군신의 의를 펴지 않을 수 없다고 생각하여 드디어 도성에 들어가 백의白衣로 사정전에서 알현하였다. 주상이 치도治道를 물으니 대답하기를 "군신의 사이에 정의情義가 서로 부합하여 혼연히 틈이 없어야 더불어 일을 할 수 있습니다. 백성들의 괴로움은 마땅히 불난 집을 구하듯이 서둘러야 합니다."라고 하였다. 학문하는 방법을 물으니 대답하기를 "인주人主의 학문은 마음으로 체득함이 으뜸입니다. 마음에 체득하면 천하의 이치를 궁구하고 사물의 변화에 대응할 수 있으니 그 요점은 단지 경敬에 있을 뿐입니다." 하고 7일을 머물다가 곧 사양하고 돌아왔다.

정묘년(1567)에 선조가 즉위하여 특별히 불렀으나 당시 시기하는 자가 경연에서 선생을 폄하자 선생이 드디어 병으로 사양했다. 또 교지를 내려 부르니 선생이 글을 올려 사양하면서 인하여 당시의 급무를 극론하고 또 말하기를 "이를 버려두고 구제하지 않으면서 산야에 버려진 사람을 구하여 어진 이를 구한다는 미명을 채우는 것은 그림의 떡이 배를 채우지 못하는 것과 같습니다." 하였다. 다음 해에 다시 부르니 소를 올려 사양하고 극언하기를 "다스리는 도리는 요점이 인군의 명선明善과 성신誠身에 있을 뿐입니다. 본성 안에 만 가지의 이치가 구비되어 있으니 마음은 이 이치가 모이는 주체이고 몸은 이 마음이 담긴 그릇입니다. 그 이치를 궁구함은 장차 운용하기 위해서이고 그 몸을 닦음은 장차 도를 행하려는 것이니 그 공부는 반드시 경敬으로써 주를 삼아야 합니다. 경敬으로써 몸을 닦아 천덕天德을 통달하고 왕도王道를 행한다면 정사와 교화를 베풂에 바람이 일고 구름이 달리 듯 하리니 아래 사람에게는 반드시 이보다 더함이 있을 것입니다." 하였다. 기사년(1569)에 종친부 전첨을 제수하고 경오년(1570)에 다시 불렀으나 모두 사양하고 나가지 않았다. 신미년(1571)에 본도本道에 명하여 음식을 하사하니 소를 올려 감사하며 말하기를 "국사國事가 이미 버려졌는데 백공百工은 둘러서서 구경만 할 뿐 구하지 않습니다. 신이 일찍이 거친

소를 거듭 올렸으나 서둘러 은위恩威를 내려 기강을 세웠다는 말을 듣지 못했습니다. 하민下民이 흩어지고 방본邦本이 상실되었는데도 이제 노신老臣은 헛되이 우로雨露의 은혜에 감사할 뿐 하늘이 새는 것을 도울 수가 없습니다."하였다.

다음 해 선생이 병으로 눕자 문인 김동강金東岡 우옹宇顒이 마땅한 호칭을 물으니 "처사處士가 괜찮다."고 말하였다. 부음이 조정에 알려지자 사간원 대사간으로 추증했으며 부의를 하사하고 제사를 드렸다. 병자년(1576)에 사림이 덕천德川에 서원을 건립하여 선생에게 향사하였고 삼가三嘉의 용암龍巖과 김해金海의 신산新山에서도 또한 일제히 봉안했다. 광해주 기유년(1609)에 여러 서원에 아울러 사액하고 얼마 후 증 의정부 영의정 겸 영경연 홍문관 예문관 춘추관 관상감사 세자사를 더했으며 봉상시에서 시호를 의론하여 문정文貞이라 하였다. 삼사와 관학 및 삼남三南의 선비들이 누차 소를 올려 문묘배향을 청했으나 비답이 없었다.

선생은 남평조씨南平曺氏 충순위 수琇의 여와 결혼하여 1남 차산次山을 낳았으나 일찍 죽었고 1녀는 상산인商山人 만호 김행金行에게 출가했으니 동강東岡 김문정金文貞 선생과 망우당忘憂堂 곽충익공郭忠翼公 재우再祐는 만호의 두 사위이다. 방실旁室 송씨宋氏가 3남을 두었으니 차석次石은 현감이고 차마次磨는 감찰이며 차정次矴은 가선대부이다. 현감의 1남 진명晉明은 찰방이고 감찰의 3남 중에 경명敬明은 사과이고 익명益明 복명復明은 모두 장사랑이며 가선의 2남 중에 준명浚明은 생원이고 극명克明은 선무랑이다. 이후로 극히 번성하여 내려왔으니 지금 모두 기록할 수 없다.

아! 선생은 세상에 드문 호걸의 자질로 경륜과 왕좌王佐의 재능을 품어 항상 애군愛君 우국憂國 제시濟時 택물澤物의 정성에 극진하였다. 그러나 도를 굽히어 따르거나 들어간 뒤에 요량하는 것은 군자에게 없는 법이다. 항상 말하기를 "처신의 처음에는 마땅히 금옥이 작은 먼지의 더러움도 용납하지 않는 것 같이 하고 동정을 산악 같이 하여 만 길의 절벽처럼 우뚝 섰다가 때가 되어 펼칠 적에는 바야흐로 허다한 사업을 이루어야 한다."고 하였다. 이것이 그 종신토록 불우해도 밭두렁에서 요순堯舜을 즐기고 유심한 가운데서 한운寒雲을 좋아하며 출처의 사이에 권도權度가 정확하여 털끝만큼도 구차하지 않았던 바이다. 세인 가운데 혹 처사處士들의 고답高踏과 방외인方外人들의 피세避世로 선생을 의심하는 이는 모두 자기를 파는 것을 부끄러이 여기지 않는 자들이다. 선생이 일찍이 말하기를 "자릉子陵은 나와 도가 같지 않다. 나는 이 세상을 잊지 못하는 사람이다." 하였으니 선생의 뜻은 곧 이윤伊尹의 뜻이고 이에 그 근본을 취한 곳은 이른 바 안연顔淵의 학문을 학문으로 삼는다는 것이 이것이다.

선생은 도학자들이 해침을 당한 뒤에 태어나 사우연원師友淵源의 계도도 없이 홀로 유언遺言 가운데서 천성千聖의 심법心法이 결단코 경의敬義 두 글자에 벗어나지 않음을 보고는 존심存心과 명리明理 양면으로 공부를 하여 유심한 곳에서도 귀신을 엄숙하게 하고 천지에 동참하였으며 미세한 접촉에도 저울을 지니고 호리毫釐를 헤아리는 것과 같았다. 무릇 일동一動 일정一靜 일언一言 일묵一默 일시一視 일청一聽 일사一事 일행一行에도 이 경의敬義를 말미암아 나아가고 유지하지 않음이 없었음으로 천덕天德에 달통하여 사심私心이 깨끗이 소멸하였으니 천질天質이 융화하고 흉금胸襟이 쇄락하며 기상氣象이 청명하여 모든 행동이 스스로 법도와 규격 안에서 벗어남이 없었다. 평소 눈으로는 음시淫視함이 없었고 귀로는 경청傾聽함이 없었으며 나쁜 이야기를 입에서 내지 않았고 태만한 자세를 몸에 보이지 않았다. 조용한 방에 들어 앉아 새벽에 일어나고 밤중에 잠자면서 관대를 단정히 하고 허리를 꼿꼿이 하여 시동尸童 같이 앉아 있었으니 바라봄에 도형이나 조각상 같았다. 책을 펼쳐 조용히 궁구하면서 읽는 소리를 내지 않았고 도를 즐기면서 근심을 잊어 여유롭고 고아하게 지냈으니 비록 총망한 가운데서도 상도常道

를 잃지 않았다. 손수 대성大聖과 주자周子 정자程子 주자朱子의 초상을 그리어 감실에 모셔 놓고 날마다 사당에 참배한 뒤 반드시 우러러 마주하기를 친히 가르침을 받는 듯이 하였다. 이연평李延平의 고사를 모방하여 항상 방울을 차고 다니며 성찰했으니 이름을 성성자惺惺子라 하였다.

　부모를 섬김에 안색을 기쁘게 하여 뜻을 봉양하였고 맛있는 음식을 손수 갖추어 바쳤으며 상喪을 당해서는 애모하여 피눈물을 흘리면서 밤낮으로 질대絰帶하고 궤연几筵을 떠나지 않았다. 조문객이 이르면 엎드려 곡하며 답배할 뿐 일찍이 더불어 말하지 않았고 하인에게 경계하여 집안 일로 여막에 고하지 말게 했다. 아우 환桓과 더불어 한 집에 살면서 잠자리를 같이 하며 우애가 두터웠으니 함께 받은 지체肢體는 나눌 수 없다고 여겼기 때문이다. 규문閨門 안에서도 공경함이 손님과 같고 엄숙함이 조정과 같았으니 비록 하녀들도 머리와 의복을 단정히 아니하면 감히 보지 않았다. 시골에 살면서도 시대를 상심하고 나라를 염려함이 지성에서 나왔으니 매양 청명한 밤 밝은 달빛 아래 홀로 앉아서 슬피 노래하다가 노래가 끝나면 눈물을 흘렸으며 국기일國忌日을 당해서는 풍류를 듣지 않고 고기를 먹지 않았다. 사람들과 사귈 때에는 반드시 그 뜻을 보았으니 포의라도 왕공 같이 받드는 이가 있었고 고관이라도 인형 같이 천하게 여기는 이도 있었다.

　학자와 더불어 말할 때에는 항시 절근切近함을 버리고 고원高遠함을 추구하는 것으로 깊이 경계하여 하여금 부모를 섬기고 형을 공경하며 어른을 받들고 아이를 사랑하는 일에 진력하게 하였다. 항상 말하기를 "인사人事에서 천리天理를 구하지 않으면 끝내 실득實得이 없다."고 하였다. 일찍이 불교는 곧장 상달上達에 힘쓰기 때문에 실지實地가 없다 하였고 육상산陸象山은 강학講學을 일삼지 않았으므로 잘못되었다고 하였다. 질의하여 가르침을 청하는 이가 있으면 정밀하게 분석하고 털끝만한 틀림도 없어 듣는 이가 환하게 깨우쳤다. 매양 말하기를 "학문하는 요점은 하여금 지식을 고명高明하게 하는 것이니 마치 태산에 올라 만물이 모두 아래에 있는 것과 같은 연후에야 오직 나의 행하는 바가 이롭다." 고 하였다. 그러나 또한 일찍이 서책에 장황하고 저술에 현란하여 그 구이口耳의 헛되고 과장스런 습성을 조장하지 않았다. 그러므로 그 자공子貢의 반열에 들지 못한 이는 대개 성性과 도道의 묘리妙理를 들어보지 못해 선생의 학문을 일러 행실에만 돈독하고 지식에는 급급하지 않다고 하였다.

선생은 일찍이 고인들이 도를 논하고 학문을 논한 것 중에 요긴하고 뜻에 맞는 학설을 모아서 학기學記라 이름하고는 몸소 궁구하고 마음으로 체득하여 잠시도 방과하지 않았다. 또 성誠이 태극太極이 되고 천인天人이 한 이치이며 마음이 성정性情을 거느린다는 등의 이론을 그림으로 그렸으니 조리가 치밀하고 요지가 정교하였다. 마음의 미발未發은 성性이고 이발己發은 정情이니 그 발함에 사단四端 칠정七情은 이발理發 기발氣發의 분별이 있다고 하였다. 이어 말하기를 "이목구비의 욕구는 천리天理에서 함께 나왔다."고 하였다. 이는 그 대본大本을 하나로 보고 분수分殊의 차이에 분명한 입장으로 종횡이 아울러 갖추어져 조금도 누락됨이 없으니 후세에 각기 일편에만 근거하여 말하는 이들이 능히 미칠 바가 아니다. 그 신명사도명神明舍圖銘을 지어 태일진군太一眞君으로서 마음이 태극太極의 본지本旨임을 게시했으니 경敬은 총재冢宰가 되어 천덕天德과 왕도王道의 요체를 세우고 지知는 백규百揆가 되어 사물의 기미를 살피며 의義는 사구司寇가 되어 발동發動하는 조짐을 억제하게 하였다. 밖으로는 삼관三關을 방어하여 조차造次에도 감히 소홀히 아니하고 안으로는 사직社稷을 수호하여 전패顚沛에도 떠나지 아니하니 이를 곳을 알아 이르고 마칠 곳을 알아 마친 것이다. 그 존심存心 찰리察理 성신省身 극기克己 조도造道 성덕成德의 실체가 정연히 조리 있고 확연히 근거 있지 않음이 없어 만세토록 학자들의 지남指南이 될 것이니 이는 어찌 편질篇帙을 쌓아 그 사설辭說을 많이 한 연후에 지극하다 하겠는가! 대개 견해가 참다우면 말이 스스로 간략하고 지식이 명확하면 행동이 스스로 순수해지는 것이다.

　내 가만히 참람하게 논해보건대, 선생의 갈고 닦은 명행名行은 주렴계周濂溪와 같고, 세상을 덮을 만한 영명英明은 소강절邵康節과 같으며, 정밀한 생각과 노력한 실천은 장횡거張橫渠와 같고, 엄숙하게 정제함은 정이천程伊川과 같으며, 저술을 숭상하지 않고 조용히 사색하여 환하게 통철함은 이연평李延平과 같고, 경敬을 지니고 의義를 밝혀 이를 태극太極 동정動靜의 이치에 융합하고 유명幽明과 거세巨細를 하나로 꿰뚫은 것은 참으로 주자朱子의 방에 들어가도 부끄러움이 없을 것이다. 그 마음은 이치와 상응하고 행실은 지식과 일치하여 일념一念도 구차하게 스스로 속임이 없고 일사一事도 호도하여 스스로 편함이 없으며 조용하고 엄격히 중립하여 치우침이 없는 것은 우리나라에서 구해 보건대 비록 미증유의 인호人豪라 하여도 괜찮을 것이니 아! 참으로 성대하다. 선생은 일찍이 남명南冥이라 자호했으니 대개 은둔에 뜻을 둔 것이다. 장수처藏修處로 김해金海에 있는 산해정山海亭은 태산에 올라 바다를 본다는 뜻을 부친 것이고, 삼가三嘉에 있는 계부당鷄伏堂은 함양한다는 뜻이며, 뇌룡정雷龍亭은 연못처럼 고요하다가 우레 같이 소리치고 시동처럼 있다가 용 같이 나타난다는 뜻을 취했고, 진주晉州에 있는 산천재山天齋는 전언前言 왕행往行을 많이 알아 그 덕을 쌓고 강건剛健 독실篤實하여 광채가 날마다 새롭다는 뜻을 취했으니 이에 나아가면 선생이 일생 동안 노력한 바를 뚜렷이 볼 수 있을 것이다. 명銘하여 이르기를,

　나를 안다는 사람은 춘풍春風의 화락에 호해湖海의 기개라 말하고, 나를 모르는 사람은 뇌수雷首의 청렴에 부춘富春의 고절이라 말한다. 내 뜻을 지녔으니 나아가선 천하에 소소簫韶 풍류 떨치고, 내 근심 없으니 물러나선 누항陋巷에서 단표簞瓢 가난 즐겼다. 빛나는 신명神明은 태극의 정령精靈이고, 만고의 경의敬義는 일월의 광채光彩이다. 하늘 이치 사람 사업 본래부터 차이 없고, 명선明善 성신誠身 박문博文 약례約禮 두 갈래

아니다. 과거에 물어보고 미래를 기다려도, 나를 아는 것은 하늘뿐이다.

후학 포산苞山 곽종석郭鍾錫 삼가 지음

墓誌銘 幷序

　　皇明弘治十四年 我 朝燕山主七年 辛酉六月二十六日 南冥先生生于三
嘉縣之兔洞 有虹起于宅井 光紫滿室 隆慶六年 我 昭敬大王五年 壬申二月
初八日 考終于晉州之頭流山下絲綸洞正寢 有山崩木稼之異 其生也天地爲
之榮 其歿也天地爲之哀 哲人休咎 自古則然 吁其胡爲哉 先生之葬 在寢後
壬坐之原 遵遺命也 先生之友 大谷成先生運 敍其碣 極道先生進學成德之
實 出處動止之節 有若鄕黨之畫聖人 百世之下 讀之者怳然如復見先生也
特其所以誌之玄竁 而備陵谷之遷者 闕焉不事 且三百年餘 先生遠孫庸相
以諸君子之命 命其辭于鍾錫 先生嘗曰 吾家之有敬義 如天之有日月 亘萬
古不可易 嗚乎 先生之存 卽當日有象之敬義也 先生之沒 其心猶不泯 卽萬
古不可易之敬義也 先生卽日月也 日月可繪而傳耶 辭之屢而不得 則謹次
其始卒大槪 而聽萬古之目焉 先生 諱植 字楗仲 昌寧曺氏 高麗平章事諱謙
之後也 奕世隆顯爲東土鉅宗 至成均生員安習 始居于三嘉 是於先生爲曾
祖 祖永奉事不仕 考彦亨承文院判校 以淸介稱 妣仁川李氏忠順衛菊女 有
閨範 先生幼而岐嶷 擧止凝重 不遊嬉狎弄 儼然有成人儀 天才穎悟 甫能言
大人公授以字 輒成誦不忘 及就學必求其義 不解不止 稍長涉獵經史 喜爲
古文 辭致蒼勁 變化無常 而森然有律度 人爭傳誦 慨然以功業自期 如星緯
方輿醫經算術弓馬行陣 靡不旁通究知 以富其蓄 常有經濟一世 駕軼千古
之志 就場屋 累擧于鄕 二十五歲 讀性理大全於山寺 至許魯齋言 志伊尹之
志 學顔淵之學 出則有爲 處則有守 大丈夫當如此 出無所爲 處無所守 則
所志所學將何爲 遂脫然契悟 專意聖賢之學 將六經四子及濂閩遺書 循環
熟複 窮日繼夜 硏精咀實 會之心而反之躬 所知日極乎高明 而所行日就乎
平常 存乎內者益重 而慕於外者益輕 囂囂以樂 而蓋將有用行舍藏之意焉

猶以親在 黽勉就公車 見世道日漓 而度所學之乖於時 則遂稟請於母夫人
而廢擧業 然道成德充 而信從者日衆 望實漸隆 而公卿交章論薦 恭僖王戊
戌 除獻陵參奉 恭憲王戊申 陞典牲署主簿 辛亥 遷宗簿寺 幷不就 蓋自己
卯來 賢路崎嶇 誣網羅織 而乙巳以後 戚畹擅威福 政紀隳壞 善類坑戮 先
生平日所與契厚 淸名直節之人 强半遭慘禍矣 先生於是 確然不可拔之志
焉 乙卯 除丹城縣監 上疏辭 極言 國事已非 邦本已亡 小官嬉嬉於下 姑酒
色是樂 大官泛泛於上 惟貨賂是殖 內臣樹援 龍挐于淵 外臣剝民 狼恣于野
慈殿塞淵 不過深宮之一寡婦 殿下幼沖 只是先王之一孤嗣 天災之百千 人
心之億萬 何以當之 何以收之 末言 國事整頓 惟在殿下之一心 苟能一日惕
然警悟 致力於學問之上 有得於明新之道 則萬善具在 百化由出 國可使均
也 民可使和也 危可使安也 臣當執鞭於廝臺之末 竭其心膂 以盡臣職 寧無
日乎 疏入 上怒 以爲語逼慈殿 將加之罪 賴時相營救 得無事 己未 除造紙
署司紙 不就 丙寅七月 有旨召 八月 除尙瑞院判官 有旨促召 時權奸放黜
名流之被謫者 皆召列於朝 朝著稍淸明 先生以爲恩旨荐下 不容不一伸分
義 遂入都 以白衣登對于思政殿 上問治道 對以君臣之際 情義相孚 洞然無
間 可與有爲 生民困悴 當汲汲救之如失火之家 問爲學之方 對曰 人主之學
貴於心得 得於心 可以窮天下之理 應事物之變 其要只在敬而已 留七日 卽
辭歸 丁卯 昭敬王卽祚 以特敎召 時有媢嫉者 短先生於筵中 先生遂辭以疾
又有旨召 先生以狀辭 因極論時急 且曰 舍此不救 求山野棄物 以助求賢之
美名 猶畫餠之不足以充飢 翌年 又有 旨召 上疏辭 極言爲治之道 要在人
君明善誠身而已 性分之內 萬理備具 心者是理所會之主也 身者是心所盛
之器也 窮其理 將以致用也 修其身 將以行道也 其所以爲功 則必以敬爲主
修己以敬 達天德行王道 則施之政敎 風動雲驅 下必有甚焉者 己巳 授宗親
府典籤 庚午 再召 皆辭不就 辛未 命本道 賜食物 上疏謝曰 國事已去 百工
環視莫救 臣嘗再陳荒疏 未聞亟下恩威 以立紀綱 群下解軆 邦本遂喪 今老
臣徒謝雨露之 恩 而無以補天之漏 明年而先生寢疾 門人金東岡宇顒 問所
宜稱 曰處士可也 訃 聞 贈司諫院大司諫 賜賻致祭 丙子 士林建書院于德
川 以祀先生 三嘉之龍巖 金海之新山 亦一軆奉安 光海主己酉 幷宣額于諸
院 已而 加 贈議政府領議政 兼 領經筵 弘文館 藝文館 春秋館 觀象監事

世子師 太常 議諡曰文貞 三司館學及三南紳士 屢疏請躋享聖廡而不報 先
生娶南平曺氏忠順衛琇女 生一男次山蚤夭 一女適商山人萬戶金行 東岡金
文貞先生 及忘憂堂郭忠翼公再祐 萬戶之二女婿也 旁室宋氏 擧三男 次石
縣監 次磨監察 次矼階嘉善 縣監一男 晉明察訪 監察三男 敬明司果 益明
復明幷將仕郎 嘉善二男 浚明生員 克明宣務郎 以後克蕃以延 今不可勝錄
於乎 先生以間世豪傑之姿 抱經綸王佐之才 常惓惓於愛君憂國濟時澤物之
誠 而枉道而徇 入以後量 君子無此道也 常曰 行己之初 當如金玉不受微塵
之污 動止如山嶽 壁立萬仞 時至而伸 方做出許多事業 此其所以終身不遇
而樂堯舜於畎畝 媚寒雲於幽獨 出處之間 權度精切 有不可以一毫苟者也
世之或 以處士之高蹈 方外之果忘 疑先生者 皆不恥於自鬻者也 先生嘗曰
子陵與我不同道 余未忘斯世者也 先生之志 卽伊尹之志也 而乃其所本則
有之 所謂學顏淵之所學者 是也 先生生道學斬伐之餘 無師友淵源以啓發
之 而獨得於遺言之中 見千聖心法之斷斷不外於敬義二字 存心明理 兩下
用功 幽獨之居 而可以肅鬼神而參天地 纖微之接 而有如持權衡而稱毫釐
凡一動一靜一言一默一視一聽一事一行 固不由這上 循蹈夾持 達于天德
以至己私淨盡 天質融化 襟宇灑落 氣象淸通 而周旋作止 自不離於規矩丈
度之內矣 平居 目無淫視 耳無傾聽 淫褻之評 不出於口 惰慢之容 不設于
軆 靜室潛居 晨興夜寐 冠帶整飾 生腰尸坐 望之若圖形刻象 開卷默究 不
作呫唔 樂而忘憂 舒遲閑雅 雖在匆卒 不失常度 手摹大聖及周程朱三子像
妥之龕 日拜廟畢 必瞻禮對越 若親薰炙 倣李延平故事 常佩金鈴以警省 名
曰惺惺子 事親 容色愉悅 養之以志 甘毳洗腆 需之以忠 其丁艱 哀慕泣血
晨夜絰帶 不離几側 弔者之至 伏哭答拜 未嘗坐與之語 戒僮僕 勿以家事諗
于廬 與弟桓 同居共被 友愛怡怡 以爲肢體之連 不可分也 閨門之內 敬如
賓客 肅如朝廷 雖婢使不端髻整服 不敢見 深居窮蓽 而傷時念國 發於至誠
每淸宵皓月 獨坐悲歌 歌竟涕下 其値國諱 不聆樂啖肉 與人交 必視其志
布褐而有尊禮王公者 軒冕而有鄙夷泥梗者 其與學者言 懇懇以捨切近趨高
遠爲戒 令盡力於事親敬兄悌長慈幼之間 常曰 不於人事上 求天理 終無實
得 常以佛氏之徑務上達 謂無脚踏地 以陸氏之不事講學爲非 有質疑請益
者 爲之剖析精微 絲毛不爽 而聽者渙然 每曰 爲學要使知識高明 如上東岱

萬品皆低 然後吾所行無不利矣 然而亦未嘗張皇於書牘 衒耀於著述 以長
其口耳虛夸之習 故其不在子貢之列者 盖莫聞性道之妙 而謂先生之學 篤
於行而不急于知也 先生嘗裒輯古人論道論學 喫緊會意之說 命曰學記 體
究心驗 頃刻不放過 又圖誠爲太極 天人一理 心統性情等事 條理詳密 而旨
義精粹 如以心之未發爲性 已發爲情 而其發也 四端七情 有理發氣發之分
旋曰 耳目口鼻之欲 同出於天理 此其卓見于大本之一 而瞭然於分殊之際
橫竪俱勘 絶無滲漏 非後世能言 各據一偏者 所可企及也 其爲神明舍圖銘
以太一眞君 揭心爲太極之旨 敬爲冢宰 而立天德王道之要 知爲百揆 而致
察於事物之幾 義爲司寇 而勇克於發動之微 外禦三關 造次而不敢踈 內守
社稷 顚沛而不暫去 知至而至 知終而終 其存心察理 省身克己 造道成德之
實 莫不井然有條 確然有據 而可以爲萬世學者之指南 此何待於連篇累帙
而多其辭說 然後爲至哉 盖見之眞則所言自簡 知之明則所行自純 竊嘗僭
論 以爲先生 砥礪名行 似無極翁 英邁盖世 似邵堯夫 精思力踐 似橫渠氏
嚴肅整齊 似伊川子 不尙纂述 而靜觀默識 灑然瑩澈 似延平氏 居敬精義
會之於太極動靜之理 而幽明鉅細 無不貫于一者 則固無愧入紫陽之室矣
其心與理涵 行與知一 無一念苟且以自欺 無一事糊塗以自便 從容嚴毅 中
立而不倚者 求之東方 雖謂之未始有之人豪 可也 於乎 其盛矣 先生嘗自號
曰南冥 盖志于韜晦也 藏修之在金海曰山海亭 有寓於登泰山而觀於海也
在三嘉曰鷄伏堂 涵養之義也 曰雷龍亭 取淵默却雷聲 尸居却龍見之義也
在晉曰山天齋 取多識前言往行 以畜其德 剛健篤實 輝光日新之義也 卽此
而先生所以用功於一生者 可躍如而見也 銘曰

人之知我 春風之樂 湖海之豪 人不知我 雷首之淸 富春之高 我則有志 行
而爲匀天之簫韶 我則無憫 藏之爲陋巷之簞瓢 有赫神明 太極之靈 敬義萬
古 日月之晶 天人理事本無間 明善博約匪二途 質往俟來 知我者天乎

後學 苣山 郭鍾錫 謹記

신도비명神道碑銘 병서幷序

선생이 세상을 떠나자 산천재山天齋 뒷산에 유택을 정하고 비를 세웠으니 그 비문은 대곡大谷 성선생成先生이 지었다. 성선생은 우리 선생에게 동도同道의 벗이니 선생의 학문과정과 도덕범주와 계파연원을 상세히 기록하여 다시 첨가할 것이 없다. 30여 년 뒤 큰 아들이 옛날 비석의 품질이 좋지 않아 이미 많이 훼손되어 오래도록 보전할 수 없다면서 돌을 깎아 장차 개수하려 하였다. 마침 성균관 유생들이 소장을 올려 증작贈爵과 사시賜諡를 청하여 윤허를 받았다. 드디어 새 돌로 신도비를 마련하여 나에게 글을 청하기에 사양함을 이루지 못했다. 아! 일월日月을 그리는 이는 그 모양을 그릴 수는 있어도 어찌 능히 그 광채까지 그릴 수 있겠는가!

선생의 휘는 식植이고 자는 건중楗仲이니 창산인昌山人이다. 시조 서瑞는 고려에 벼슬하여 형부원외랑이니 그 모친이 덕궁공주德宮公主이다. 그 후 생원 안습安習은 선생의 증대부曾大夫이고, 생원이 영永을 낳았으니 벼슬하지 않았으며, 이분이 판교 언형彦亨을 낳았다. 판교가 이씨李氏에게 장가들어 선생을 낳았으니 홍치弘治 신유년(1501) 6월 임인일이다. 선생은 도덕에 뜻을 두어 일찍부터 과거 공부를 싫어하더니 옛터 곁의 시냇가에 모옥을 지어 뇌룡사雷龍舍라 하고 남명南冥이라 자호했다. 만년에는 두류산 덕천동德川洞에 복지하여 은둔하더니 재실의 편액을 산천山天이라 하였다. 중종조부터 이미 벼슬을 제수하는 왕명이 있었으나 나가지 아니했고 명종 선조 양조의 소명召命이 전후로 거듭 이르렀지만 오랫동안 나가기를 꺼리다가 뒤에 상서원 판관으로 한 번 은명恩命에 사례했으니 대개 군신의 의義를 폐하고자 아니 해서이다. 나아가 왕을 뵙고는 이내 돌아와 세상을 떠났으니 향년 72세이다.

세상 사람들은 혹 고항高亢하다 여기고 혹 일절一節이라 배척하니, 심하다 그 도를 알지 못함이여! 일찍이 듣건대 군자는 중용에 의거하여 세상을 피해 남이 알아주지 않더라도 후회하지 않는다고 하였다. 중용의 쓰임새는 정해진 자리나 틀이 있는 것이 아니라 오직 그때에 따를 뿐이니 범인이 능히 알 수 있는 바가 아니다. 순舜임금이 미천한 시절 깊은 산 속에 살았는데 세상에 요堯임금이 없었다면 이로써 마쳤을 것이니 양단兩端을 잡아 그 중용을 취함이 이에 있지 않겠는가! 세 번이나 자기 문 앞을 지나면서도 들어가지 아니한 우직禹稷도 중용을 취한 것이고 한 그릇의 밥과 한 표주박의 물로 누추한 거리에 살았던 안자顔子 또한 중용을 지킨 것이다. 그렇기 때문에 은둔하여 후회하지 아니함은 성인도 고항高亢이라 하지 않고 이에 중용을 의거했다고 하였으니 그 뜻을 여기에서 이미 볼 수 있다. 하물며 증자曾子 자사子思가 벼슬하지 아니하고 그 뜻을 고상히 지킴도 또한 하나의 도임에 있어서이랴! 그렇지 않다면 또한 고항高亢에 거의 가깝고 일절一節에 거의 가깝지 않겠는가! 만약 지금의 이야기와 같다면 중용의 뜻은 사라질 것이다. 또 학문의 요체는 처함에 지킴이 있고 나아감에 행함이 있을 뿐이다. 그 공부의 실지는 내외가 직방直方하여 경의敬義가 정립되어야 한다. 이를 유지하고 향상하여 시종始終을 이룩함에는 어찌 경의敬義 두 글자와 같이 궁극적인 것이 있겠는가! 만약 한갓되이 구설을 내세우고 문사만 휘갈긴다면 비록 학문의 명성을 잃지는 않는다 해도 단지 하나의 앵무새 일 뿐이다.

선생은 학문이 단절되고 도가 상실된 시대에 태어나 확연히 경의敬義로서 근본을 삼았다. 이미 널리 섭렵하고 돌이켜 요약하여 일용에 이롭고 일신에 편안했으며 40여 년 동안 동정動靜을 아울러 함양하면서 엄숙히 마주하여 신심身心 상의 대상으로 삼았다. 그러므로 출처에 시의時義를 얻어 떠남에 3일 동안 먹지 않았고[17] 스스로 발걸음을 꾸며 걸어

---

17) 「명이괘明夷卦」 초구初九에 '군자우행君子于行 삼일불식三日不食'이라 하였다.

갔으니[18] 이는 바로 떠날 곳이 있음에 사람들이 까닭을 물어 본다는 명이괘明夷卦 초구初九의 효상爻象인 것이다. 날개를 일찍이 늘어뜨리지 않았고[19] 덕은 건드릴 수 없었으니 범인을 초월함은 백세를 기다려도 마땅히 미혹하지 않을 것이다. 세상에 다리를 떨며 자립하지 못하고 남을 따라 아래에 있으면서도 스스로 도학道學과 시중時中을 한다는 이와 비교한다면 정금精金과 광석鑛石의 차이일 뿐만 아니다. 이에 선생은 세상에서 은둔하여 후회하지 않는 군자가 아니겠는가! 중용을 의거했다는 말이 장차 누구에게 돌아가겠는가!

남평南平 조씨曺氏에게 장가들어 1남 차산次山을 낳았으니 요절하였고 1녀는 만호 김행金行에게 시집갔다. 소실小室에서 3남 1녀를 낳았으니 장남 차석次石은 현감이고, 다음 차마次磨는 주부이며 다음 차정次矴은 만호이다. 김행金行은 2녀를 낳았으니 장녀는 부제학 김우옹金宇顒에게 시집갔고 차녀는 감사 곽재우郭再祐에게 시집갔다. 차석次石은 1남 1녀를 낳았으니 아들은 진명晋明이고 딸은 만호 성기수成耆壽에게 시집갔다. 차마次磨는 5남 1녀를 낳았으니 장남 욱명旭明은 일찍 죽었고 다음은 경명敬明이며 딸은 참봉 정흥례鄭興禮에게 시집갔고 다음은 익명益明이며 나머지는 어리다. 차정次矴은 2남 2녀를 낳았으니 장남은 준명浚明이고 딸은 사인 정위鄭頠에게 시집갔으며 다음은 극명克明이고 딸은 어리다. 명銘하여 이르기를,

종일토록 열중한 학문 오직 위기爲己이고, 동정動靜은 때에 맞아 머물 곳에 머물렀다. 숨어 아니 쓰임은 구연九淵의 용과 같고, 그 즐거움 불개不改하여 끼니 자주 걸렀다. 독립불구獨立不懼 둔세무민遯世无悶 대과大過 괘상卦象 틀림없고, 7일 만에 찾았으니 수식首飾 잃음 뉘가 알랴![20] 뜻

---

18) 「비괘賁卦」 초구初九에 '비기지賁其趾 사고이도舍車而徒'라 하였고 그 주註에 '강덕명체剛德明體 자비어하自賁於下 위사비도지거爲舍非道之車 이안어도보지상而安於徒步之象'이라 하였다.
19) 「명이괘明夷卦」 초구初九에 '명이우비明夷于飛 수기익垂其翼'이라 하였다.

밖에도 무슨 병이 불치不治에 이르렀나21), 아! 선생께선 저승 일월日月 되었으리. 덕천강德川江 위에다 편석片石 이에 세우노니, 높은 산 넓은 물과 그 수명 함께 하리!

문인 정인홍鄭仁弘 삼가 지음.

神道碑銘 幷序

先生歿 幽宅于山天齋後岡 樹之碑 其文大谷成先生撰 成先生 於吾先生 同道友也 先生學問工程 道德範宇 與系派源流 詳載無以復加也 後三十餘 年 胤子以舊碑石品下 剜缺已多 不可圖久遠 伐石將改之 適泮儒上章 請加 贈爵贈諡 蒙允 遂以新石爲神道碑 請文辭不獲焉 噫 摹日月者 得其形 其 能得其光乎 先生 諱植 字楗仲 昌山人也 始祖曰瑞 仕高麗爲刑部員外郎 其母德宮公主也 其後有生員安習 於先生曾大父也 生員生永 不仕 是生判 校彦亨 判校娶李氏 生先生 弘治辛酉六月壬寅也 先生志於道德 早厭擧子 業 就舊業旁川上 構茅屋曰雷龍舍 自號南冥 晩卜頭流德川洞肥遯焉 齋扁 曰山天 自中廟朝 已有除命 不就 明廟宣廟兩朝 召命前後沓至 久不肯就 後以尙瑞判官 一謝恩命 君臣之義 不欲廢也 登對訖 便還山 以至易簀 享 年七十二 世之人 或認爲高亢 或斥爲一節 甚矣 其不知道也 嘗聞君子依乎 中庸 遯世不見知而不悔 中之用 無定位 無定體 惟其時 非衆人所能知 舜 側微 居深山中 世無堯 終焉 執兩端用其中 不在茲乎 三過門不入 禹稷是 中 一簞瓢在陋巷 顏氏亦中 故遯世不悔 聖人不曰高亢 乃曰依乎中庸 其義 已可見 況曾思子 不仕高尙 亦一道也 不然 亦不幾於高亢乎 不幾於一節乎 若如今之說 中之義蝕矣 且學之要 處有守出有爲而已 其工程實地 內外直 方 敬義立 夾持向上 成始終 豈有如二字終且盡也 若徒能滕口舌騁文辭 雖

---

20) 「기제괘旣濟卦」 육이六二에 '부상기불상배其茀 물축勿逐 칠일七日 득得'이라 하였다.
21) 원문의 '모설毛舌'은 '모생설毛生舌'의 준말로 혀에 털이 생기면 뽑을 수가 없듯이 어떤 일을 고칠 수 없음을 비유한다.

不失學問之名 特一鸚鵡耳 先生生學絶道喪時 確然以敬義爲本 旣博而反
約 利用安身 四十餘年 動靜交養 儼乎對越 爲身心上物事 故出處得時義
于行不食 賁趾而徒 此正有攸往 人有言之爻象也 翼未嘗垂 德不可拔 度越
諸人 百世竢 宜不惑 視世之咸股不處 隨人執下 自認爲道學爲時中者 不啻
精金與沙礦也 先生非遯世不悔之君子乎 依乎中庸 將誰歸乎 娶南平曹氏
生男一曰次山天 女一適萬戶金行 小室生男三女一 長曰次石縣監 次曰次
磨主簿 次曰次矴萬戶也 金行生二女 長適副提學金宇顒 次適監司郭再祐
次石生一男一女 男晉明 女適萬戶成耆壽 次磨生五男一女 男長旭明早死
次敬明 女適參奉鄭興禮 次益明 餘幼 次矴生二男二女 男長浚明 女適士人
鄭顗 次克明 女幼 銘曰

　乾乾夕惕 學惟爲己 動靜不失 寔艮其趾 潛而勿用 九淵之龍 其樂不改 庶
乎屢空 不懼無悶 過大靡爽 七日而得 誰識萠喪 不知何病 任佗毛舌 於乎
先生 冥道日月 德川之上 片石爰竪 山崇水洋 庶其齊壽

　　　　　　　　　　　　　　　　　　門人 鄭仁弘 謹撰

신도비명神道碑銘 병서幷序

▲ 옛날 신도비 귀부龜趺

허목이 지은 신도비를 세웠던 귀부이다. 산청군 시천면 사리의 산천재 옆 마을 안에 남아 있었던 이 귀부는 그 크기로 보아 신도비의 규모를 짐작할 수 있다. 사실 이 귀부는 처음 정인홍이 지은 신도비명을 세웠을 때의 것이라고 전하기도 한다. 인조반정으로 그 비를 철폐할 때 귀부는 남겨 두었다가 다시 사용했을 가능성이 매우 크다. 그런데 허목이 지은 비석을 철폐할 때 비신碑身은 부수어 강에 버리고 이수螭首는 몇 조각으로 부수어 귀부 옆의 담장 일부분이 되었다. 비석이 서있을 당시에는 덕산으로 들어가는 모퉁이를 돌아들면 비석의 모습이 큰 거울처럼 환히 빛났다고 전한다. 근래까지 이 귀부는 남아 있다가 최근에 없어졌으므로 이 사진을 싣는다. 원래 이 거북모양의 귀부는 비희贔屭라는 이름의 용으로 입에 여의주를 물고 있다.

선생의 성은 조씨曺氏이고 휘는 식植이며 자는 건중보楗仲甫이다. 그 선대는 창녕인昌寧人이니 고려 형부원외 서瑞의 후예이고 중랑장 은殷의 4세손이다. 증조부는 국자생원 안습安習이고 조부 영永은 벼슬하지 않았으며 부친은 승문원 판교 언형彦亨이고 모친은 숙인 이씨李氏이니 명明나라 홍치弘治 14년(1501) 6월 임인에 선생이 가수현嘉樹縣에서 태어났다. 어려서부터 호기豪氣가 절륜했고 문장을 익힘에 좌구명左丘明 유종원柳宗元의 글을 즐겨 읽어 그 기재奇才를 자부하였다. 26세에 노재魯齋 심법心法 가운데 "이윤伊尹의 뜻을 뜻으로 삼고 안자顔子의 학문을 학문으로 삼아 나가서는 큰일을 하고 물러나서는 지킴이 있어야 한다."라는 글귀를 보고는 망연자실하여 한숨 쉬며 탄식하여 말하기를 "고인의 위기爲己 학문이 대개 이와 같다."고 하면서 뜻을 가다듬고 분발하여 용감히 매진하였다. 이미 백가百家를 섭렵하고 돌이켜 요약하여 굳세고 엄격했으며 눈으로는 못된 것을 보지 않고 귀로는 나쁜 말을 듣지 않아 장중하고 경건하더니 스스로 일가一家의 학문을 이루었다. 태일太一로써 종주를 삼고 화항和恒과 직방直方으로 부절을 삼았으며 극치克治를 우선하고 충막沖漠을 근본하여 논란과 답술을 좋아하지 않았으니 쓸데없는 말은 궁행躬行에 무익하다고 여겼다. 뜻을 숭상하고 몸을 고결히 하여 구차히 따르거나 침묵하지 않았으며 스스로를 가벼이 여겨 쓰임을 구하지 아니하고 우뚝이 자립하였다.

학문을 논함에 반드시 자득自得을 우선하고 고명高明을 귀하게 여겼으니 항상 애기하기를 "비유컨대 놓은 곳에 올라 만품萬品이 모두 아래로 보이는 것 같은 연후에야 오직 나의 행하는 바가 스스로 이로울 것이다."고 하였다. 행기行己의 대방大方과 출처出處의 대절大節을 중하게 여기더니 신명사명神明舍銘을 지어 말하기를 "구규九竅의 사악함이 삼요三要에서 시발하니 기미 보아 극복하고 나아가 섬멸하라." 하였다. 또 적기를 "배를 가라앉히고 솥을 깨어버리며 막사를 불태우고 3일의 양식만 지니고서 죽어도 돌아오지 않겠다는 각오를 보여야 하니 반드시 이와 같이 사욕私慾을 섬멸해야 만이 내 마음에 모름지기 한마汗馬의 공이 있다고 얘기할 수 있다.” 하였다. 사람을 가르칠 때는 반드시 그 자품에 따라 격려했으며 책을 놓고 강론하지 않았으니 말하기를 “지금의 학자들은 성리性理를 고상히 얘기하지만 그 마음에 실지로 체득함이 없다. 이는 마치 도시의 큰 시장에서 진귀한 보물과 노리개를 보고서 헛되이 높은 값만 얘기하는 것과 같으니 참으로 한 마리의 생선을 직접 사는 것만 못하다. 성인의 뜻은 전유前儒들이 이미 모두 말해 놓았으니 학자들은 그 알지 못함을 근심하지 말고 행하지 못함을 근심해야 한다. 그 체득의 깊고 얕음은 구함이 정성스러운가 정성스럽지 않는가에 달렸다. 나는 학자에게 혼미함을 깨우쳐 줄 뿐이다. 눈이 열리면 능히 천지 일월을 볼 것이니 경서를 논하는 것은 반성하여 자득함만 못하다.”고 하면서 책을 볼 때도 또한 장구章句를 세세히 해석하지 아니하고 대략 그 종지宗旨만을 취했을 뿐이다.

중종 명종이 연이어 유일遺逸로서 불렀지만 나가지 않았으며 명종이 특별히 단성丹城 현감을 제수했으나 또 나가지 아니하고 상소하여 말하기를, “국사國事가 이미 그릇되고 방본邦本이 이미 망했으며 천의天意가 이미 떠나고 인심人心이 이미 이반되었습니다. 자전慈殿께선 사려가 깊지만 깊은 궁중의 한 과부寡婦에 불과하고 전하께선 어리시어 단지 선왕의 한 고아孤兒일 뿐입니다. 백천 가지 천재天災와 억만 갈래 인심人心을 무엇으로 감당할 것이며 무엇으로 수습하겠습니까? 전하께서 종사하는 바는 무슨 일입니까? 학문을 좋아하십니까? 성색을 좋아하십니까? 궁마를 좋아하십니까? 군자를 좋아하십니까? 소인을 좋아하십니까? 좋아하는 바에 따라 나라의 존망이 달렸습니다.” 하였으니 소가 들어갔지만 비답批答이 없었다. 다음 해 주상이 유학 성운成運 이항李恒 임훈林薰 김범金範 한수韓脩 남언경南彦經 등을 크게 불렀으니 선생도 또한 부름 가운데 있었다. 이에 나아가니 상서원 판관을 제수하고 주상이 사정전思政殿에서 인견하였는데 주상이 한소열漢昭烈의 삼고초려三顧草廬에 관한 일을 물었다. 선생이 대답하여 말하기를 "반드시 인재를 얻은 연후에 큰일을 할 수 있습니다. 그러나 제갈량諸葛亮이 소열昭烈을 수십 년 동안 섬겼으나 끝내 한실漢室을 회복하지 못했으니 이는 신이 감히 알 수 없는 바입니다." 하고 이내 돌아왔다. 정묘년(1567) 선조가 즉위하여 선비들을 등용하면서 예로 부름이 매우 지극했으나 선생은 끝내 나가지 아니하고 소를 올려 군덕君德과 정폐政弊를 이야기하기를 "신은 깊은 산중에 살면서 굽어 살피고 우러러 보며 한숨 쉬고 괴로워하다가 이어 눈물을 흘린 적이 자주 있습니다. 신은 전하에게 조금도 군신의 연분이 없거늘 어찌 군은君恩에 감격하여 탄식하고 눈물짓기를 스스로 그치지 못했겠습니까? 이 땅의 곡식을 먹고 누세를 살아 온 구민舊民으로 어찌 부름을 받고서도 한 마디 말이 없을 수 있겠습니까?" 하였다. 기사년(1569)에 특별히 종친부 전첨을 제수했으나 나가지 않았고 신미년(1571) 본도本道에 명해 곡식을 하사하여 진휼하니 선생이 소를 올려 사은謝恩하고 인하여 군의君義 두 글자를 바쳤다. 다음 해 감사가 선생이 병이 났다고 아뢰자 주상이 내관內官을 보내 문병하였으나 선생이 이미 세상을 떠났으니 2월 8일로 향년 72세였다.

선생은 일찍이 패검명佩劍銘을 지어 말하기를 "안으로 밝히는 것은 경敬이고 밖으로 결단하는 것은 의義이다." 하였고 창문 벽에 또 경의敬義를 크게 써 놓고 말하기를 "오가吾家에 이 두 글자는 천지에 일월日月이 있는 것과 같다."고 하였다. 병이 나자 정인홍鄭仁弘 김우옹金宇顒을 불러 경의敬義를 거듭 강조하면서 이르기를 "공부가 익숙해지면 일물一物도 흉중에 없을 것이다. 나는 이 경지에 도달하지 못했다."고 하였다. 그리고 내외內外를 경계하여 안정시키고 자리를 돌려 머리를 동으로 누이고는 세상을 떠났다. 당시 남사고南師古라는 이가 있어 천문을 잘 보았는데 말하기를 "소미성少微星이 광채를 잃었으니 처사處士에게 재앙이 있겠다."고 하였는데 선생이 돌아가셨다. 주상이 치제致祭하여 이르기를 "하늘이 대로大老를 남겨두지 아니하니 소자小子 누구를 의지할까!" 하였고 대사간에 추증하였으며 그 해 4월 덕산德山에 안장하였다. 광해 때에 증 영의정을 더하고 문정文貞이라 시호했으며 선생은 달리 남명南冥이라 자호하였다. 가수嘉樹에 계부당鷄伏堂이 있으니 함양하기를 닭이 알을 품 듯 하라는 뜻이고 그 시내 위에 뇌룡정雷龍亭이 있으니 시동처럼 앉아 있다가 용 같이 나타나고 연못처럼 고요하다가 우레 같이 소리친다는 뜻이다. 진주 덕산에 산천재山天齋가 있으니 주역 대축괘大畜卦의 강건剛健하고 독실篤實하고 광채가 나서 날마다 그 덕을 새롭게 한다는 뜻이다. 묘소는 산천재山天齋 뒤에 있다. 오덕계吳德溪 최수우崔守愚 정한강鄭寒岡 김동강金東岡 제현이 모두 스승으로 섬겼으니 덕계德溪는 각의 견절刻意堅節하다 하였고 수우守愚는 강대탁원剛大趠遠한 재주라 했으며 동강東岡은 열일추상烈日秋霜의 기개라 하였고 한강寒岡은 태산벽립泰山壁立의 기상이 있다고 했으며 퇴계退溪 이선생李先生은 이르기를 건중楗仲은 군자 출처의 의義에 합당하다고 하였다. 명銘하여 이르기를,

고결하게 자수自守하고 은거하여 의義를 행했으니, 그 몸 아니 욕되고 그 뜻 아니 변하였다. 도道를 굽혀 시속時俗 좇지 않았으니, 일신 사업 고상히 이루었다.

후학 허목許穆 삼가 지음

神道碑銘 幷序

先生 姓曹氏 諱植 字楗仲甫 其先昌寧縣人 高麗刑部員外瑞之後 而中郎將殷之四世孫也 曾大父 國子生員安智 大父永不仕 父承文院判校彦亨 母淑人李氏 皇明弘治十四年六月壬寅 先生生於嘉樹縣 少豪氣絶倫 學文章 好讀左柳氏 自負其奇才 二十六見魯齋心法 志伊尹之志 學顔子之學 出則有爲 處則有守 惘然自失 喟然歎息而言曰 古人爲己之學 蓋如此 刻意奮厲

勇往直前 旣博於百氏 反而守約 剛毅方嚴 目無淫視 耳無側聽 莊敬不惰
自成一家之學 以太一爲宗 以和恒直方爲符 以克治爲先 以沖漠爲本 不喜
論難答述 以爲徒言無益於躬行 尙志潔身 不苟從不苟默 不自輕以求用 卓
然有立 言學必先自得 而貴高明 常言曰 譬如登高 萬品皆低 然後 惟吾所
行自無不利 以行己大方出處大節爲重 作神明舍銘 有曰 九竅之邪 三要始
發 動微勇克 進敎廝殺 又書之曰 沉舡 破釜甑 燒廬舍 持三日糧 以示必死
無還心 必如此廝殺 可言於吾心須有汗馬之功 敎人必隨人資稟 而激勵之
不開卷講論曰 今之學者 高談性理 無實得於其心 如遊通都大市 見珍寶奇
玩 空談高價 不如沽得一尾魚 聖人之旨 前儒旣盡言之 學者不患不知 患不
行 其得力之淺深 在求之誠不誠如何耳 吾於學者 喚覺昏睡而已 開眼 能見
天地日月 談經說書 不如反求而自得之 觀書 亦不曾章解句釋 領略其宗旨
而已 中宗明宗連以遺逸召 不起 明宗特拜丹城縣監 又不起 上疏曰 國事已
非 邦本已亡 天意已去 人心已離 慈殿塞淵 不過深宮之一寡婦 殿下幼沖
只是先王之一孤嗣 天災之百千 人心之億萬 何以當之也 何以收之也 殿下
所從事者 何事也 好學問乎 好聲色乎 好弓馬乎 好君子乎 好小人乎 所好
在是 而存亡繫焉 疏入不報 明年 上大召儒學 成運 李恒 林薰 金範 韓修
南彦經等 先生亦在召中 乃就徵 拜尙瑞院判官 上引見思政殿 上問昭烈三
顧草廬事 先生對曰 必得人然後 可以有爲也 然亮事昭烈數十年 卒不能興
復漢室 臣不敢知者也 卽還山 丁卯 宣祖卽位 嚮用儒雅 禮召甚至 而先生
終不起 上疏 言君德政弊曰 臣索居深山 俯察仰觀 噓唏掩抑 繼之以淚者數
矣 臣於 殿下 無一君臣之分 何所感於君恩 而咨嗟涕洟 自不能已也 食土
之毛 爲累世舊民 可無一言於宣召之下乎 己巳特拜宗親府典籤 不就 辛未
令本道賜之粟以賙之 先生上疏謝 因進君義 後年監司以疾聞 上遣中貴人
問之 先生己歿 二月八日 年七十二 先生嘗作佩劒銘曰 內明者敬 外斷者義
窓壁又大書敬義曰 吾家此二字 如天地之有日月 疾病 呼鄭仁弘金宇顒 語
敬義亹亹 曰用工熟 無一物在胸中 吾未到此境 戒內外安靜 旋席東首而歿
時有南師古者 善觀象曰 少微無光 處士之災 先生歿 上祭之曰 天不憖遺大
老 小子疇依 追爵大司諫 其四月葬德山 光海時 加贈領議政 諡文貞 先生
別自號曰南冥 嘉樹有雞伏堂 涵養如雞抱卵之義也 其溪上亭曰雷龍亭 尸

居龍見淵默雷聲之義也　晉州德山有山天齋　易大畜　剛健篤實　輝光日新其
德者也　墳墓在山天齋後　德溪　守愚　寒岡　東岡　數賢者　皆師事之　德溪　曰刻
意堅節　守愚　曰剛大趆遠之才　東岡　曰烈日秋霜之氣　寒岡　曰有泰山壁立之
像　退陶李先生　曰楗仲合於君子出處之義云　銘曰

　高潔自守　隱居行義　不辱其身　不降其志　不屈道而循時　高尚其事

後學　許穆　謹撰

신도비명神道碑銘 병서幷序

▲ 송시열이 지은 신도비 및 국역비

현재 덕산의 남명기념관 경내에 서있는 이 비석은 허목이 찬한 신도비를 철폐한 이후에 다시
세운 것으로 원래는 도로변에 선생의 묘소와 같은 방향인 임좌병향壬坐丙向으로 있었다. 원래
선생이 덕산으로 들어와 거처했던 집인 뇌룡사雷龍舍 일대와 별묘인 여재실 일대를 정비하여
남명기념관을 건립하면서 이 비석도 현재의 위치로 옮겼다. 똑같은 내용의 비석이 합천의 용암서
원 뜰에도 서있다.

남명 선생이 이미 세상을 떠남에 선비는 더욱 구차해지고 풍속은 더욱 투박해졌으니 식자들이 선생을 사모함이 더욱 간절하다. 그러나 사람들이 의義를 귀히 여기고 이利를 천하게 여기며 조용히 물러남을 가상히 여기고 탐욕을 부끄러이 여길 줄을 알게 되었으니 선생의 공이 참으로 위대하다. 선생은 천분天分이 특출했으니 아홉 살 나던 해에 심한 병이 들자 모부인에게 고하여 말하기를 "소자가 다행히 남자로 태어나 하늘이 반드시 부여한 바가 있을 것이니 오늘 어찌 일찍 죽을까 염려하십니까?" 하였다. 성동成童 때에 기묘사화의 참혹함을 직접 눈으로 보고 마침내 과거에 나가지 아니하다가 친명親命으로 한 번 응시하였다. 글을 지음에 좌구명左丘明 유종원柳宗元의 글을 좋아했는데 어느 날 염계濂溪 선생의 글 중에 "이윤伊尹의 뜻을 뜻으로 삼고 안연顔淵의 학문을 학문으로 삼는다."는 말을 읽고 개연히 분발하여 산재山齋에서 제생에게 하직하고 돌아왔다. 이에 날마다 육경六經 사자四子와 송宋나라 제현의 글을 읽으면서 자세히 연구하고 힘써 터득하여 밤낮을 이어 쉬지 않았으며 손수 공자孔子와 주자周子 정자程子 주자朱子의 모습을 그려 경모景慕의 뜻을 부쳤다. 송규암宋圭菴 선생과 이준경李浚慶 영상이 대학大學 심경心經 등의 책을 증정하자 선생이 문득 편지하여 말하기를 "이 책을 얻고부터 두렵기가 산을 짊어진 것 같다."고 하면서 더욱 박실朴實한 공부에 전념하였다. 당시 문정왕후文定王后가 자리하여 대윤大尹 소윤小尹이 서로 헐뜯자 선생은 더욱 당세에 뜻이 없어 영영 과거를 포기하고 지리산智異山에 들어가 집을 짓고 거처하면서 산천재山天齋라 편액하고는 한결같이 매진하여 조예가 더욱 고명高明하였다. 일찍이 회재晦齋 이언적李彦迪 선생의 천거로 재랑齋郎을 제수했으나 나가지 않았고 뒤에 회재晦齋가 본도本道 관찰사로 왔을 때 보기를 청했지만 또한 사양하였다.

명종 3년 특명으로 벼슬을 높여 두 번이나 주부를 제수하고 퇴계退溪 이선생李先生이 조정에 있으면서 글을 보내 출사出仕를 권했으나 끝내 나가지 않았으며 또 단성丹城 현감을 제수했지만 소를 올려 사양하였다. 21년에 판관으로 승격하여 소명召命을 두 번이나 내리고 인하여 약과 음식을 하사하니 선생이 드디어 부름에 응하였다. 주상이 인견하고 치도治道를 물으니 선생이 대답하여 말하기를 "치도治道는 책 속에 있으니 신의 말을 기다릴 것이 없습니다. 신은 생각건대 군신 사이에 반드시 정의情義가 서로 통한 연후라야 가히 할 일이 있을 것입니다." 하고 인하여 생민生民의 곤궁 초췌한 상황을 극진히 진술하였다. 주상이 학문하는 방법을 묻자 대답하기를 "반드시 마음으로 체득해야 할 것이니 한갓 되이 사람들의 말만 들어서는 불가합니다." 하였으며 또 주상이 제갈공명諸葛孔明의 일을 묻자 대답하기를 "공명孔明이 소열황제昭烈皇帝와 더불어 십 년을 같이 일하였으나 능히 한실漢室을 회복하지 못했으니 신은 까닭을 알지 못하겠습니다." 하고 다음 날 돌아왔다. 선조 초년에 부름이 두 번 있었으나 또 사양하고 인하여 시폐십사時弊十事를 올렸다. 2년에 또 부름을 받고 소를 올려 말하기를 "인주의 치도治道는 선을 밝히고 몸을 정성스럽게 하는데 있으니 반드시 경敬으로써 주를 삼으십시오." 하고 또 서리의 실정과 폐단을 극진히 아뢰었으며 전첨을 제수했으나 나가지 않았다. 이 때 큰 흉년이 들어 주상이 곡식을 내려 구휼하자 선생이 글을 올려 사례하고 또 말하기를 "여러 번 어리석은 저의 말을 올렸지만 쓰인 바가 없습니다." 하였으니 언사가 매우 간절하고 곧았다. 병이 위독해지자 주상이 들으시고 어의御醫를 보내 살피게 하였으나 선생이 이미 세상을 떠났으니 실로 융경隆慶 임신년(1572) 2월 8일이었다. 전년에 뒷산에서 목가木稼의 재앙이 있었고 중국의 성관星官이 우리나라 행인에게 말하기를 "너희 나라 높은 선비가 근간에 불리할 것이다."라고 하였는데 이에 과연 징험되었으니 아! 철인哲人의 나고 죽음이 어찌 우연이겠는가! 4월 6일 산천재山天齋 뒷산에 안장하였다.

선생은 기개가 고상하여 엄격하고 정대했으니 장중한 마음을 항상 심중에 지니고 태만한 기색을 외모에 나타내지 않았다. 깊은 방안에 거처할 때도 어깨와 등이 꼿꼿했으며 새벽 일찍 일어나 조용히 앉아서 묵묵히 보고 정밀히 사색했으니 고요하기가 마치 사람이 없는 듯하였다. 그 학문은 오로지 경의敬義로서 주를 삼았고 좌우의 물건에 새기어 스스로 경계한 바도 이것이 아님이 없었기 때문에 선생은 신채가 고결하고 용모가 준엄하였다. 그 극기克근에는 한 칼로 양단하듯 하였고 그 처사處事에는 물이 만길 높이에서 떨어지듯 하여 절대로 어긋나거나 구차한 뜻이 없었으며 평소 집안사람들도 감히 시끄러운 말과 지나친 웃음을 짓지 아니하여 안팎이 엄숙하였다. 효우孝友에 가장 돈독했으니 부모를 모심에 선善으로 봉양 하였고 오로지 그 마음과 뜻을 즐겁게 하였다. 상喪을 치를 때는 읍혈하며 애모하였고 전후상前後喪에 모두 시묘 살면서 하인에게 경계하여 집안 일로 와서 고하지 못하게 하였다. 조문하는 이가 있으면 다만 엎드려 곡하면서 답배答拜할 뿐 일찍이 더불어 앉아 말하지 않았다. 아우 환桓과 우애가 더욱 돈독하여 항상 말하기를 "지체支體는 나눌 수 없다." 하고 한 담장 안에 살면서 출입문을 달리하지 않았다. 비록 산림에 물러나 있었지만 시대를 상심하고 나라를 걱정함은 지성至誠에서 나왔으니 매양 밤중에 홀로 앉아 슬피 노래하고 눈물을 흘렸으나 사람들이 이를 알지 못하였다.

벗을 사귐에 반드시 그 사람됨을 살폈으니 뜻에 맞지 않는 이는 비록 고관이나 요로의 사람이라도 장차 자기를 더럽힐 것같이 여겼다. 성청송成聽松 성대곡成大谷 성동주成東洲 이황강李黃江 김삼족당金三足堂 등 여러 군자와 더불어 서로 친하기를 지란芝蘭 같이 하였으며 퇴계 선생과 더불어 왕복 변론하였다. 일찍이 퇴계 선생에게 보낸 편지에 "평소 경앙함이 태산북두와 같다." 하였고 퇴계도 선생을 논하여 말하기를 "군자의 출처 대의에 합당하다."고 하였다. 선생은 사람을 가르칠 때 각각 그 재능에 맞게 하였고 질문하는 바가 있으면 반드시 이를 분석하여 남김없이 설명하였으니 듣는 이가 밝게 깨우쳤다. 일찍이 말하기를 "오늘날의 폐단은 고원高遠한 것을 즐겨 좇으면서 자기에게 절실한 병통을 살피지 않는 데 있다. 성현의 학문은 처음부터 일용에서 벗어나지 아니하니 만일 이것을 버리고 갑자기 성리性理의 깊은 뜻을 알고자 한다면 이것은 진성盡性과 지명知命이 효제孝悌에 근본하지 않는 것이다." 하였고, 또 말하기를 "성인의 미묘한 말과 깊은 뜻은 선유先儒들이 연이어 밝혔으니 배우는 이들은 알기 어려움을 근심하지 말고 위기爲己의 실속 없음을 염려하라."고 하였다. 글을 읽다가 긴요한 곳에 이르면 반드시 세 번 반복한 후 그만 두었으며 인하여 두 책을 이루어 학기學記라 하였고 그 문집 약간 권이 세상에 전한다. 주상이 제문과 곡식을 내리고 대사간에 추증했으며 뒤에 다시 영의정으로 추증하고 문정文貞이라 시호했다. 진주晋州 삼가三嘉 김해金海 고을의 선비들이 모두 사당을 지어 향사를 드린다.

선생의 휘는 식植이고 자는 건중楗仲이다. 조씨曹氏는 창녕昌寧에서 나왔으니 중시조 휘 서瑞는 고려 태조의 외손이며 이로부터 사대부가 끊이지 않았다. 소감 휘 대장大莊은 선생의 6대조이고 고조 은殷은 영동정이며 증조 안습安習은 생원이고 조부 영永은 벼슬하지 않았다. 선고 언형彦亨은 급제하여 내외의 벼슬을 두루 지냈고 모친 이씨李氏는 충순위 국菊의 여이다. 홍치弘治 신유년1501 6월 26일 삼가三嘉 토동兎洞에서 선생을 낳았다. 부인 조씨曹氏는 그 부친이 수琇이니 남평인南平人이다. 아들 차산次山을 낳았으나 일찍 죽었고 딸은 만호 김행金行에게 시집갔다. 측실側室에서 난 아들 차석次石 차마次磨는 모두 현감이고 차정次矴은 호군이다. 김행金行의 두 딸은 참판 김우옹金宇顒과 감사 곽재우郭再祐에게 시집갔다. 차석次石의 아들 진명晋明은 찰방이고 차마次磨의 아들은 경명敬明 익명益明 복명復明이며 딸은 참봉 정홍례鄭興禮에게 시집갔다. 차정次矴의 아들 준명浚明은 생원이고 다음은 극명克明이며 딸은 정위鄭頠에게 시집갔다. 진명晋明은 설㿥을 낳고 경명敬明은 업㬉 완皖 돈㬍 오晤를 낳고 익명益明은 수晬 장暲을 낳고 복명復明은 징曘 단㫉을 낳고 준명浚明은 진晨 변昪 서曙를 낳고 극명克明은 경景 안晏을 낳았으니 진晨 변昪 안晏은 모두 생원이다. 내외 증손 현손이 모두 약간인이다.

　나는 후세에 태어나 문하에서 청소하며 모시지는 못했지만 그러나 일시 제현의 의논을 상상해 헤아려 보건대 그 벽립천인壁立千仞과 일월쟁광日月爭光의 기상은 지금까지 오히려 사람들로 하여금 늠름히 경외敬畏하게 하니 그 풍성風聲을 일으켜 무너진 습속을 진작시킨 것이 마땅하다. 임종에 이르러서도 오히려 경의敬義로서 열심히 학자들에게 이야기하였으니 이른 바 기력이 다할 때까지 조금도 해이함을 용납하지 않음이 아니겠는가! 맹자孟子가 말하기를 "성인은 백세의 스승이니 백이伯夷와 유하혜柳下惠가 그런 분이다." 하였는데 주자朱子가 이 말을 인용하여 동계東溪 고등高登[22]을 칭송하였다. 행여 주자朱子로 하여금 다시 일어나게 한다면 선생의 각하脚下에 이 말을 쓰지 않겠는가! 그렇지 않겠는가! 반드시 능히 알 사람이 있을 것이다. 명銘하여 이르기를,

　고상한 천품이라 흉중에 티끌 없어 깨끗하고 활달했다. 옛 것 믿고 의리 좇아 명절名節에 힘썼으니 횡류橫流 중의 지주砥柱였다. 산 속에 집을 짓고 당우唐虞를 읊으면서 배회하며 자락自樂했다. 오직 이 경敬과 의義는 성사聖師의 교훈이라 크게 벽에 걸었다. 깨어 있고 씻어 없애 상제上帝를 대한 듯 밤낮으로 힘썼다. 성상께서 기다리니 찬연히 나갔다가 홀연 이내 돌아왔다. 수양하는 용맹은 용을 잡고 범을 묶듯 늙을수록 돈독했다. 명성 더욱 높아지고 사림 더욱 흠모하니 북두성이 북에 있듯! 목가木稼 재앙 알리고 소미小微 광채 잃었으니 철인哲人 횡액 당하였다. 높은 산 무너지니 나라에 전형典刑 없어 선비 뉘를 본받으랴! 오직 그 풍성風聲은 완부頑夫 유부懦夫 바로 세워 우리 국맥國脈 길이 했다.

---

22) 고등高登(?~1148)은 송宋나라 장포인漳浦人으로 자字는 언선彥先, 호는號 동계東溪이다. 휘종徽宗 때에 태학생太學生으로 금병金兵이 남하하자 채경蔡京 등 6적賊을 참할 것을 상소했고 고종高宗 소흥紹興 2년 진사시進士試에 급제하여 시정時政을 극언했으며 도당심찰都堂審察로 부임하여 시의時議 6편을 상소했다. 강직剛直함을 굽히지 않았고 권귀權貴에게 아첨하지 않았으며 결국 진회秦檜에게 미움을 받아 용주容州로 유배되었다.

두류산 하늘 솟고 그 냇물 땅을 갈라 깊고도 우뚝하다. 천억 년 흘러도 선생의 이름은 이와 함께 무궁하리.

대광보국숭록대부 의정부 좌의정 겸 영경연사 감춘추관사 세자부 치사 봉조하
은진恩津 송시열宋時烈 찬撰
숭록대부 행 이조판서 의금부사 지성균 겸 독변 내무부사 홍문관제학 예문관제학
원임규장각학사 시강원일강관 영가永嘉 김성근金聲根 전篆
가선대부 이조참판 김학수金鶴洙 근서謹書

神道碑銘 幷序

南冥先生旣沒　土益苟俗益渝　有識者思先生益甚　然人人尚知貴義賤利
恬退之可尚　貪冒之可羞　則先生之功實大矣　先生天分絶異　生九歲　嘗疾甚
先生告母夫人　曰我幸爲男子　天必有所與　今日豈憂天死乎　甫成童　目見己
卯士禍之慘　遂不赴擧　以親命嘗一就　爲文慕左柳　一日讀濂溪　志伊學顔之
語　慨然發憤　自山齋揖諸生歸　日讀六經四子　及宋時諸賢書　精究力索　夜以
繼日　手摹先聖及周程朱三子像　以寓景慕之意　宋圭菴先生　李相浚慶　贈以
大學心經等書　先生輒書　曰自得此書　悚然如負丘山　益從事於朴實之地　時
文定正位　大小尹相構　先生益無當世意　永抛博士業　入智異山　築室以居　扁
曰山天齋　一意進修　所造益以高明　嘗以晦齋先生薦授齋郎不就　後晦齋按
道求見　亦辭謝　明廟三年　特命超叙　兩拜主簿　退溪李先生在朝　以書勸起
終不肯　又除丹城縣監　上疏辭　二十一年陞判官　召旨再下　仍賜藥餌食物　先
生遂赴召　上引見問以治道　先生　對曰道在方冊　不須臣言　臣以爲必須君臣
之間　情義交孚　然後乃可有爲也　因極陳生民困悴之狀　上問爲學之方　對曰
必須心得　不可徒聽人言也　上又問孔明事　對曰孔明與昭烈同事十年　不能
興漢　臣所不得知　翌日謝歸　宣廟初　再有徵命　又辭因陳時弊十事　二年又承
召　上章言爲治之道　在人主明善誠身　必以敬爲主　又極陳胥吏情弊狀　除典
籤不拜　歲大饑　上賜粟以周　先生上書陳謝　且曰累陳愚言　無所施用　辭甚切

直 其疾亟 上俄聞 遣醫視之 則先生已沒 實隆慶壬申二月八日也 前歲後山
木稼 帝京星官 語本朝行人 曰汝國高人 近將不利 至是果驗 噫 哲人生沒
豈偶然哉 四月六日 葬于山天齋後 先生氣宇高嶷 嚴毅正大 莊敬之心 恒存
于中 怠慢之氣 不設于形 潛居幽室 肩背竦直 晨興靜坐 默觀精思 闃若無
人 其學專以敬義爲要 左右什物 所銘而自警者 無非此事 故先生神彩峻潔
容貌俊偉 其克己如一刀兩段 其處事如水臨萬仞 絶無依違苟且之意 平居
家人不敢闌語娛笑 內外斬斬 最篤於孝友 在庭闈間 油油翼翼 以善爲養 專
以悅其心志 其持制血泣哀慕 前後皆廬墓 戒僮僕毋以家事來諗 人有來吊
者 只伏哭答拜而已 未嘗與之坐語 與弟桓友愛彌篤 常曰支體不可分也 同
居一墻之內 出入無異門 雖退處山林 傷時憂國 出於至誠 每中夜 獨坐悲歌
泣下 人殊未之知也 取友必審其人 有不可於意者 雖達官要人 若將浼焉 最
與成聽松大谷東洲李黃江金三足堂諸君子 相好若芝蘭 與退溪先生 往復辨
論 嘗與退溪書 曰平生景仰 有同山斗 退溪論先生 曰合於君子出處之義也
先生敎人 各因其材 有所質問 必爲之剖析傾倒 聽者洞然開釋 嘗曰今日之
弊 喜趨高遠 不察切己之病 聖賢之學 初不出日用之間 如或捨此而遽欲窺
性理之奧 是盡性知命 不本於孝悌也 又曰聖人微辭奧旨 先儒相繼闡明 學
者不患難知 患無爲己之實也 讀書至緊要處 必三復乃已 仍成二冊 曰學記
其文集若干卷 行于世 上賜祭賻粟 贈大司諫 後加贈領議政 諡文貞 晉州三
嘉金海諸邑章甫 皆設祠以享焉 先生諱植 字楗仲 曹氏出昌寧 中始祖瑞 實
麗祖外孫 自是士大夫不絶 小監諱大莊 是先生六代祖 高祖殷令同正 曾祖
安習生員 祖永不仕 考彥亨登第歷揚中外 妣李氏 忠順衛菊之女 以弘治辛
酉六月二十六日 先生生于三嘉之兎洞 夫人曹氏 其父琇 世爲南平人 生子
次山天死 女適萬戶金行 側出次石次磨皆縣監 次矴護軍 金行二女 適參判
金宇顒 監司郭再祐 次石男晉明察訪 次磨男敬明益明復明 女適參奉鄭興
禮 次矴男浚明生員 克明 女適鄭顔 晉明生㬊 敬明生㬊㬚暾晤 益明生晫暚
復明生曮㬝 浚明生㬊昇暑 克明生景晏 㬊昇晏皆生員 內外曾玄孫略干人 余
生後世 未及灑掃於門下 然一時諸賢之論 想像而揣摸 其壁立千仞 日月爭
光之氣像 至今猶使人凜然畏敬 其扶樹風聲 以振委靡之習俗也 宜哉 至於
啓手足 而猶以敬義 諄諄語學者 所謂一息尚存 不容少懈者耶 孟子 曰聖人

百世師也 伯夷柳下惠是也 朱夫子取此語 以稱東溪高公 徜使夫子復起 則
先生脚下 其不用此語乎 抑否乎 必有能識之者矣 銘曰

天賦之高 襟懷無累 灑灑落落 信古好義 名節自勵 橫流碣石 築室山間 嘯
吟唐虞 徜祥自樂 惟敬與義 聖師所訓 大揭墻壁 喚醒滌濯 對越上帝 日乾
夕惕 聖朝側席 賁然來斯 欻反初服 進修之勇 捕龍縛虎 老而彌篤 聲名愈
高 士林愈傾 如斗在北 木稼徵災 小微藏輝 哲人之厄 高山旣頹 邦無典刑
士靡矜式 惟厥風聲 廉頑立懦 壽我國脈 頭流倚天 其川柝地 齋淪磅礴 有
來千億 先生之名 與之無極

大匡輔國崇祿大夫 議政府 左議政 兼 領經筵事 監春秋館事 世子傅 致仕
奉朝賀 恩津 宋時烈 撰
崇祿大夫 行 吏曹判書 義禁府事 知成均 兼 督辨 內務府事 弘文館提學
藝文館提學 原任奎章閣學士 侍講院日講官 永嘉 金聲根 篆
嘉善大夫 吏曹參判 金鶴洙 謹書

신도비명神道碑銘 병서幷序

　　유학儒學이 동방에 전해진 지는 오래되었다. 본조本朝의 열성列聖이 모두 도안道岸에 먼저 올라 이단異端을 배척하고 공도孔道를 존숭하더니 인재를 모아 태학太學의 학생을 양성하고 훌륭한 폐백으로 암혈의 선비들을 초빙하였다. 중종 인종 명종 3세에 이르러서는 더욱 사도斯道에 뜻을 더하여 이에 송도松都에서 서화담徐花潭을 얻고 호서湖西에서 성대곡成大谷을 얻고 호남湖南에서 이일재李一齋를 얻었으며 남명南冥 선생도 영남에서 나란히 섰으니 참으로 그 무리 중에서 뛰어난 분들이다.

　　선생은 영남 삼가인三嘉人이다. 두류산 아래에 은거하여 법도法度를 따르고 인의仁義를 복응하여 저민 고기를 맛보듯 도를 깊이 음미하였다. 학문은 안자顔子로써 기준을 삼고 뜻은 이윤伊尹으로써 표적을 삼아 누항陋巷의 더러움을 알지 못했고 단표簞瓢의 가난을 근심하지 않았으며 천사千駟의 벼슬을 돌아보지 않았고 만종萬鍾의 녹봉을 받지 않았으니 초연히 자득하여 결코 세의世意 따라 즐기는 바를 버리지 않았다. 조정에서 부르는 예가 삼성三聖을 지나도록 해이하지 아니하고 더욱 근면하였기에 선생은 부득이 일어나 대궐로 나아갔으며 주상이 전전前殿에서 마주했으니 곧 명종 때이다. 주상이 먼저 다스리고 학문하는 방법을 물으니 모두 사실과 이치로서 대답하였고 또 삼고초려三顧草廬의 일을 묻자 선생이 대답하여 말하기를 "한실漢室을 회복하기 위해서는 반드시 영웅의 도움을 받아야 했기 때문에 세 번이나 찾아 간 것입니다." 하였으니 주상이 칭찬하였으며 다음 날 환산還山하였다. 처음 선생이 단성丹城 현감을 사양할 때에 인하여 소를 올려 "국사國事가 그릇되고 천의天意가 떠났으며 인심人心이 이반되었다."고 극언하면서 위로는 자전慈殿과 주상에 이르기까지 조금도 꺼림이 없었다. 명종은 그 말이 지나치게 곧음에 노하여 죄를 주려고 하였으나 대신들의 역간力諫에 힘입어 그만

두었다. 그 후 선조 원년 선생이 봉사封事를 올려 인주가 다스림을 펴는 근본을 논하고 또 서리가 나라를 전횡하는 폐단을 논하면서 수십백언數十百言이 요점을 취함에 통쾌하고 곡절을 따짐에 소상하였다. 이에 식자들이 이르기를 "200년 동안 국가의 곪은 종기를 혁파하였으니 비록 창공倉公과 편작扁鵲인들 어찌 여기에 더하겠는가!" 하였다. 소가 들어가자 주상이 특별히 비답을 내렸으며 소지召旨와 속육粟肉을 전후하여 서로 내린 것이 수 년이었으나 선생은 한 번 거취를 결정한 뒤로 다시 뜻을 바꾸지 않았다. 임신년(1572) 봄에 선생이 편찮으시어 본도本道에서 조정에 알리자 주상이 내관內官을 보내 문병하였는데 도착하니 선생이 이미 서거하였다. 부음이 알려지자 특별히 명하여 사간원 대사간에 추증했으니 대개 일찍이 선생에게 명하고자 했던 것으로 그 뜻을 편것이다. 또 유사에게 명하여 부의賻儀를 내리고 다시 예조에 명하여 제랑祭郎을 보내 글을 지어 제사했다.

아! 선생의 도는 주역 고괘蠱卦 상구上九에 있으니 오직 도덕을 지니고서도 때를 만나지 못해 고결히 스스로를 지킨 것이 그것이다. 그러나 그 뜻은 임금과 백성을 근심하였기 때문에 입에서 나온 모든 말은 처사處士의 과대한 이야기 일 뿐만 아니다. 옛날 양가죽 옷을 입은 엄광嚴光은 광무제光武帝와 함께 잠잔 일 외에는 반 마디도 한실漢室에 도움을 주었다는 이야기를 듣지 못했고 태원泰原의 주당周黨은 엎드려 숨어 배알하지 않았을 뿐이니 이들은 비록 고사高士로서 한 때에 이름이 났지만 운대박사雲臺博士 범승范升의 비난이 그 사후에 뒤따랐다. 선생은 그렇지 아니하여 올린 봉사封事는 임금을 바로잡는 일과 백성을 건져내고 세상을 구제할 계책이 아님이 없었으니 천추의 선비 중에 반드시 반도 못 읽어서 책을 덮고 울먹일 이가 있을 것이다. 애석하다, 성왕聖王이 서로 계승하였으나 선생의 말을 모두 수용하지 못하여 허물을 돌릴 곳이 없으니 이는 어찌 유독 선생만의 불행이겠는가!

나는 후대에 태어났기에 선생의 시대와 떨어짐이 거의 100여 년이다.

오직 예전에 남토南土의 객이 되어 선생 고향을 방문한 적이 있었는데 높은 절벽이 하늘을 찌르고 맑은 시내가 골짜기를 내달리며 한 티끌의 번잡함도 용납하지 않는 경치에서 선연히 선생의 모습을 상상할 수 있었기에 곁에서 배회하며 초연히 흠모한 지 오래였다. 이제 선생의 후손 찰방 진명晋明 진사 준명浚明 등이 영남의 인사와 더불어 도모하여 말하기를 "조정에서 처음에 선생에게 간의諫議를 내리시고 뒤에 의정議政을 추증했으며 또 시호가 있으니 법도상 마땅히 묘도에 신도비神道碑를 세워야 하는데도 지금토록 비석이 없어 불초들이 감히 집사를 번거롭게 합니다." 하였다. 내 예로서 사양하여 말하기를 "아니 어찌 가하겠는가! 못난 나는 단지 곡사曲士일 뿐이니 어찌 감히 노선생의 성덕盛德을 형용하겠는가! 부처 머리에 오물을 씌운다는 비난이 염려스럽다. 그러나 남명 선생의 추상열일秋霜烈日 같은 기상은 지금토록 아녀자와 농사꾼의 입에서도 사라지지 아니하니 내 비록 불민하나 어찌 유독 이에 뒤지겠는가!" 하고 드디어 먼저 선왕先王들의 어진 이를 등용하고 소원한 이를 가까이 하는 특별한 예우를 서술하고 인하여 선생의 출처어묵出處語默의 대절을 언급하였다. 대저 선생의 학문한 차례와 구도求道의 분발과 문장의 기고奇古함은 선생의 도의우道義友인 대곡大谷 성선생成先生이 묘갈墓碣에 갖추어 새겨 한 치도 남김이 없으니 다른 사람이 사족蛇足을 다는 것은 망녕된 일이다.

선생의 휘는 식植이고 자는 건중楗仲이며 호가 남명南冥이다. 조씨曹氏는 예부터 벼슬한 집안이니 고려부터 조선에 들기까지 명경대부名卿大夫가 끊이지 않았다. 휘 언형彦亨은 이조정랑으로 뽑혔다가 승문원판교에 이르러 별세했으니 선생의 황고皇考이고 이국李菊의 여에게 장가들어 선생을 낳았다. 선생은 남평南平 조씨曹氏에게 장가들어 아들 차산次山을 낳았으나 일찍 죽었다. 편방便房을 두어 약간 인을 낳았고 진명晋明 준명浚明은 손자이다. 선생의 묘는 두류산 사륜동絲綸洞 산천재山天齋 뒤에 있다. 선생이 돌아가신 지 5년 만에 학자들이 덕천德川 용암龍巖 신산新山

세 곳에 서원을 세워 향사享祀를 드린다. 아! 선생은 인품이 매우 높고 기국이 엄정하여 식자識者나 불식자不識者나 선생을 보면 공경하지 않음이 없었다. 선생은 다른 사람에게 허여許與함이 적었지만 유독 퇴계退溪 선생에게는 한 번도 만난 적이 없다 하여 꺼려하지 않았고 왕래한 서찰이 매우 빈번했으며 반드시 선생이라 칭했으니 후세의 논자들이 혹 두 선생이 서로 친하지 않았다고 여기는 것은 이상한 일이다. 명銘하여 이르기를,

방장산方丈山 우뚝 솟아 만 길이니 선생의 기상은 백세토록 추앙하고, 덕천강德川江 깊고 맑아 소슬하니 선생의 도덕은 갈수록 활발하다. 오직 군자가 삼가할 바는 진퇴출처 뿐이기에, 정도正道로써 않을진대 어찌 취해 사사로이 하겠는가! 높은 도리 행하기 어려우니 차라리 간직하여 구원九畹에서 난초 키웠다. 선성왕先聖王이 불러서 칭송할 뿐만 아니었으니, 대개 장차 천하의 선비를 본받게 함이었다. 산해동山海洞 풍경은 변함이 없고, 거북 등에 서린 용은 선생의 신도비神道碑. 내 명銘하여 새기노니 무성한 녹죽綠竹에서 그 모습 상상하리.

후학 조경趙絅 삼가 지음

神道碑銘 幷序

吾道之東久矣 本朝列聖 率先登道岸 斥異端尊孔軌 以菁莪棫樸養庠膠 以玄纁禮幣聘巖穴 至中仁明三世 尤加意斯術 於是 松都得徐花潭 湖西得 成大谷 湖南得李一齋 南冥先生 幷峙于嶺南 實拔乎其萃 先生嶺之三嘉人 也 隱於頭流山下 踐蹈矩蠖 佩服仁義 必嚌哉■■ 學以顏子爲準繩 志以伊 尹爲標的 陋巷之不知 簞瓢之不憂 千駟之不顧 萬鍾之不受 囂囂自得 絶未 有舍所樂爲世意 徵招之禮 歷三聖 不解益勤 先生不得已而起 赴闕下 上賜

對前殿 卽明廟時也 上首問爲治爲學之方 俱質言理對 又問三顧草廬 先生
對曰圖復漢室 必資英雄 故至於三顧 上稱善 翌日還山 初先生辭丹城縣監
也 仍上疏極言 國事非 天意去 人心離 上及慈殿乘輿 亡少忌諱 明廟怒其
語太直 欲罪之 賴大臣力諫救而止 其后 宣廟元年 先生上封事 論人主出治
之本 又論胥吏專國之弊 數十百言 掣領痛快 曲折擬擬 識者以爲覰破二百
年國家養癰 雖倉扁何以加 疏入 上優批以答 召旨粟肉 前後相嗆者累年 先
生一決去就 不復幡然 壬申春 先生寢疾 本道以聞 上遣中使問疾 至則先生
已逝矣 訃聞 特命贈司諫院大司諫 蓋嘗欲以命先生者 申其志 又命有司賜
賻 又命儀曹 賜祭郎 將文以祭 嗚呼 先生之道 在易蠱之上九 惟持道德 不
遇於時 而高潔自守者是已 然其志以君民爲憂 故率所發於口 不徒爲處士
之大言也 昔羊裘男子 與帝共臥外 無聞半辭裨補於漢室 泰原周黨 伏而不
謁而已 是雖宿高士 名於一時 雲臺博士范升之譏 隨其后 先生則不然 所上
封事 無非匡君之事 拯民救世之策 千秋之士 必有讀未半廢書而泣者矣 惜
也 聖聖相繼 而不能盡用其言 歸咎無處 寧獨先生之不幸 絅生也後 去先生
之世 幾乎百有餘載 唯其昔客南土 過先生桑梓鄕 峭壁謁霄 玉流噴壑 不受
一塵之惹者 怳若把先生之謦欬其側也 徘徊悵然慕之者久之 今先生之後孫
察訪晉明進士浚明等 與嶺之人士謀 曰朝家始賜先生以諫議 后加贈議政
且有諡 於法 宜樹豐碑於墓道 至今無顯刻 不肖敢以煩執事 絅禮辭 曰惡
惡可 不侫直拘曲士耳 安敢形容老先生盛德 戴穢佛頭之譏 是懷 然南冥先
生之爲秋霜烈日 至今不泯於婦孺田畯之口 絅雖不敏 獨後是歟 遂先敍先
王就賢體遠之異數 仍及先生出處語默大節 若夫先生爲學次第 入道憤孟
文章奇古 先生道義友大谷成先生 備勒麗牲之石 不遺錙銖 他人畫蛇足則
妄也 先生諱植 字楗仲 號南冥 曹故爲官族 自麗入我朝 名卿大夫不絕 有
諱彥亨 選爲吏曹正郎 至承文院判校以卒 先生皇考也 娉李菊之女 生先生
先生 娉南平曹氏 生子名次山 苗而不秀 置便房 生若而人 晉明浚明孫也
先生墓在頭流之綸洞山天齋後 先生歿五年 學者創德川龍巖新山三處書院
俎豆之 嗚呼 先生人品甚高 器局峻整 識與不識 見先生莫不加敬 先生 於
人少許可 獨於退溪先生 不以無一日雅爲嫌 往復書牘甚數 必稱先生 后之
論者 或以爲二先生不相 能異哉 銘曰

方丈之山 巖巖而萬丈 先生之氣像兮 百世所仰 德川之水 泓澄而蕭瑟 先生之道德兮 愈往而潑潑 惟君子所愼 進退出處兮 不以道 曷取夫隱 遯道之難行兮 寧卷而懷兮 滋蘭九畹 先聖王不徒徵辟而褒美之兮 蓋將風之乎天下之士 山海之洞 雲物不改兮 負鼇蟠螭者 先生神道碑耶 我命刻之 起遐想於綠竹猗猗

後學 趙絅 謹撰

1501년(1세) 연산군 7년, 음력 6월 26일 진시辰時(오전 7시~9시). 경상
　　　도 삼가현三嘉縣 토동兎洞(현 경상남도 합천군 삼가면 외토리)의 외가
　　　에서 태어났다. 자字는 건중楗仲, 호號는 남명南冥 또는 산해山海·방
　　　장노자方丈老子·방장산인方丈山人, 본관은 창녕昌寧. 아버지는 승문
　　　원承文院 판교判校를 지낸 조언형曹彦亨, 어머니는 인천 이씨仁川李氏
　　　이며 충순위忠順衛 이국李菊의 따님이다.

1507년(7세) 중종 2년. 아버지로부터 글을 배우다. 『시경』, 『서경』 등을
　　　입으로 가르쳐주니 바로 외워 잊지 않았다.

1509년(9세) 중종 4년. 병이 들어 위독했으나 이를 걱정하는 어머니를
　　　보고 "하늘이 사람을 태어나게 한 것이 어찌 우연이겠습니까? 지
　　　금 제가 다행히 장부로 태어났으니 하늘이 저에게 부여한 사명이
　　　반드시 있을 것입니다. 어찌 지금 갑자기 요절할까 걱정할 것이
　　　있겠습니까?"라 하여 주위를 놀라게 했다.

1515년(15세) 중종 10년. 아버지가 단천 군수에 임명되어 임지로 따라
　　　가서 살았다. 이곳에 생활하는 동안 유교경전뿐만 아니라, 주석서
　　　및 제자백가·천문·지리·의학·수학·병법 등을 두루 공부하였다.
　　　관아에 있는 동안 직접 행정체계의 불합리성과 아전들의 농간,
　　　백성들의 곤궁함을 직접 목격하였다.

1518년(18세) 중종 13년. 아버지를 따라 서울 장의동藏義洞으로 돌아왔
　　　다. 이때부터 깨끗한 그릇에 물을 가득 담아 꿇어앉아 두 손으로
　　　받쳐 들고서 기울어지거나 흔들리지 않은 채로 밤을 새우며 자신
　　　의 뜻을 가다듬는 것과 띠에 쇠방울을 차고 다니며 그 소리를
　　　듣고 정신을 깨우쳐 자신을 성찰하는 자기수양 방법을 스스로
　　　마련해 실천하였다. 이웃에 살던 대곡大谷 성운成運과 교유했고,

청송聽松 성수침成守琛과도 교분을 쌓았다.

1519년(19세) 중종 14년. 기묘사화己卯士禍가 일어났다. 산 속 절간에서 공부를 하다가 정암靜庵 조광조趙光祖의 부고를 들었다. 이때 숙부 조언경曺彦卿도 조광조 일파로 몰려 파직되었다.

1520년(20세) 중종 15년. 진사·생원 초시와 문과 초시에 급제하였다. 생원·진사·회시會試에는 응하지 않았다.

1521년(21세) 중종 16년. 부모님의 권유에 따라서 문과 회시에 응시하였으나 합격하지 못하였다.

1522년(22세) 중종 17년. 남평 조씨南平曺氏 충순위忠順衛 조수曺琇의 딸에게 장가들었다.

1525년(25세) 중종 20년. 절간에서 공부하다가 『성리대전性理大全』에서 원나라 학자 노재盧齋 허형許衡의 글을 읽고 과거를 위해 하는 공부가 크게 잘못되었음을 깨달았다. 그 길로 집으로 돌아와 육경과 사서 및 송유宋儒들이 남긴 글들을 공부하였다.[23] 공자孔子·주염계周濂溪·정명도程明道·주자朱子의 초상화를 그려 네 폭 병풍을 만들었다. 이 병풍을 자리 곁에 펴두고서 아침마다 우러러 절을 올려 마치 직접 가르침을 받듯이 극진한 정성을 기울였다.

1526년(26세) 중종 21년. 부친상을 당하였다. 서울에서 영구靈柩를 모시고 고향으로 가서 장례를 치르고 시묘살이를 하였다.

1528년(28세) 중종 23년. 부친의 삼년상을 마쳤다. 이해 가을, 직접 아버지의 묘갈명墓碣銘을 지었고 성우成遇와 함께 지리산을 유람하였다.

1529년(29세) 중종 24년. 의령宜寧 자굴산闍崛山에 있는 절에 머물며 글

---

23) 이상필 교수는 남명 선생이 '위기지학'에 전념하게 된 시기를 31세 무렵으로 보면서 이와는 다른 견해를 가지고 있다. 그 근거로는 『서리원길소증심경후書李原吉所贈心經後』 및 『서규암소증대학책의하書圭菴所贈大學冊依下』 등의 글에서 남명 선생이 직접 표현한 내용을 들고 있는데, 충분히 재고할 가치가 있다고 보인다.

을 읽었다.

1530년(30세) 중종 25년. 어머니를 모시고 김해金海 신어산神魚山 아래로 옮겨 살았다. 별도로 정사精舍를 지어 산해정山海亭이라 이름 붙였다. 대곡 성운·청향당淸香堂 이원李源·송계松溪 신계성申季誠·황강黃江 이희안李希顔 등이 내방하여 학문을 강론하였다.24)

1531년(31세) 중종 26년. 동고東皐 이준경李浚慶이 보내온 『심경心經』 뒤에 '이원길이 선물한 『심경』 끝에 씀[書李原吉所贈心經後]'이라고 글을 써 넣었다.

1532년(32세) 중종 27년. 규암圭菴 송인수宋麟壽가 보내온 『대학大學』 뒤에 '규암이 선물한 『대학』 책갑 안에 씀[書圭菴所贈大學冊依下]'라고 글을 써 넣었다. 성우가 보내온 『동국사략東國史略』에 발문跋文을 붙였다.

1533년(33세) 중종 28년. 향시에 응시하여 1등으로 합격하였다.

1534년(34세) 중종 29년. 봄, 회시에 응시하였으나 불합격하였다.

1536년(36세) 중종 31년. 첫째 아들 차산次山이 태어났다. 가을, 향시에 응시하여 3등을 하였다. 이해 서암棲巖 정지린鄭之麟이 와서 배웠다. 남명이 제자를 가르친 것은 이때부터이다.

1538년(38세) 중종 33년. 회재晦齋 이언적李彦迪과 이림李霖의 천거로 헌릉獻陵 참봉參奉에 임명되었으나 사양하고 나가지 않았다.

1543년(43세) 중종 38년. 경상감사慶尙監司로 와 있던 이언적이 편지를 보내 만나자고 했지만 사절했다.

1544년(44세) 중종 39년. 아들 차산이 병으로 사망하였다.

1545년(45세) 인종 1년. 10월, 친구 이림·곽순郭珣·성우 등이 간신들에게 죽임을 당했다는 소식을 들었다.

---

24) 여기에 대해서도 이상필 교수는 견해를 약간 달리하고 있다. 실제로 남명 선생이 서울생활을 완전히 청산하게 되는 시기는 32세로 보아야 하는데, 김해에 정착하지도 않은 시기에 산해정을 지었다는 것은 사리에 맞지 않는다고 보고 있다.

11월, 어머니상을 당하였다.

12월, 어머니 영구를 모시고 삼가로 돌아가 아버지 산소 동쪽 언덕에 장사지내고 시묘살이를 하였다.

1547년(47세) 모부인의 묘갈을 세웠다.

1548년(48세) 명종 3년. 2월, 상복을 벗다. 전생서典牲署 주부主簿에 임명되었으나 나가지 않았다. 김해에서 삼가현 토동으로 돌아와 계부당鷄伏堂과 뇌룡사雷龍舍를 지어 강학하고 제자들이 거처할 장소로 삼았다.

1549년(49세) 명종 4년. 제자들과 감악산紺岳山을 유람하고 포연浦淵을 구경하였다.

1551년(51세) 명종 6년. 종부시宗簿寺 주부에 임명되었으나 나가지 않았다. 이해 덕계德溪 오건吳健이 와서 배웠다.

1552년(52세) 명종 7년. 아들 차석次石이 태어났다.

1553년(53세) 명종 8년. 벼슬에 나올 것을 권유하는 퇴계退溪의 편지에 답장을 보내 벼슬하러 나가지 못하는 뜻을 밝혔다.

1555년(55세) 명종 10년. 단성현감丹城縣監에 임명되었으나 나가지 않고 상소하여 국정 전반에 대해서 비판하였다.

1557년(57세) 명종 12년. 아들 차마次磨가 태어났다. 보은報恩 속리산俗離山으로 대곡 성운을 방문하였다. 이때 보은 현감으로 있던 동주東洲 성제원成悌元을 만나 명년 8월 한가위 때 합천陜川 해인사海印寺에서 만나기로 약속하였다.

1558년(58세) 명종 13년. 진주목사晉州牧使 김홍金泓, 자형 이공량李公亮, 황강 이희안, 구암龜巖 이정李楨 등과 함께 지리산을 유람하였다. 이해 8월 15일에 해인사에서 성제원을 만났다.

1559년(59세) 중종 14년. 조지서造紙署 사지司紙에 임명되었으나 병을 핑계로 나가지 않았다.

5월, 초계草溪로 가서 황강 이희안의 죽음을 조문하고 장례를 감독하였다.

8월, 성주星州로 칠봉七峯 김희삼金希參을 찾아가 며칠 머물며 의리지학義理之學을 강론하였다.

1560년(60세) 명종 15년. 아들 차정次矴이 태어났다.

1561년(61세) 명종 16년. 지리산 아래 덕산德山 사륜동絲綸洞으로 옮겼다. 산천재山天齋를 세워 자신과 제자들의 거처와 강학의 장소로 사용하였다.

1562년(62세) 명종 17년. 밀양密陽으로 가서 친구 송계 신계성의 죽음을 조문하고 묘갈명을 지었다.

1563년(63세) 명종 18년. 남계서원灆溪書院에 가서 일두一蠹 정여창鄭汝昌의 사당에 참배하고 여러 학생들이 강講하는 것을 들었다. 이때 부친상을 당하여 시묘살이 하고 있는 친구인 갈천葛川 임훈林薰을 찾아가 위로하였다. 동강東岡 김우옹金宇顒이 와서 배웠다.

1565년(65세) 명종 20년. 수우당守宇堂 최영경崔永慶이 서울에서 폐백을 들고 찾아와 가르쳐주기를 청하였다. 성암省庵 김효원金孝元이 찾아와 배우기를 청하였다.

1566년(66세) 명종 21년. 봄, 한강寒岡 정구鄭逑가 찾아와 집지執贄하였다. 7월, 임금의 전지傳旨가 있었으나 나가지 않자, 8월에 상서원尙瑞院 판관判官으로 다시 부름을 받았다.

10월 3일, 대궐에 나가 숙배肅拜하고 사정전思政殿에서 명종을 만나 이야기를 나누었으나 무슨 일을 함께 해볼 만한 임금이 못 된다고 판단하여 11월에 지리산으로 돌아왔다.

1567년(67세) 선조 즉위년. 11월, 새로 즉위한 임금이 교서敎書를 내려 특별히 불렀으나 상소만 하고 나가지 않았다.

12월, 또다시 불렀지만 사장辭狀만 올리고 나가지 않았다. 이해 망우당忘憂堂 곽재우郭再祐가 와서 『논어』를 배웠다.

1566년(68세) 선조 1년. 5월, 임금으로부터 전지가 있었으나 상소하여 사양하여다.

7월, 부인 조씨曺氏가 세상을 떠났다.

1569년(69세) 선조 2년. 종친부宗親府 전첨典籤에 임명되었으나 병으로 사양하고 나가지 않았다.

1570년(70세) 선조 3년. 임금이 다시 벼슬에 나오라고 불렀지만 사양하였다. 벼슬을 계속 사양하여 끝내 나가지 않았는데, 이는 남명에게 내린 벼슬이 경륜經綸을 펼칠 수 있는 자리가 아니었기 때문이다.

1571년(71세) 선조 4년. 4월, 임금이 경상감사慶尙監司를 통해 남명에게 음식을 내려보냈다. 남명은 상소하여 사례하였다. 12월 21일, 갑자기 등창으로 병을 얻었다.

1572년(72세) 선조 5년. 1월, 옥계玉溪 노진盧禛·내암 정인홍·동강 김우옹·한강 정구·각재覺齋 하항河沆 등이 찾아와 문병하였다. 이때 자신이 죽은 후 칭호를 처사處士로 하라고 제자들에게 일렀다.

1월에 경상도 감사가 남명에게 병이 있다고 임금에게 아뢰어 특별히 서울에서 파견된 전의典醫가 도착하기도 전에 세상을 떠났다. 숨을 거두는 순간까지도 경의敬義의 중요함을 제자들에게 이야기하였고, 경의에 관계된 옛 사람들의 중요한 말을 외웠다. 부고가 조정에 알려지자 선조 임금은 통정대부通政大夫 사간원司諫院 대사간大司諫을 증직贈職하였으며, 부의賻儀를 내리고 예관禮官을 보내 남명의 영전에 치제致祭하였다.

2월 8일, 산천재에서 숨을 거두다.

4월, 산천재 뒷산 정남향에서 동쪽으로 15도 틀어진 임좌壬坐의 언덕에 장사지냈다. 이때 문인이나 친구들이 보내온 만사挽詞와 제문祭文이 수백 편에 달했다.

남명은 권간權奸들의 횡포로 사림이 여러 차례 죽임을 당하여 도학道學이 거의 사라지려는 시대에 태어나 분발 정진하여 유학을 진흥시키고, 후학들을 가르쳐 인도한 공이 크다. 노년에 이르기까지 이러한 정신이 조금도 쇠퇴하지 않았으며, 초야에 묻혀 지내면서도 한시도 국가와 민족을 잊지 않고 학문으로 현실을 구제하려는 생각을 갖고 있었다.

1576년 선조 9년. 유림과 제자들이 덕산德山에 덕산서원德山書院을 건립하여 석채례釋菜禮를 행하였다. 유림들이 삼가三嘉에 회산서원晦山書院을 건립하였다.

1588년 선조 11년. 유림들이 김해에 신산서원新山書院을 건립하였다.

1609년 광해군 1년. 국가에서 덕천서원德川書院(덕산서원의 바뀐 이름)·용암서원龍巖書院(회산서원의 바뀐 이름)·신산서원에 사액賜額이였다.

1615년 광해군 7년. 성균관 유생들이 남명의 증직과 증시贈諡를 상소하여, 대광보국숭록대부大匡輔國崇祿大夫 의정부議政府 영의정領議政 겸 영경연홍문관예문관춘추관관상감사領經筵弘文館藝文館春秋館觀象監事 세자사世子師 직직과 문정文貞이라는 시호를 받았다.

남명에게 문정이라는 시호를 내린 것은 '도덕이 있고 견문이 넓기' 때문에 '문文'이라 하고, '도를 곧게 지켜 흔들림이 없었기' 때문에 '정貞'이라고 한 것이다.

1617년 광해군 9년. 생원生員 하인상河仁尙 등 유림이 연명으로 상소하여 남명을 문묘文廟에 종사從祀할 것을 건의했지만, 받아들여지지 않았다. 이후에도 경상도 유림이 7회, 충청도 유림이 8회, 전라도 유림이 4회, 성균관과 사학四學 유생들이 12회, 개성부 유림이 1회, 홍문관弘文館에서 1회, 양사兩司에서 1회 상소했으나 남명의 문묘 종사文廟從祀) 끝내 허락받지 못했다.

2부 송계 선생편

제1장 송계 선생의 유향

송계선생실기松溪先生實記 및 목판木板

장판각藏板閣

여표비閭表碑

〈개요〉

　　송계 선생의 유품은 임진왜란을 당하여 거의 소실되었다. 뿐만 아니라, 선생의 글들도 제대로 수습하지 못했다. 선생은 평소에 작은 병풍 두 폭을 만들어 한 폭에는 '경이직내敬以直內 의이방외義以方外(경으로 안을 곧게 하고, 의로 밖을 반듯하게 한다)'라고 쓰고, 다른 한 폭에는 '간기배불획기신艮其背不獲其身 행기정불견기인行其庭不見其人(그 등 뒤에 머물면 그 몸을 보지 못하고, 그 뜰에 걸어다니면 그 사람을 보지 못한다)'고 써 두었다고 한다. 이 구절은 『주역』의 곤괘 「문언전」과 간괘의 괘사에 나오는 말이다. '그 머물 곳에 머물고 행할 때에 행하면 허물이 없다'는 뜻으로, 출처를 중시하는 구절이다. 그러나 이 병풍도 현재 진품이 전하지 않고 있다. 또한 유묵도 한 점이 있는 것으로 알려져 있지만 이것도 확보하지 못했다.

　　선생의 『실기』는 오랜 기간 동안 후손들이 수습하여 1805년에 신호인이 편집하여 간행한 것은 1815년이다. 이 『실기』의 목판은 경상남도 문화재자료 426호로 지정되어 있고, 합천에 장판각이 있다.

　　「송계 선생 여표비」는 학문과 덕행의 표시로 세워두는 비인데 매우 독특한 성격의 사적이다. 경상남도 문화재자료 392호로 지정되어 있는 이 비석은 다른 유례가 별로 없는 것이다. 선생의 학덕을 기려 일종의 유허비 성격으로 사림이 세운 것인데, 임진왜란에 파괴되어 그 후 두 번에 걸쳐 사림이 다시 세웠다.

송계선생실기松溪先生實記 및 목판木板

▲ 합천 관기리 송계실기 책판

(경상남도 문화재자료 제426호)

송계선생실기는 2권 1책의 목판본이다. 1809년(순조 9)에 간행되었다. 발문에 의하면, 선생의 후손 신호인이 편집 간행하였다.

장판각藏板閣

▲ 장판각藏板閣

송계선생실기 목판을 보관하고 있는 장판각이다. 목판은 27장이다.

여표비閭表碑

▲ 여표비

경상남도 문화재자료 제392호(2006년 1월 12일)

여표비는 어떤 인물의 학문과 덕행을 기념하고 드러내기 위하여 그가 살던 마을에 세우는 비석으로, 유허비와 유사하나 그 유례를 찾기 어려운 독특한 종류의 비석이다. 비문의 지은이는 약봉藥峰 김극일金克一로 1576년 이 비문을 지을 당시 밀양부사이다. 비신은 사암이며 크기는 가로 80cm, 세로 187cm이고, 이수와 대석이 갖추어져 있다. 비각은 단층 목조맞배지붕 형식이며, 정면과 측면이 모두 1간이다.

이 여표비는 송계 선생 몰후 14년 뒤인 1576년에 손영제孫英濟·장수정蔣守貞·이경옥李慶沃 등의 주도로 당시 밀양부사인 김극일의 글을 받아 처음 세웠다. 이때 비문의 글씨를 쓴 이는 향인 박도생朴道生이다. 1592년 임진왜란 때 비석이 파괴되어 박수춘朴壽春의 주도로 내암來庵 정인홍鄭仁弘의 지문識文을 받았다. 1634년에 밀양부사 이유달李惟達이 여헌旅軒 장현광張顯光의 지문을 받아 중건하였다. 이때의 글씨는 창원부사 오여벌吳汝橃이 썼고, 두전은 사간司諫 김세렴金世濂이 썼다. 1759년 화재로 비각이 소실되면서 비석이 크게 훼손되었다. 1765년에 향중의 사림士林과 부사府使 김인대金仁大가 협조하여 새 빗돌을 마련하고 비각과 비석을 다시 중건하였다. 지문識文은 예조 판서 윤급尹汲이 찬술하고, 약봉의 여표비명 및 여헌의 중건 지문과 함께 윤급 자신이 글씨를 썼으며, 두전은 지수재知守齋 유척기兪拓基가 썼다.

제2장 송계 선생의 생애자료

사실事實

행록行錄__배신

행장行狀__김뉴

묘갈명墓碣銘__남명 선생

연보年譜

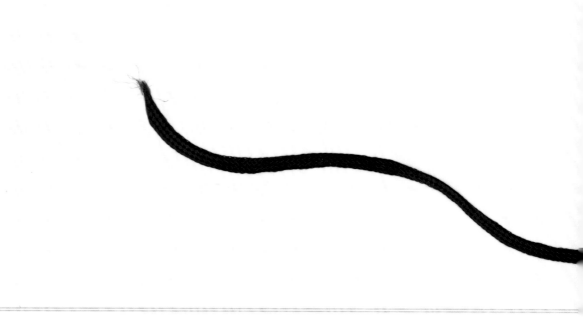

<개요>

　　송계 선생의 생애자료를 서술한 글은 온전한 형식을 갖춘 것이 두 편에 불과하고 또한 문장이 짧은 편이다. 「사실」은 누구의 글인지 알 수 없고, 배신의 「행록」은 문인의 입장에서 선생의 특징을 몇 가지로 나누어 서술하였다. 김뉴의 「행장」은 스승의 일생을 명료하게 정리하였다. 세상에서 송계 선생을 '산림 재상'이라고 평했다는 사실과 '뜻을 고상히 하여 왕후王侯를 섬기지 않은 이'라고 하여 평생 산림처사로 살았던 선생의 학덕을 기렸다.

　　송계 선생의 「묘갈명」은 남명 선생이 직접 지었다. 그 내용 중에 '아! 죽지 않은 자는 비록 살아 있지만 그 죽은 자는 이미 없어졌다. 금일의 자함子諴이 내일의 건중楗仲이니 말을 함에 무슨 지엽枝葉이 있겠는가! 문득 붓을 던지고 한 번 껄껄 웃어본다'는 구절에서 두 분의 절친한 사귐을 읽을 수 있고, 명銘에 이르기를, '우리 당黨의 인물 중에 신군申君이 제일이니, 안으로는 엄숙嚴肅했고 밖으로는 청고淸苦했다'는 구절에서 송계 선생에 대한 남명 선생의 평가를 알 수 있다.

　　「연보」는 『실기』를 간행할 때 후손 신호인이 정리한 것을 번역한 것이다. 여기서는 그 내용을 그대로 전재하였다.

사실事實

　황명 효종황제 홍치弘治 12년(1499)(우리 연산군 5년) 기미 11월 27일 선생께서 밀양부密陽府 삽포리鈒浦里에서 태어났다. 소시부터 학문에 뜻을 두어 과거공부를 일삼지 않았다. 일찍이 송당松堂[1] 박선생朴先生에게 종학하면서 도의道義를 강마하고 성리性理를 토론하여 조예가 더욱 깊고 식견이 더욱 높았다. 남명南冥 황강黃江[2] 대곡大谷[3] 삼족당三足堂[4] 청송聽松[5] 동주東洲[6] 제선생과 서로 왕래하고 종유하면서 막역한 벗이 되었으니 모두 그 외우畏友로써 추중했다. 당시 사화史禍로 유림의 기상이 꺾인 나머지 광채를 숨기고 자취를 감춰 임천林泉에서 자수自守하였다. 조정에서 누차 유일遺逸로 불렀으나 병을 칭탁하여 일어나지 않았다. 결국 백의白衣로써 일생을 마쳤으니 가정嘉靖 41년(1562) 임술 5월 21일이다. 향년 64세이다. 선생께서 돌아가신 후 문인들이 유고遺稿 약간 편을 수습하여 장차 간행코자 하였으나 임진년(1592) 병화兵火에 전부 불타버려 후세에 전하지 못하였다. (누구의 손에서 나왔는지 알 수 없고 문장도 미비한 점이 많지만 그러나 이미 사실事實이라 명명했으므로 여기에 수록한다.)

---

1) 송당松堂: 박영朴英(1471~1540)의 호. 자는 자실子實이고 본관은 밀양이며 시호는 문목文穆. 양녕대군의 외손자로 신당新堂 정붕鄭鵬의 문하에서 수학했고 강계부사 동부승지 내의원제조 영남 좌절도사 등을 지냈다.

2) 황강黃江: 이희안李希顔(1504~1559)의 호. 자는 우옹愚翁이고 본관은 합천. 유일遺逸로 천거되어 고령현감을 지냈다.

3) 대곡大谷: 성운成運(1497~1579)의 호. 자는 건숙健叔이고 본관은 창녕이며 청송聽松 성수침成守琛의 종제從弟. 35세에 사마시에 합격했으나 형이 사화士禍에 화를 당하자 보은 속리산에 은거하였고 조정에서 누차 불렀으나 출사하지 않았다.

4) 삼족당三足堂: 김대유金大有(1479~1552)의 호. 자는 천우天祐이고 본관은 김해金海. 탁영濯纓 김일손金馹孫의 조카로 호조좌랑 칠원현감을 지냈다.

5) 청송聽松: 성수침成守琛(1493~1564)의 호. 자는 중옥仲玉이고 본관은 창녕이며 시호는 문정文貞. 조광조趙光祖의 문인으로 평생 은거하여 벼슬하지 않았다.

6) 동주東洲: 성제원成悌元(1506~1559)의 호. 자는 자경子敬이고 본관은 창녕. 유일로 천거되어 보은현감을 지냈다.

事實

　　皇明 孝宗皇帝 弘治 十二年 我燕山 五年 己未 十一月 二十七日 先生
生于密陽府鈒浦里 自少志學 不事科業 早從松堂朴先生 講磨道義 討論性
理 所造益深 所見尤高 與南冥黃江大谷三足堂聽松東洲諸先生 相往來遊
從 遂爲莫逆之交 咸推其畏友 時史禍摧沮之餘 韜光晦跡 自守林泉 而朝廷
屢以遺逸徵之 托疾不起 卒以白衣終 嘉靖 四十一年 壬戌 五月 二十一日
也 享年 六十有四 先生歿後 門人收拾若干篇 將欲鋟梓 盡爐於壬辰兵火
不得傳後焉 未知出自誰手 而文多未備 然 旣名事實 故入錄于此耳

행록行錄7)

아! 선생은 소시부터 병이 많아 한적하게 거처하면서 병을 조섭하였고 고요하게 지내면서 외출하지 않았다. 격물格物 치지致知 성의誠意 정심正心을 학문의 근본으로 삼았고 수신修身 제가齊家 치국治國 평천하平天下를 학문의 효용으로 삼았다. 그 언동과 행위는 한결같이 정대正大함에서 나왔으니 남의 선행善行을 들으면 기쁜 빛이 안색에 드러났고 남의 불선不善을 들으면 연민의 정이 마음에 가득하였다. 집안에서 거처할 적에는 효제孝悌의 도리를 다하여 가정 법도가 엄숙했고 향리에서 지낼 적에는 경신敬慎의 정성을 표하여 고을 사람들이 기뻐하였다. 유순하면서도 엄격했고 엄격하면서도 온화했으니 친척과 붕우로부터 마을과 고을에 이르기까지 흔연히 공경하지 않음이 없었다.

그 학문은 송당松堂 박선생에게서 나왔는데 닭이 울면 일어나 세수하고 머리 빗고는 단정히 앉아서 조용히 도서를 보았으니 비록 매서운 겨울이나 무더운 여름에도 조금도 해이함이 없었다. 그리고 황강黃江 남명南冥 삼족당三足堂과 더불어 벗으로 지내면서 서로 왕복했으니 일찍이 말하기를 "남명은 설월雪月의 기상이 있고 황강은 주선하는 수단이 있으며 삼족당은 활달하여 얽매이지 않는 기상이 있으니 모두 나의 익우益友이다."라고 하였다. 그 홀로 있으면서 본원本源에 침잠할 때는 "함양함이 오래되면 기상이 자연히 청명하고 고원해진다." 하였고 매사에 통변通變할 때는 "성찰함이 정밀하면 사리事理가 자연히 상응하고

---

7) 본 행록은 『낙천집』에는 「행장」으로, 퇴계선생이 육필로 편술한 「동국명현사적」에는 「송계처사지」로 명기되어 있다.

합당해진다."고 하였다.

만년에 이르러 식견이 더욱 높아지고 조예가 한층 깊어져 속유俗儒나 범사凡士가 능히 헤아릴 수 없는 점이 있었다. 아! 참된 온축을 힘써 오래하여 능히 사업을 이룰 만하였으나 하나도 시행하지 못하고 지절志節을 지켜 임천林泉에서 별세했으니 슬플 뿐이다. 나는 다행히 좌우에서 접견함을 입어 삼가 우러러 친히 수업하는 일단에서 그 지게미를 맛보았으나 이는 별만 줍고 해와 달[8]을 버린 한스러움이 있지 않겠는가!

가정 45년 병인 월일 경기전 참봉 배신 근찬

行錄

裴紳

嗚呼 先生 自少多病 居閒養病 靜處不出 以格致誠正 爲學問之根本 以修齊治平 爲學問之功用 其言動作爲 一出於正 聞人之善則喜形於色 聞人之不善則悶惻于中 居家則盡孝悌之道而家道肅 處鄕則致敬愼之誠而鄕人悅 怡然而肅 肅然而和 由親戚朋友 至於閭里黨序 莫不淪然敬之

其學出於松堂朴先生 鷄鳴而起 盟梳端坐 默觀圖書 雖隆冬盛暑 曾無少懈 與黃江南冥三足堂爲友 相往復焉 嘗曰 南冥有雪月底氣像 黃江有設施底手端 三足有軒豁不拘底氣像 皆我之益友也 其處獨也 潛心本源 則日涵養久則氣像自然淸明高遠 通變大用 則日省察精則事理自然泛應曲當

至於晚年 所見尤高 所造益深 有非俗儒拘士所能窺測 嗚呼 眞積力久 事業有所可措 而一無所施 守死林泉 可悲也夫 紳 幸遇容接於右右者 素謹承糟粕乎觀瞻親炙之一端 其不有摭星宿遺羲娥之恨乎

嘉靖 45年 丙寅 月日 慶基殿 參奉 裵紳 謹撰

---

8) 원문의 희아羲娥는 희화羲和와 항아姮娥의 준말로 희화는 해 항아는 달을 의미한다. 당나라 한유韓愈가 지은 석고가石鼓歌에 "공자서행부도진孔子西行不到秦 기무성숙유희아掎撫星宿遺羲娥"란 말이 있다.

행장 行狀

　선생의 휘는 계성季誠이고 자는 자함子誠이며 성은 신씨申氏이니 선계가 평산平山에서 나왔다. 자호自號는 석계石溪인데 돌아가신 후 학자들이 존숭하여 송계松溪 선생이라 하였다. 용모가 단아하고 기상이 강직했으며 엄숙하고 굳건하여 일찍이 과격한 말이나 다급한 안색이 없었으니 동정動靜과 어묵語默을 모두 법도로써 신칙하였다. 대개 소시부터 성현聖賢의 학문에 뜻을 두어 과거科擧 공부를 익히지 않았으며 육경六經의 문장에 전념하고 소학小學의 가르침에 종사하였다. 경敬으로써 존심存心의 요체로 삼고 성誠으로써 지경持敬의 근본으로 삼아 참되게 온축함을 힘써 오랫동안 하였으니 도道가 정묘하고 인仁이 숙성하였다. 이에 의리의 심오함과 사물의 대소에 있어 접하는 것마다 환히 깨달아 표리에 통철했으니 그 본말本末을 논하거나 시비是非를 분별하거나 수작酬酌에 응할 적에 티끌만한 막힘도 흉중에 없어 호연히 대적할 수 없는 점이 있었다. 일찍부터 송당松堂 박朴선생에게 종학從學하였고 또 운문雲門 김金선생 남명南冥 조曺선생과 종유從遊하여 사우師友 간에 연원淵源의 정대함이 있었다.

　일찍이 말하기를 "명교名敎 가운데 스스로 즐거움이 있으니 고량膏粱이 아니라도 배부르고 금수錦繡가 아니라도 아름다우며 종고鐘鼓가 아니라도 즐겁다. 성현聖賢이 어찌 나를 속이겠는가!" 하였고 또 말하기를 "존양存養이 숙달되면 기상이 고대高大해지고 성찰省察이 오래되면 이 마음이 자연히 성명誠明해져 사물을 접함에 두루 응수하고 알맞게 대처할 수 있다."고 하였으며 또 말하기를 "고확顧確9)이란 두 글자를

---

9) 고확顧確: '고顧'는 『중용』의 '언고행言顧行 행고언行顧言'이란 말에 근거한 것 같고 '확確'은 『주역』 건괘乾卦 「문언전文言傳」의 '락즉행지樂則行之 우즉위지憂則違之 확호기불가발確乎其不可拔'이란 말에 근거한 것 같으나 출전이 확실치 않다.

나는 일찍이 마음에서 잊어본 적이 없다."고 하였다. 또 흰 병풍 두 폭을 만들어 한 쪽에는 "경敬으로써 안을 곧게 하고[敬以直內], 의義로써 밖을 바르게 한다[義以方外]."라고 적고 한 쪽에는 "그 등 뒤에 머무르면 그 몸을 잡을 수 없고[艮其背 不獲其身], 그 뜰에 걸어 다녀도 그 사람을 볼 수 없다[行其庭 不見其人]."[10]라고 적어서 평소에는 이를 펼쳐놓았다가 손이 오면 접어서 치웠다.

중년에 큰 아들을 잃어 자못 상심하고 비통해 하더니 곧 바로 재악산載岳山에 들어가 금강암金剛庵에 거처하면서 날마다 경전經傳을 즐기며 세상과 상통하지 않은 지가 거의 십 수 년이었다. 뒤에 제자들의 청으로 예전 처소로 돌아와 석계石溪 주변 송죽松竹 숲속에 초당草堂 몇 칸을 지어 석계정사石溪精舍라 하였다. 거처하는 곳이 겨우 무릎을 용납할 정도였지만 추위와 더위에도 떠나지 않았으며 도서를 좌우에 두고서 향불을 피우고 단정히 앉아 담박하게 경영하는 일이 없었다. 관복冠服을 갖춰 입고서 근엄하기가 소상塑像과 같았으니 바라봄에 심히 엄숙하여 가까이 할 수 없을 것 같았지만 사람을 대하거나 사물을 접할 적에는 혼연히 일단의 화기가 넘쳤다. 사람 중에 불가不可한 자가 찾아오면 이를 예로써 접대하기는 하지만 정색을 하고 말을 하지 않았으니 그 사람이 부끄러워 땀을 흘리면서 황공하여 즉시 물러갔다. 자제들이 그 까닭을 여쭈면 선생께서 말하기를 "사악한 사람은 가까이 할 수도 없고 또 그 찾아오는 것을 거절할 수도 없다. 단지 마땅히 이와 같이 대하면 저가 반드시 다시 찾아오지 않을 것이다." 하였으니 이것이 이른 바 미워하지 않고서도 엄격하고 노하지 않고서도 위의가 있다는 것이다.

30세 이전부터 밤에 취침하지 않았으니 등불을 끄고서 관대를 벗지 않고 궤안을 마주하여 단정히 앉아 조용히 사색하고 말없이 명상하다

---

10) 『주역』 간괘艮卦 괘사卦辭에 나오는 말이다.

가 밤이 깊어지면 궤안에 기대어 잠시 눈을 붙일 뿐이었다. 각고면려를 오랫동안 한 이후에 비로소 취침하였지만 그러나 대략 이경二更에 누웠다가 닭이 울면 즉시 일어났으니 이는 돌아가실 때까지 한결같았다. 평소에 번잡함을 심히 싫어하여 부인이나 아이들로 하여금 가까이 오지 못하게 하였고 집안일은 자제들에게 맡기고서 언제나 담담하였다. 그러나 집안을 다스림은 엄숙하여 범할 수가 없었으니 자제들이 비록 장성해도 당에 올라 대좌함을 허락하지 않았고 진퇴와 주선을 모두 예절로써 가르쳤다. 학문은 반드시 먼저 소학小學에 들어가게 하여 하여금 함양의 근본으로 삼게 하였고 실천의 독실함으로 힘쓰게 하였다. 하인에게도 또한 엄격하게 대하지 않음이 없어 감히 방종하지 못하게 하였으므로 밖에 나가 사람들이 이들을 만나면 모두 누구의 자제와 하인인지 알아보았다.

사람이 상喪을 당하면 비록 모르는 이라도 반드시 흰 옷을 입고 조문하였고 친구는 수일 동안 술과 고기를 먹지 않았으며 족친은 비록 복服이 없는 이라도 열흘 동안 고기를 끊었고 죽어서 돌아갈 곳이 없는 이는 반드시 "나에게 와서 빈소를 차리라."고 하였다. 친근한 이는 직접 호상護喪을 맡았고 소원한 이는 사람을 보내 조문하였으나 그러나 그 정의 경중을 헤아려 가감이 있었으니 그 행의에 돈독함이 이와 같았다. 의롭지 못한 자들도 반드시 말하기를 "차라리 관官에서 죄를 받을지언정 신申선생께서 알지 말기를 바란다."고 하였으니 그 사람들이 경외하여 복종함이 대개 이와 같았다. 공경대부와 선비들 중에 그 경내로 들어가는 이는 반드시 먼저 달려가 배알하면서도 오히려 그 문을 지나가기를 두려워했으니 당시 사람들이 모두 산림山林의 재상宰相이라 일렀다. 조정에서 누차 덕행德行으로 불렀으나 병을 칭탁하여 일어나지 않았으니 마침내 종신토록 백의白衣로써 세상을 떠났다. 아! 선생 같은 분은 독신篤信한 군자라 하겠고 또한 그 뜻을 고상히 하여 왕후王侯를 섬기지 않은 이라고 하겠다.

융경隆慶 신미년(1571) 월 일

문인門人 익위사翊衛司 세마洗馬 김뉴金紐[11] 근찬謹撰

行狀

先生 諱季誠 字子誠 姓申氏 系出平山 自號石溪 卒後 學者 尊之曰松溪
先生焉 姿狀端潔 氣度耿介 齋莊嚴毅 未嘗疾言遽色 動靜語黙 皆律以規矩
盖自少時 有志於聖賢之學 不爲科擧之習 沈潛乎六經之文 從事乎小學之
書 以敬爲存心之要 以誠爲持敬之本 眞積力久 道精仁熟 義理之蘊奧 事物
之巨細 觸處洞然 表裏通徹 其論說本末 卞析是非 應接酬酢 無纖芥底滯于
胷中 浩然有不可御者矣 早從松堂朴先生學 又與雲門金先生南冥曹先生遊
有師友淵源之正 嘗曰名敎之中 自有樂地 非膏粱而飽 非文繡而美 非鍾鼓
而樂 聖賢豈欺我哉 又曰 存養熟則氣像高大 省詧久則此心自然誠皽 事物
之來 泛應曲當 又曰 顧確二字 吾未嘗忘諸懷 又作素屛二幅 一書敬以直內
義以方外 一書艮其背 不獲其身 行其庭 不見其人 展之燕屋 客至則卷去
中年 喪長子 頗傷痛 卽入載岳山絶頂 先生入山事 爲時諱 不敢言 而行狀
中 不可全沒此一款 故 璞齋公 如是言之 詳見下遺事條 棲金剛庵 日以經
籍自娛 不與人世相通者 幾數十年 後以弟子之請 還于舊居 構草堂數間于
石溪邊松竹林中 號石溪精舍 所處 僅能容膝 寒暑不離 左右圖書 焚香端坐
泊乎無營 冠服惟謹儼如泥塑 望之甚嚴 將不可近 及待人接物 渾然一團和
氣也 人有不可者至 則接之以禮 而正色不言 其人慚汗惶懼 卽辭去 子弟請
其故 先生曰 邪人 不可近 亦不可拒其來 但當待之如是 則彼必不復來矣
是所謂 不惡而嚴 不怒而威者也 自三十歲以前 夜不就寢 去燈燭 不脫冠帶
對木几整坐 潛思黙念 至夜深 則憑几暫睡而已 刻勵久之而後 始就寢 然
率以二更而臥 鷄鳴卽起 至易簀如一日 平屋甚厭煩擾 婦人小子 不使之近

---

11) 김뉴金紐(1527~1580): 자는 순경順卿, 호는 박재璞齋이고 선산인善山人으로 점필재佔畢齋 김종직金宗直의
   손자이다. 곤산훈도昆山訓導 밀양교수密陽敎授 등을 역임했고 도천道薦으로 익위사翊衛司 세마洗馬를
   제수했다. 후에 사포서司圃署 별제別提를 지냈고 문집이 있으며 이양서원伊陽書院에 봉안되었다. 본
   행장은 내암 정인홍 선생이 지은 「송계 신선생 행적」과 그 내용이 거의 일치한다.

前 家事付之子弟 常淡如也 然 治家嚴肅 不可犯 子弟雖年壯 不許升堂對
坐 進退周旋 悉敎以禮節 爲學則必先入之小學 使爲涵養之根本 而以踐履
篤實爲務 至於僮僕 亦莫不待之以嚴 不敢有所放縱 故 出外人遇之 皆知爲
某人之子弟與僮僕也 人有喪 雖不知者 必素服而吊 朋友則數日不進酒肉
族親則雖無服者 斷肉一旬 而死而無歸者 則必曰於我乎殯 近則親爲之護
喪 遠則遣人吊祭 然 量其情之輕重 而有隆殺焉 其篤於行義如是 人之不義
者 必曰寧受罪於官 願勿使申先生知也 其爲人所畏服 盖如此 公卿大夫士
入其境者 必先趨謁 猶恐過其門 時皆謂之山林宰相 朝廷屢以德行徵之 托
疾不起 遂終身以白衣而歿焉 鳴呼 如先生者 可謂篤信君子 亦可謂高尚其
志 不事王侯者也

隆慶 辛未 月日 門人 翊衛司 洗馬 金紐 撰

묘갈명墓碣銘

▲ 송계 선생 묘소

▲ 송계 선생 묘갈명

송계 선생의 묘소는 밀양시 용평리 장선에 있다. 어머니의 산소 아래에 자리 잡았다.
묘갈명은 남명 선생이 직접 지은 글로 세웠는데, 옛 비석이 마모되어 새로 세운 것이다.

나만 오직 뒤에 죽을 사람으로 남아 있고 벗들이 먼저 갔다. 삼족당三足堂이 떠나자 동주東洲와 황강黃江이 뒤를 따랐고 청송聽松이 또 이를 이었다.[12] 천우天佑[13]와 우옹愚翁[14]의 장례에는 내가 이미 그 상여 줄을 잡았고 그 비석에 명銘을 지었다. 자경子敬[15]과 중옥仲玉[16]의 죽음에도 그 집안사람들이 응당 또 나를 지기知己라 하여 필시 묘표墓表를 구할 것이다. 몇 집의 자제子弟들이 모두 부형父兄의 뜻을 깨닫지 못하고 억지로 그 차마 할 수 없는 것을 요구하니 피를 쏟으며 사양함이 차라리 독이 아니겠는가! 이제 자함子諴의 아들 유안有安이 다시 그 갈명碣銘 때문에 찾아왔으니 내가 어찌 차마 이를 하겠는가!

공의 휘는 계성季誠이고 자는 자함子諴이며 향년 64세로 가정嘉靖 임술년(1562) 밀양密陽 동촌東村 장선리長善里에 안장하였다. 신씨申氏는 선계가 평산平山에서 나왔으니 비조 숭겸崇謙은 고려의 원훈元勳이다. 고려·조선 두 조정에서 의관衣冠한 분들이 대대로 더욱 성대한 것이 일천년에 가깝다. 가선대부 동지중추 증 좌의정 자수自守가 이에 군君의 고조이다. 증조 윤원允元은 통훈대부 군자감정이고 조부 승준承濬은 생원으로 입신하지 못하고 요절했다. 부친 탁倬은 조년에 풍현風眩 병이 있어 드러나지 않았고 ,부윤[17] 손영유孫永裕의 손자 순무筍茂[18]의 딸에게 장가들어 공을 낳았다.

공은 찰방 이철수李鐵壽의 딸에게 장가들어 2남 1녀를 낳았다. 1녀는 사인 조몽길曺夢吉에게 출가했는데 몽길夢吉의 아들은 응인應仁이고 장

---

12) 삼족당三足堂은 명종 7년(1552) 임자, 동주東洲와 황강黃江은 명종 14년(1559) 기미, 청송聽松은 명종 19년(1564) 갑자에 졸하였다.

13) 천우天佑: 삼족당三足堂 김대유金大有의 자.

14) 우옹愚翁: 황강黃江 이희안李希顔의 자.

15) 자경子敬: 동주東洲 성제원成悌元의 자.

16) 중옥仲玉: 청송聽松 성수침成守琛의 자.

17) 『남명집』에 수록된 글에는 부윤으로 되어 있고, 송계 선생 후손들은 판서를 지냈다고 한다.

18) 『남명집』에는 벼슬을 기록하지 않고 있으나 송계 선생의 후손들은 군수를 지냈다고 한다.

녀는 생원 김담수金聃壽에게 출가했으며 차녀는 충순위 윤탕신尹湯臣에게 출가했고 3녀는 어리다. 장자 유정有定은 학문에 독실하여 게으르지 않았는데 일찍 세상을 떠났고 진사 이원李遠의 딸에게 장가들어 1남 1녀를 낳았으니 아들은 충복忠復이고 딸은 생원 송유경宋惟敬에게 출가했다. 차자 유안有安은 습독 유기원柳沂源의 딸에게 장가들어 4남을 낳았으니 충경忠敬 충근忠謹 충후忠厚 충임忠任이다.

공은 학문學問과 조신操身이 시종 불변하여 누구도 따를 수 없는 어진 사람이었다.[19] 법도로써 집안을 다스려 한 고을에 모범이 되었으니 사람들이 감히 다른 말을 하지 못하였다. 아! 죽지 않은 자는 비록 살아 있지만 그 죽은 자는 이미 없어졌다. 금일의 자함子諴이 내일의 건중楗仲이니 말을 함에 무슨 지엽枝葉이 있겠는가! 문득 붓을 던지고 한 번 껄껄 웃어본다. 명銘하여 이르기를,

우리 당黨의 인물 중에 신군申君이 제일이니, 안으로는 엄숙嚴肅했고 밖으로는 청고淸苦했다.[20] 선현에게 사숙私淑했으니 송당松堂의 문인이고, 비록 벼슬하지 않았으나[21] 남긴 향기 전해지리.

황명皇明 가정嘉靖 을축년(1565) 남명南冥 조식曺植 찬撰

墓碣銘

吾唯後死 朋友先焉 三足去 而東洲黃江隨之 聽松又繼之 天佑愚翁之葬 吾旣執其靮 而銘其石 子敬仲玉之亡 其家人 應亦以植爲知己 將必以表求 數家子弟 皆未曉父兄之意 强以其所不忍者 索焉 瀝血爲辭 寧非毒耶 今有

---

19) 원문의 '무경유인無競維人'은 『시경』 「대아」 '억'편에 나오는 말이다.
20) 원문의 '빙얼氷蘗'은 '음빙식얼飮氷食蘗'의 준말이다.
21) 원문의 '가식家食 길吉'은 『주역』 '대축大畜'괘에 나오는 말이다.

子誠之子有安 復以其碣來 余忍爲之耶 公 諱季誠 字子誠 享年六十有四
嘉靖壬戌 葬于密城之東村長善里 申氏 系出平山 鼻祖崇謙 爲麗朝元勳 衣
冠兩朝 赫世彌盛者 近一千年 嘉善大夫 同知中樞 贈左議政 自守 乃君之
高祖也 曾王父允元 通訓大夫 軍資監正 王父承濬 生員 未立而夭 考倬 早
風眩不顯 娶府尹孫永裕之孫 筍茂之女 生公 公娶察訪李鐵壽之女 生二男
一女 女適士人曹夢吉 夢吉有子應仁 女適生員金聃壽 次女適忠順衛尹湯
臣 三女幼 長子有定 篤學不倦 早世 娶進士李遠之女 生一男一女 (남)曰忠
復 女適生員宋惟敬 次子有安 娶習讀柳沂源之女 生四子 忠敬 忠謹 忠厚
忠任 公以學問操身 終始不渝 而無競惟人 繩墨齊家 表儀一鄕 而人莫敢間
焉 嗚呼 不亡者 雖存 而其亡者 已亡 今日之子誠 明日之楗仲 言尚有枝葉
乎 忽投筆一噱 銘曰 吾黨有人 申君爲最 齋莊於內 氷蘗其外 私淑諸人 松
堂之門 雖家食吉 遺香則聞

皇明 嘉靖 乙丑 南冥 曹植 撰

1499년 연산 5, 기미 1세

통덕랑通德郎 탁悼과 의인宜人 일직 손씨一直孫氏의 외아들로 밀양부 삽포리 사제에서 11월 27일에 태어났다.

1501년 연산 7, 신유 3세

백부 대사간大司諫 휘 엄儼이 식년 문과(을과)에 장원 급제하셨다.

남명 조식과 퇴계 이황 선생이 태어나셨다.

1503년 연산 9, 계해 5세

아버지에게 글을 배우기 시작하셨다.

1504년 연산 10, 갑자 6세

갑자사화甲子士禍가 일어나 점필재佔畢齋 김종직金宗直 선생, 오졸재 迂拙齋 박한주朴漢柱 선생 등이 참화를 당하셨다. 여기에 자극을 받아 과거 공부를 하지 않으셨다. 황강黃江 이희안李希顔 선생이 태어나셨다.

1506년 중종 1, 병인 8세

중종반정中宗反正으로 오졸재 박한주 선생이 복직되셨다.

이듬해에 점필재 김종직 선생이 복직되셨다.

1509년 중종 4, 기사 11세

송당松堂 박영朴英 선생 문하에서 수학하기 시작하셨다.

신당新堂 정붕鄭鵬) 청송靑松 부사로 부임하셨다.

1516년 중종 11, 병자 18세

흥양 이씨興陽李氏를 부인으로 맞이하였다.

1518년 중종 13, 무인 20세

큰아들 유정有定 태어나셨다.

1519년 중종 14, 기묘 21세

기묘사화己卯士禍로 인하여 신진 사류가 화를 당하자 과거에 응할 뜻을 버리고 『소학小學』과 『육경六經』에 잠심하셨다.

1520년 중종 15, 경진 22세

백부 휘 엄儼이 대구부사로 부임하셨다. 둘째 아들 유안有安) 태어나셨다. 낙천洛川 배신裵紳 태어나셨다.

1521년 중종 16, 신사 23세

승지承旨 조몽길曺夢吉 태어나셨다.

1522년 중종 17, 임오 24세

따님(승지 조몽길의 처)이 태어나셨다.

1524년 중종 19, 갑신 26세

오월에 선공[伸]의 상을 당하셨다.

1526년 중종 21, 병술 28세

선공의 묘표墓表를 지으셨다.

1527년 중종 22, 정해 29세

문인 박재璞齋 김유金紐 태어나셨다.

1529년 중종 24, 기축 31세

밀양부사 회재晦齋 이언적李彦迪의 방문을 받으셨다.

1530년 중종 25, 경인 32세

남명南冥 조식曺植 선생이 김해에 산해정山海亭을 신축하고 선생과 성대곡成大谷, 이청향당李淸香堂, 이황강李黃江과 함께 강토하면서 『산해회강록山海會講錄』을 지으셨다.

1532년 중종 27, 임진 34세

남명 선생과 서로 두 번의 안부 편지를 주고 받으셨다.

1533년 중종 28, 계사 35세

절효節孝 성수종成守琮 선생 돌아가시다. 밀양부사 권발權발의 방문을 받으셨다.

1536년 중종 31, 병신 38세

문인 성암省庵 송유경宋惟敬 태어나셨다.

1538년 중종 33, 무술 40세

손자 충경忠敬 태어나셨다.

1539년 중종 24, 기해 41세

밀양부사 인재忍齋 박세조朴世祚의 방문을 받으셨다.

1540년 중종 35, 경자 42세

3월 21일 송당 박영 선생이 칠십 세를 일기로 돌아가시어서 왕곡
往哭 조문弔問하시었다.

1541년 중종 36, 신축 43세

손자 충근忠謹 태어나셨다. 낙천 배신이 수학하려 오셨다.

1543년 중종 38, 계묘 45세

남명 선생으로부터 편지를 받으셨다. 손자 충후忠厚 태어나셨다.

1544년 중종 39, 갑진 46세

남명 선생과 편지를 주고받았다. 남명 선생이 내간상內艱喪을 당하
여 상문하시었다.

1545년 인종 10, 을사 47세

조정에서 덕행으로 불렀으나 나아가지 않으셨다. 손자 충복忠復
태어나셨다. 인종대왕이 승하하셨다.

1546년 명종 1, 병오 48세

장자 유정有定이 돌아가시자 재악산載岳山 금강동金剛洞의 금강암金
剛庵으로 들어가셨다.

1547년 명종 2, 정미 49세

소요당逍遙堂 박하담朴河淡을 방문하여 수일 동안 『주역』을 강토하
시고 『주역의의문답집周易疑義問答集』을 작성하셨다.

1548년 명종 3, 무신 50세

조정에서 불렀으나 건강을 이유로 나아가지 않으셨다. 석탄石灘
이연경李延慶 돌아가셨다.

1550년 명종 5, 경술 52세

진락당眞樂堂 김취성金就成 선생 돌아가셨다.

1551년 명종 6, 신해 53세

조정에서 불렀으나 나아가지 않으셨다. 손자 충임忠任 태어나셨다.

1552년 명종 7, 임자 54세

삼족당 김대유 선생이 돌아가시어서 만사를 지어 장례에 참석하
시어 조문弔問하셨다. 야계倻溪 송희규宋希奎를 방문하셨다.

1553년 명종 8, 계축 55세

성암 송유경이 선생 문하에서 수업하기 시작함으로 선생이 훈계
의 글을 주셨다.

1554년 명종 9, 갑인 56세

부인 홍양 이씨가 합천의 따님댁에서 돌아가셨으며 장례는 중산
으로 하셨다.

1556년 명종 11, 병진 58세

외손자 왕사사부 도촌陶村 조응인曺應仁이 태어나셨다.

1557년 명종 12, 정사 59세

제자의 간청으로 고리로 돌아오셔서 석계변에 송죽松竹을 심고
수간 초옥을 지어 이름을 석계정사石溪精舍라 하시고 좌우에 도서
를 두고 책을 손에서 놓지 않으셨으며, 또 소병 두 폭을 만들어
좌우명을 써서 두시다가 손님이 오시면 접어 치우셨다.

1559년 명종 14, 기미 61세

동주 성제원 선생과 황강 이희안 선생이 돌아가시어서 장례에
참석하셨다.

1560년 명종 15, 경신 62세

밀양부사 남계灆溪 임희무林希茂의 방문을 받으셨다. 하서河西 김인
후金麟厚와 소요당 박하담 선생이 돌아가셨다.

1561년 명종 16, 신유 63세

조정에서 유일遺逸로 불렀으나 나아가지 않으셨다. 사위 승지 조몽길 돌아가셨다.

1562년 명종 17, 임술 64세

5월 21일 선생이 돌아가셨다. 유언으로 직명을 쓰지 못하도록 하셨으며 유서를 남기셨다.

선생이 돌아가신 후

1563년 명종 18, 계해 1년 후

금계錦溪 황준량黃俊良이 만사를 지어 조문하였다.

1565년 명종 20, 을축 3년 후

남명 선생이 「묘갈명墓碣銘」을 지으셨다.

1566년 명종 21, 병인 4년 후

내암來庵 정인홍鄭仁弘 선생이 「행적行蹟」을 지으셨다. 낙천 배신이 「행록行錄」을 지으셨다.

1571년 선조 4, 신미 9년 후

박재璞齋 김유金紐 「행장行狀」을 지으셨다.

1572년 선조 5, 임신 10년 후

박재 김유가 「사우록師友錄」을 지으셨다.

1576년 선조 9, 병자 14년 후

부사 약봉藥峰 김극일金克一이 「여표비명閭表碑銘」을 지어서 비를 세우고 비각을 지으셨다.

1592년 선조 25, 임진 31년 후

임진왜란이 일어나 선생의 유묵이 다 타버렸다. 선생의 손녀가 왜병이 욕보이려하자 자결하였으므로 정려문을 세우다.

1609년 광해 1, 기유 47년 후

국왕으로부터 신산서원新山書院에 사액을 내리다.

1613년 광해 5, 계축 51년 후

사림이 청하여 선생을 김해 신산서원에 병향할 것을 상소하였다.

1615년 광해 7, 을묘 53년 후

조정에서 선생을 신산서원에 병향하도록 윤허하였다.

1616년 광해 8, 병진 54년 후

10월 20일 선생을 신산서원에 봉안하시다.

1621년 광해 13, 신유 59년 후

내암 정인홍 선생이 「여표비중건비지閭表碑重建碑誌」를 지으셨다.

1624년 인조 2, 갑자 72년 후

선생의 증손 긍재肯齋 영몽英蒙이 임란으로 소실된 선생의 문자를 경향 각지에서 구하여 실기 상권을 편찬하였다.

1628년 인조 6, 무진 76년 후

오휴당五休堂 안신安汛이 선생의 「행적行蹟」을 지으셨다.

1634년 인조 12, 갑술 84년 후

여헌旅軒 장현광張顯光 선생이 「여표비중건발문閭表碑重建跋文」을 지으셨고, 사림이 중건하였다.

1637년 인조 15, 정축 75년 후

조정에서 선생을 예림서원禮林書院에 봉안하였다.

1665년 현종 10, 기유 107년 후

국왕으로부터 예림서원이 사액되다.

1765년 영조 41, 을유 203년 후

근암近庵 윤급尹汲 선생이 「여표비중건발문閭表碑重建跋文」을 지으셨고, 사림이 중건하였다.

1815년 순조 15, 을해 253년 후

선생의 실기를 후손 삼주三洲 신호인申顥仁이 정리 편집하여 목판으로 완성하여 발간하였다.

신산동화록 및 여표비

〈개요〉

　여기에 수록한 글은 송계 선생과 관련된 내용을 담아 『송계선생실기』에 실린 것인데, 신산서원과 관련이 있고 또한 송계 선생의 생애자료와도 깊이 관련된 「송계 선생 여표비」에 관련된 것들이므로 송계 선생편의 「신산동화록 및 여표비」로 싣게 되었다. 「신산동화록」은 광해 2년(1610) 경술에 남명 선생을 신산서원에 봉안할 때와 광해 8년(1616) 병진에 송계 선생을 이 서원에 병향할 때 참석한 인사들의 명단과 자호 벼슬 거주지를 기록한 것이다. 이 기록은 당시 두 선생을 추모한 후학들의 연원과 그 행사의 주축인을 상고할 수 있는 자료이다. 「근서신산동화록후謹書新山同話錄後」는 그 모임의 성격과 두 선생에 대한 존숭과 추모의 뜻을 담고 있다.

　여표비는 송계 선생 몰후 14년 뒤인 1576년에 손영제孫英濟·장수정蔣守貞·이경옥李慶沃 등의 주도로 당시 밀양부사인 김극일의 글을 받아 처음 세웠다. 1592년 임진왜란 때 비석이 파괴되어 박수춘朴壽春의 주도로 내암來庵 정인홍鄭仁弘의 지문識文을 받았다. 1634년에 밀양부사 이유달李惟達이 여헌旅軒 장현광張顯光의 지문을 받아 중건하였다. 1759년 화재로 비각이 소실되면서 비석이 크게 훼손되었다. 1765년에 향중의 사림과 부사 김인대가 협력하여 새 빗돌을 마련하고 비각과 비석을 다시 중건하였다.

신산동화록新山同話錄22)

萬曆 三十八年 九月 二十五日 南冥 先生 奉安時

朴齊仁 字仲思 號篁巖 軍威縣監 居咸安

魚夢澤 字景施 居金海

河渾 字性源 號暮軒 省峴察訪 居陜川

安憙 字彦優 號竹溪 大邱府使 居金海

崔汝契 字舜輔 號梅軒 居高靈

裵亨遠 字君吉 居陜川

金暹 字退可 居昌原

權瀁 字景止 長水縣監 居陜川

許景栗 字士寬 居金海

文景虎 字君變 號嶧陽 省峴察訪 居陜川

柳惟精 字幾伯 居金海

裵顯 字而晦 居金海

尹銑 字澤遠 漢城左尹 居三嘉

金有生 字成會 居金海

柳震楨 字任可 翰林 居陜川

李友杜 字克孚 居金海

孫復起 字君立 居金海

---

22) 신산동화록은 광해 2년(1610) 경술에 남명 선생을 신산서원에 봉안할 때와 광해 8년(1616) 병진에 송계 선생을 이 서원에 병향할 때 참석한 인사들의 명단과 자호 벼슬 거주지를 기록한 것이다. 이 기록은 당시 두 선생을 추모한 후학들의 연원과 그 행사의 주축인을 상고할 수 있는 자료이므로 여기에 등재한다.

李明恵 字養初 進士 居咸安
裵誠立 字預甫 居陜川
宋廷伯 字公輔 號晴菴 進士 居金海
姜翼文 字君遇 忠原縣監 居陜川
金斗南 字汝仰 號德灘 主簿 居陜川
許洪材 字大用 樊樹察訪 居三嘉
金淪 字通甫 居金海
黃世烈 字丕承 泰陵參奉 居金海
安後凱 字舜擧 居金海
金貴精 字士粹 居昌原
申英蒙 字士豪 泰陵參奉 居金海
許洪器 字大受 居三嘉
裵應立 字信叔 居金海
張益奎 字文哉 號于房 居昌原
許景胤 字士述 號竹菴 禮賓寺直長 居金海
鄭謇 字直甫 進士 居三嘉
申興蒙 字士粹 居密陽
安㦖 字敬仲 居金海
姜慶昇 字善追 居宜寧
郭澄 字淸叔 居玄風
李堉 字士養 居咸安
沈浹 字景說 居昌原
申順蒙 字亨甫 居陜川
宋廷男 字明輔 居金海
金應奎 字子章 居丹城
河景中 字子由 居陜川
金德一 字吉甫 居金海
柳關榮 字德茂 居晉州
崔夢龜 字瑞胤 居高靈

柳起 字應瑞 居金海

趙英沂 字聖與 居咸安

曹挺立 字以正 盈德縣監 居陜川

趙唯道 字魯而 居咸安

白鑌 字聲遠 居昌寧

金徽一 字美甫 居金海

金光績 字汝凝 居金海

李克華 字公顯 居靈山

文德興 字殷輅 居山陰

曹挺生 字以寧 禮曹佐郎 居陜川

林眞怤 字藥甫 號林谷 生員 居三嘉

尹就辟 字汝衡 居咸安

曹德峻 字汝達 居金海

鄭之雅 字仲止 居草溪

趙英灝 字大浩 居咸安

李雲海 字汝雨 居草溪

鄭昌詩 字鳴周 自如察訪 居安陰

河憕 字子平 生員 居晉州

萬曆 四十四年 十月 二十日 松溪 先生 奉安時

許景栗 字士寬 居金海

裵顯 字而晦 居金海

金有生 字成會 居金海

李光暹 字晦可 居密陽

黃世烈 字丕承 泰陵參奉 居金海

柳光胤 字伯承 居密陽

申英蒙 字士豪 泰陵參奉 居金海

朴壽春 字景老 號菊潭 居密陽

許景胤 字士述 號竹菴 禮賓寺直長 居金海

申興蒙 字士粹 居密陽

李而楳 字聲甫 居咸安

白受繪 字汝彬 居梁山

安愯 字敬仲 居金海

申順蒙 字亨甫 居陜川

李堉 字士養 居咸安

李壅 字子玉 居密陽

裴弘祐 字綏甫 居靈山

金柅 字而輔 居星州

朴文成 字郁乎 居高靈

曺德埈 字汝達 居金海

金善慶 字積餘 居清道

崔胤興 字景述 居清道

朴籭 字和甫 居密陽

朴尚彬 字士郁 居金海

蔣文益 字子明 號釣耕菴 居密陽

安世慶 字善餘 居金海

盧垓 字子宏 號菊潭 居昌寧
朴繼先 字汝述 居淸道
邢昌運 字隆伯 居居昌
河瀷 字汝源 居晉州

삼가 신산동화록新山同話錄 뒤에 적음

현감 이매구李邁久[23]

　　신산동화록은 만력萬曆 경술(1610) 병진(1616) 연간에 남쪽 고을 제현諸賢들이 남명南冥 송계松溪 두 선생의 봉안奉安을 위해 모인 것을 기록한 것이다. 전후로 기록한 분이 94명인데, 성주星州에서 온 분이 1명, 거창居昌에서 온 분이 1명, 안음安陰에서 온 분이 1명, 산음山陰에서 온 분이 1명, 고령高靈에서 온 분이 3명, 창녕昌寧에서 온 분이 2명, 현풍玄風에서 온 분이 1명, 초계草溪에서 온 분이 2명, 청도淸道에서 온 분이 3명, 의령宜寧에서 온 분이 1명, 단성丹城에서 온 분이 1명, 진주晋州에서 온 분이 3명, 영산靈山에서 온 분이 2명, 삼가三嘉에서 온 분이 5명, 합천陜川에서 온 분이 12명, 밀양密陽에서 온 분이 6명, 함안咸安에서 온 분이 8명, 창원昌原에서 온 분이 4명, 양산梁山에서 온 분이 1명, 본 고을에 거주한 분이 24명이고, 한 사람이 두 번 온 분이 12명이다. 참으로 조선생曺先生의 경의敬義에 전념한 공부와 신선생申先生의 끊임없는 정진精進이 아니었다면 어찌 능히 다사多士들을 움직여 산해山海의 적막한 물가에 달려오게 하였겠는가! 운운云云[24]

　　아! 바야흐로 그 모임에서 번다한 의식이 이미 끝나고 참석인들의 술 권함도 파하고는 칠점산七点山에 맑은 바람이 불어오고 신어산神魚山에 밝은 달이 비칠 적에 사방 좌석의 고상한 대화는 필시 흥미진진하

---

23) 『봉사안공실기奉事安公實記』에 보면 이 글의 원문 말미에는 "융희3년隆熙三年 대한절大寒節 통훈대부通訓大夫 전행장기현감前行長鬐縣監 겸兼 경주진관慶州鎭管 병마절제도위兵馬節制都尉 여강驪江 이매구李邁久 근지謹識"라고 기록되어 있다.

24) 『봉사안공실기』에 보면 이 부분에 "寢郞 安公 諱慄 字敬仲 廣陵大族 生長本鄕 早聞兩先生之風 庚戌丙辰 俱與焉 今其後孫 孝福 方鋟公實記 而以此錄之在公巾衍 收而載之 蓋深有慕於先躅所過 而名院盛禮 群賢佳集 亦足令後生觀感故也"라는 내용이 기재되어 있다.

게 계속되었을 것이다. 살펴보건대, 남명 선생의 말씀에 "장부丈夫의 행동은 무겁기가 산악山岳 같아야 하니 만 길의 절벽처럼 우뚝하게 섰다가 때가 오면 즉시 펼쳐야 만이 바야흐로 허다한 사업事業을 이룰 수 있다."고 하였고 송계 선생의 말씀에 "존양存養 공부가 숙달되면 기상이 고대高大해지고 성찰省察 공부가 오래되면 이 마음이 자연히 성명誠明해져 무슨 일이 닥쳐도 두루 대응하고 적절하게 처리할 수 있다."고 하였으니 요컨대 당시 군현群賢들의 대화가 이에서 벗어나지 않았을 것이다. 운운云云25)

제현의 후예 된 이들은 어찌 이 동화록을 평범한 종유從遊의 자취라고 여길 수 있겠는가! 마땅히 대대로 보고 느끼면서 그 선조에게 욕되게 하지 말고 소급하여 두 선생의 가르침을 구한다면 어찌 허다한 사업事業을 이루지 못함을 근심할 것이며 또한 어찌 성명誠明의 경지에 이르지 못함을 근심하겠는가!

謹書新山同話錄後

縣監 李邁久

新山同話錄者 萬曆 庚戌丙辰之間 南州諸賢 爲南冥松溪兩先生奉安 而會而有錄也 錄前後凡九十四人 星州來者一 居昌來者一 安陰來者一 山陰來者一 高靈來者三 昌寧來者二 玄風來者一 草溪來者二 淸道來者三 宜寧來者一 丹城來者一 晉州來者三 靈山來者二 三嘉來者五 陜川來者十二 密陽來者六 咸安來者八 昌原來者四 梁山來者一 居本鄕者二十有四 一人而再到者十二 苟非曺先生之工專敬義 申先生之勉勉循循 那能動得多士 駿奔於山海寂寞之濱哉 云云 噫 方其會也 縟儀已訖 旅酬方止 把淸風於七点

---

25) 『봉사안공실기』에 보면 이 부분에 "安公 所以事親御家收族處鄕交人之各盡其道者 想亦於此而得有根本矣 爲公之裔者"라는 내용이 기재되어 있다.

抱明月於神魚 四座高話 必娓娓而相續矣 按 南冥之言曰 丈夫動止 重如山
岳 壁立萬仞 時至而伸 方做出許多事業 松溪之言曰 存養熟則氣像高大 省
察久則此心自然誠明 事物之來 泛應曲當 要之 羣賢之話 不外乎此而 云云
爲諸賢之裔者 曷可以此錄 爲尋常遊從之蹟也 宜其世世觀感 無忝乎祖 而
溯以求之兩先生之訓 則何患不做許多事業 亦何患不到誠明之境哉

송계松溪 신선생申先生 여표비명閭表碑銘 병서幷序

　내가 밀양密陽을 다스린 지 이미 한 해가 되었다. 밀양은 본래 선비가 많다고 일컬어지는데 항시 더불어 왕래하는 이들이 송계松溪의 위인 됨을 자자하게 칭송하기를 그치지 않았다. 내가 말하기를 "선생은 어떤 분인가?" 하니 이에 말하기를 "선생은 한 고을에 거처하면서 영달을 구하지 않았고 저술을 일삼지 않았으며 오로지 학문을 자기의 소임으로 삼았다. 구이口耳를 비루하게 여기고 실천實踐을 독실하게 하였으며 고요하고 단정하여 언소를 함부로 하지 않았다. 내면에 충만한 것은 충신忠信과 성경誠敬이고 밖으로 드러난 것은 온량溫良과 정고貞固이며 새벽에 일어나 저녁까지 매진하면서 조금도 해이함이 없었다. 이에 그 모습을 본 자는 사벽함이 저절로 사라지고 그 말을 들은 자는 누추함이 저절로 없어졌다. 그 밖에 학문한 조예의 깊고 얕음은 참으로 소자小子들이 능히 언급할 바가 아니다."라고 하였다.

　내가 말하기를 "참으로 그대들의 말과 같다면 신申 선생의 학문의 지극함은 또한 이로 인하여 그 대개를 엿볼 수 있다. 그 사람이 이와 같은데도 내가 지금까지 들어서 알지 못했으니 어찌 능히 책심責沈[26]의 비난을 면하겠는가!" 하였다. 그리고 조남명曹南冥과 배낙천裵洛川의 묘지명과 행장문을 본 연후에 제인諸人들의 말이 헛되지 않음을 더욱 믿게 되었으며 나의 견문見聞이 고루함을 거듭 탄식하였다. 인하여 개연히 말하기를, 선생이 별세한 지 얼마 못되어 그 도덕과 행의가 전해지지

---

26) 책심責沈: 송나라 진관陳瓘이 지은 「책심문責沈文」을 말하는데 이는 현인賢人을 알지 못하는 자신의 고루함을 부끄럽게 여긴다는 뜻이다. 진관陳瓘은 예부점검禮部點檢官으로 재직할 적에 범조우范祖禹와 서로 얘기하다가 정명도程明道가 누구인지 알지 못한 자신을 매우 부끄럽게 여겼다(禮曹回啓 번역문 주1 참조). 이에 『논어』 「술이」편에 나오는 섭공葉公 심저량沈諸梁이 공자가 어떤 사람인지 몰라 자로子路에게 물어본 일을 인용하여 심저량沈諸梁을 꾸짖는 책심문責沈文을 지어서 자신의 고루함을 뉘우쳤다고 한다.

않음이 이와 같으니 차후 천백년 뒤에는 누가 능히 이를 알겠는가! 알고 모름이 선생에게는 참으로 해害가 없을 것이지만 그러나 선인군자의 명성과 행실을 소멸하게 방치하는 것은 이곳 수령의 책임이 아니겠는가! 이에 드디어 비석 세울 것을 도모했으니 그 계획을 협찬한 이는 울산군수 손영제孫英濟이고 그 공사를 다스린 이는 고을의 제생諸生 장수정蔣守貞 이경옥李慶沃 등 약간 인이다. 명銘하여 이르기를,

삽포鈒浦의 마을에 길인吉人이 나셨으니,
광채를 숨기고 자취를 감춰 학문을 바르게 닦았다.
글은 비록 남기지 않았지만 도리는 분명했으니,
비석으로 마을에 표함은 그 알지 못함을 염려함이다.
이곳에 경배敬拜하는 이는 나의 명銘을 살펴보라.

만력 4년 병자 월일
통훈대부 행 밀양도호부사 김극일金克一 지음
자헌대부 공조판서 장현광張顯光 기록함
숭정대부 행 예조판서 윤급尹汲 기록하고 씀
대광보국숭록대부 영중추부사 치사 봉조하 유척기兪拓基 전자 씀

松溪 申先生 閭表碑銘 幷序

余守密 己一周 密素稱多士 常與往來者 吃吃稱松溪之爲人不置 余曰 先生 何如 曰 先生 居一鄕 不求聞達 不事著述 專以學問爲己任 鄙口耳而篤踐履 沈靜端慤 不妄言笑 充於內者 忠信誠敬 著於外者 溫良貞固 晨興夕惕 未嘗少懈 見其容者 邪僻自止 聞其言者 塵垢自除而已 若其學問所造之淺深 則固非小子之所能形容也 余曰 誠如子言 申先生之學之至 亦可因是而窺其際矣 有人如是 而吾至今不相聞知 其能免責沈之譏乎 及見曹南冥 裵洛川 誌墓狀行之文 然後 益信諸子之言之不虛 而重嘆夫吾見聞之寡陋

也 因慨然曰 去先生歿 未幾許 而其道德行義之無傳如是 則此後千百年 其
誰得知之 知與不知 於先生固無害 而使善人君子之名行泯泯焉 得非宰土
者之責耶 遂謀立石 贊其計者 孫蔚山英濟 董其役者 府諸生 蔣守貞 李慶
沃 等 若干人 銘曰

鈒浦之里吉人生 韜光晦跡學爲程 書雖不著理則明 石以表閭懼其盲 式
乎此者鑑吾銘

萬曆 4年 丙子 月日
通訓大夫 行 密陽都護府使 金克一 撰
資憲大夫 工曹判書 張顯光 識
崇政大夫 行 禮曹判書 尹汲 識 幷書
大匡輔國 崇祿大夫 領中樞府事 致仕 奉朝賀 兪拓基 篆

송계松溪 신선생申先生 중건重建 여표비지閭表碑誌

정인홍鄭仁弘

선생은 은군자隱君子로 남명 조선생의 벗이다. 조선생이 일찍이 말하기를 "자함子諴은 나의 외우畏友이다. 일신을 가다듬고 행실을 단속하여 법도에 맞게 행동하였다. 이에 고인古人의 풍범이 있어 가정의 안이 근엄하기가 조정과 같았다."고 하였으니 그 공경하고 추중한 실상을 이에서 볼 수 있다.

선생이 별세하자 향인들이 추모하여 잊지 못하더니 마을 곁에 비석을 세워 의표儀表로 삼았다. 고을 수령 김극일金克一이 그 글을 지었는데 자못 상세하여 거의 영구히 마멸되지 않을 것 같았다. 그러나 불행히도 왜구가 침략하여 덕을 표한 비석 또한 파괴됨을 면치 못했으니 향인들이 통분할 뿐만 아니라 행인들도 애석해 하지 않음이 없었다.

근년에 본 고을 사람들이 방백方伯에게 거듭 청하여 먼 지방에서 돌을 구해서는 예전 자리로 운반하였다. 고을 선비 장수정蔣守貞과 그 아들 섬暹이 신구新舊 두 비석을 서로 이어 전담하고 박수춘朴壽春이 한결같이 심력을 다하기를 자기 집 일처럼 하였다. 그리고 부사府使 신경진申景珍이 시종 주관하면서 자기의 직분으로 삼았으므로 삽시간에 공사를 마쳤다. 이에 석면石面이 거듭 새로워져 신령과 사람이 놀란 시선으로 바라보게 되었으니 사문斯文의 다행함이 무엇이 이보다 크겠는가!

아! 선비가 세상에 태어나 크게 행하는 것과 궁하게 사는 것이 모두 하나의 도이다. 선생께서 세상에 살아계실 적에는 그 잠덕潛德과 유광幽光이 시종 밝게 드러났으니 자사子思가 이른 바 "군자는 멀리 있으면 우러러보고 가까이 있으면 싫증나지 않는다."27)는 것이다. 이는 선생이 궁하게 살았어도 감할 수 없는 점이자 참으로 선생으로 하여금 크게 행하게 하였더라도 또한 더할 수 없는 점이다. 더할 수도 없고 감할 수도 없는 것이 군자의 본분이다.

또 한 가지 할 얘기가 있으니 세상이 쇠퇴하여 학문이 강론되지 않고 도가 분명하지 않다. 혹자는 남몰래 세상에 아첨하면서도 스스로 옳다고 여겨 더불어 도에 들어갈 수 없는 자가 있고 혹자는 기세를 부리면서 위엄이 온 나라에 진동해도 일시를 속이고 후세를 기만하는 자가 있다. 이들은 모두 선생의 죄인이다. 후세 학자들은 어찌 벼와 가라지의 구분을 명변하지 않을 수 있겠는가! 처음 입각立脚할 적에 우매하지 않아야 할 것이니 이것이 바로 이 비석을 세워 보고 느끼게 하는 본의本意이다.

천계 1년 신유 월일 대광보국 숭록대부 의정부 영의정 정인홍 근지

松溪 申先生 重建 閭表碑誌

鄭仁弘

先生 隱君子 南冥曺先生之友也 曺先生 嘗自言 子誠 吾之畏友 持身制行 動以繩墨 有古人風 家庭之內 儼若朝廷 其敬重之實 此可見矣 先生歿 鄉人追慕不忘 立石閭傍 以爲儀表 邑倅 金侯克一 爲作其文 頗詳盡 庶幾永久不磨 不幸海寇爲讐 旌德一石 亦不免殘破 不獨鄉人痛心 行路亦莫不嗟惜 頃年 本府人 申請于方伯 伐石遠鄉 運致舊墟 鄉士蔣生 父守貞若子運 新舊兩碑 相繼句當 朴生壽春 一乃心力 若自家事 府公申景珍 終始句當 爲職分事 故 不日斷手 石面重新 神人聳觀 斯文之幸 孰大焉 噫 士生於世 大行與窮居 俱一道也 先生在世之日 潛德幽光 終始著顯 殆孫聖所謂 君子 遠之有望 近之不厭 此先生窮居而不損者也 誠使先生大行 亦將不加 不加

---

27) 『중용』 29장에 "君子 動而世爲天下道 行而世爲天下法 言而世爲天下則 遠之則有望 近之則不厭"이란 말이 있다.

不損 君子之分也 抑有一焉 世降矣 學不講 道不明矣 或有闒然媚世 自以
爲是 而不可與入道者 或有張皇氣勢 威振鄕國 欺一時而瞞後世者 此皆先
生之罪人也 後之學者 可不明辨於苗莠之分 不昧於立脚之初 此乃立石觀
感之本意也

天啓 1年 辛酉 月日 大匡輔國崇祿大夫 議政府 領議政 鄭仁弘 謹識

송계松溪 신선생申先生 여표비閭表碑 중건重建 발문跋文

장현광張顯光

남명 조선생은 기개가 준엄하여 다른 사람을 인정함이 적었다. 이에 선생을 막역한 벗으로 여겨 서로 왕래하고 종유하였다. 그리고 심성을 토론하고 의리를 얘기하면서 일찍이 추중하지 않음이 없었다. 선생이 돌아가신 뒤에는 차마 잊지 못하고 묘소에 표하여 후세에 전하는 글을 지었다. 낙천洛川 배신裵紳 또한 높은 선비인데 그 행장을 저술하여 전했으니 그 말들이 모두 착실하여 헛된 글이 아니었다.

그 후 부사府使 김극일金克一이 고을을 다스리면서 비로소 선생의 덕의德義를 들었다. 그리고 조남명의 묘갈문과 배낙천의 행장문을 취하여 보고는 더욱 신복하였다. 이에 향인들이 비석을 세워 표창하기를 원하자 드디어 이를 위해 비문을 지어 새겼다. 그러나 그 비석이 병란에 파괴됨을 면하지 못했으므로 지금 다시 예전 비문을 새기어 복원하였다.

아! 아름다운 덕과 곧은 행실이 어찌 도적들의 병화에 능히 민멸될 수 있겠는가! 인륜의 본성은 고금이 동일하니 고을의 후생 선비들이 각자 능히 스스로 반성하여 이를 구해본다면 고인들의 위기爲己 학문을 닦는 공부가 어찌 이 일로 인하여 진작되지 않겠는가! 그렇다면 신선생의 유교遺敎가 영세토록 쇠하지 않을 것이다.

숭정 7년 갑술 월일 자헌대부 공조판서 장현광 근지

松溪 申先生 閭表碑 重建跋文

張顯光

　　南冥曺先生 氣度峻嚴 於人寡許可 乃以先生 爲莫逆交 相往來遊從 論心
講義者 未嘗不致重 至其歿後 不敢忘焉 爲述封表傳後之文 裴洛川紳 亦高
儒也 乃狀其行而傳之 其言也 果皆着實 非虛文 厥後 金府使克一之宰府也
始聞先生德義 取曺南冥碣文 及裴洛川狀文 益爲之信服 因鄕人立石表章
之願 遂爲之撰文而刻之矣 其碑不免敗沒於兵亂 故 今又鐫舊文而復之 嗚
呼 懿德貞行 豈寇賊兵火 所可得以泯滅也哉 蓋秉彛之性 古今所同 則府儒
之後生者 各能自反而求之 修古人爲己之學者 豈不因此擧而作振乎 然則
申先生之遺敎 其不替於永世也哉

　　　　　　崇禎 7年 甲戌 月日 資憲大夫 工曹判書 張顯光 謹識

송계松溪 신선생申先生 여표비閭表碑 중건重建 발문跋文
영조 을유년(1765) 중건시

윤급尹汲[28]

비碑는 만력萬曆 병자년(1576)에 완성하였고 임진년(1592) 병화에 훼손되었으며 숭정崇禎 갑술년(1634)에 다시 세웠다. 당저當宁(영조) 병자년(1756)에 비각碑閣이 화재를 당하여 석면까지 타버렸으니 글자가 훼멸되어 읽을 수가 없었다.

선생의 8대손 사일思一이 선조의 자취가 영영 사라질까 두려워하여 새 비석을 마련하고는 천리를 상경上京하여 나에게 예전 비문을 써 달라고 부탁하였다. 그리고 다시 몇 줄의 말을 적어주기를 청하므로 내 이에 그 비석이 완성되고 훼손된 시말을 대략 이와 같이 기록한다.

숭정 후 3을유 9월 일 숭정대부 행 예조판서 윤급 지

---

28) 윤급尹汲(1697~1770): 자 경유景孺, 호 근암近庵, 시호 문정文貞, 해평인海平人, 윤두수尹斗壽의 5세손. 영조 1년(1725) 문과 급제 대사성 부제학 예조판서 대사헌 이조판서 좌참찬을 지냈다. 글씨에 뛰어나 윤상서체(尹尙書體)라는 독특한 서체를 이루었다고 한다.

松溪 申先生 閭表碑 重建 跋文 <small>英廟 乙酉 重建時</small>

尹汲

　碑成於萬曆丙子 毀於壬辰兵燹 改豎於崇禎甲戌 至當宁丙子 碑閣失火
延及石面 字多燬落 不可讀 先生 八代孫思一 懼先跡之永泯 改具新石 千
里上京 託余寫舊文 復要數行語以識之 余遂略錄其碑之成毀始末如此云

　　　崇禎 後 3乙酉 9月 日 崇政大夫 行 禮曹判書 尹汲 識

3부 신산서원편

〈개요〉

김해는 남명 선생이 30세부터 30년간 학문을 닦고 처음으로 제자를 가르치기 시작했던 곳이다. 본래 이곳은 처가가 있던 곳인데 어머니를 봉양하기 위하여 와서 살았다. 여기에 강학장소로 산해정을 짓고 자신의 호를 남명이라고 하였는데, 남명은 『장자』에 나오는 구절에서 따온 것이다.

선생이 졸한 후 1578년(선조 12) 산해정 동편에 신산서원을 건립하였으나 임진왜란으로 소실되어 다시 1608년(선조 42) 중건하여 사액서원이 되고 송계 선생을 병향하였다. 처음 신산서원을 창건할 당시의 상황은 배대유가 지은 「신산서원기」에 잘 나타나 있다. 그러나 그 내용 중에 방백 윤근수와 읍재 하진보가 힘을 썼다는 것은 사실이 아니다. 창건 당시의 방백과 읍재는 윤근수와 하진보가 아니었다는 사실이 확인되기 때문이다. 서원은 고종 때 훼철되었다. 그 뒤에 산해정만 복원하였는데, 1999년 영남의 유림이 힘을 모으고 김해시와 경상남도가 재력을 보태어 산해정을 강당으로 하고 동재와 서재를 중건하면서 뒤에 숭도사를 새로 건립하여 신산서원으로서의 규모를 회복하였다.

마을 앞에서부터 신산서원으로 들어가는 길목에 선비의 책상 역할을 하는 듯한 작은 산이 있고, 그 산 정상 부근에 정경부인 남평 조씨의 묘소가 있다.

▲ 신산서원

경상남도 문화재자료 제125호
경남 김해시 대동로 269번 안길 115

▲ 숭도사

신산서원新山書院 **상향축문**常享祝文

남명 선생 상향축문

유세차 ○○ ○월 ○○ 삭 ○○일 ○○에 후학 ○○○는 선사 남명 조선생께 감히 밝게 고합니다. 엎드려 생각건대 도는 공자를 이어시고 경의를 근본으로 하였으며 남기신 가르침 다함이 없으리니 백세의 종사이십니다. 삼가 여러 제물을 갖추어 법도에 맞게 드리오니 흠향하옵소서!

南冥 先生 常享祝文

維歲次干支 月干支朔 日干支後學○○○
　敢昭告于
先師南冥曹先生伏以道紹洙泗敬義爲基遺敎不歇
　百世宗師謹以牲幣醴齊粢盛庶品式陳明薦 尙
饗

송계 선생 상향축문

유세차 ○○ ○월 ○○ 삭 ○○일 ○○에 후학 ○○○는 송계 신선생께 감히 밝게 고합니다. 엎드려 생각건대 고요함을 주로 한 학문과 요체를 실천한 공부, 은둔하여 후회하지 않았으니 체득한 도道 무궁합니다. 삼가 여러 제물을 갖추어 법도에 맞게 드리오니 흠향하옵소서!

松溪 先生 常享祝文

維歲次干支 月干支朔 日干支後學○○○
　　敢昭告于
松溪申先生伏以主靜之學反約之工遯世不悔體道
　　無窮謹以牲幣醴齊粢盛庶品式陳明薦 尚
饗

신산서원기新山書院記

　김해金海는 옛날 가락국駕洛國으로 웅장한 명망이 영남에서 으뜸인데 주부동酒府洞이 제일 상류에 자리하여 경내의 오지隩地였다. 남명 선생이 드디어 찾아와 정자를 짓고 산해山海라 편액하여 30년 동안 여기에서 장수藏修하고 함양涵養했으니 대개 우리 동방의 염락濂洛과 운곡雲谷이다. 지난 무자년(1588)에 고을 사람들이 서원 건립을 청하자 방백方伯 윤근수尹根壽와 읍재邑宰 하진보河晉寶가 의논하여 정자의 동쪽 기슭 아래에 터를 정하고 정자正字 안희安憙가 그 일을 주관했으나 일이 거의 끝날 무렵 왜구의 병화兵火에 소실되었다. 무신년(1608) 봄에 안군安君이 황세열黃世烈 허경윤許景胤 두 수재와 더불어 정자의 옛터에다 서원을 건립할 계책을 세우고 선비와 서민들이 협력하여 2년 만에 완공하였다. 주상이 명하여 신산新山이란 편액을 하사했으니 주위가 모두 산인데도 반드시 신산新山을 취한 이유는 그 이름이 제일 단아하고 주산主山이기 때문이었다. 내 일찍이 동래東萊를 다스릴 때 원우院宇를 짓는다는 소문을 듣고 찾아갔는데 규모가 굉장하고 자리가 시원하였다. 세 갈래 일곱 곳에 평야와 바다가 있어 웅장하고 뛰어난 경치는 별계別界를 이루었으니 마치 조물주가 장난으로 이를 숨겨놓고 기다린 듯하였다.

아! 선생의 도는 옛 성현을 계승하고 후학을 인도하여 천지의 조화에 동참하고 성쇠의 운수에 유관하다. 저 명구名區가 선생으로 인해 드러난 것도 운수이고 정자를 짓고 원우를 짓는 것도 또한 운수의 소관이다. 살펴보건대, 신산新山과 덕천德川 용암龍岩 세 서원은 선후하여 일어나 동서로 정립鼎立했고 또 백운서원白雲書院이 도성과 인접하여 사방만세四方萬世의 선비들로 하여금 귀의할 곳이 있게 하였으니 저 하늘이 사문斯文을 폐하고자 아니함이 과연 어떠한가! 참으로 이에 거처하는 이들로 하여금 선생의 뜻을 뜻으로 삼고 선생의 학문을 학문으로 삼아 충신되고 효자 되어 군자유君子儒가 된다면 감응하여 분발하는 도리를 얻게 될 것이다. 만약 혹 경의敬義의 교훈에 어리석고 진수進修의 방법에 어두워 모여서 방탕하기만 하고 제멋대로 세속의 이익만 좇는다면 어찌 단지 자포자기의 근심뿐이겠는가! 참으로 오당吾黨의 수치이니 어찌 두렵지 아니하며 경계하지 않겠는가!

예전에 우리 선조께서는 제일 먼저 선생을 따르면서 밥상을 함께 하여 나물을 씹으며 산해정山海亭에 오래 계셨으나 소자小子는 늦게 태어나 자라서도 문하에 들지 못함을 한스럽게 여겼다. 지난 해 욕되이도 선생 신도비神道碑를 베끼면서 공경히 덕천德川 묘정廟庭을 배알했더니 둘째 아들 차마次磨가 이산립李山立 흘屹이 지은 용암원기龍岩院記를 나에게 보이며 말하기를 "서원에는 반드시 기문이 있어 그 전말을 기록하니 청컨대 신산서원新山書院 기문을 부탁한다."고 하기에 내 멸학蔑學이라 사양했다. 올봄에 또 청하기에 다시 사양했으나 조군曹君이 이내 한양漢陽으로 와서 도圖와 지誌를 보이며 청함이 매우 절실한지라 내 세 번이나 사양함은 너무 각박하다고 여겼다. 인하여 생각건대 선생의 덕은 천연天然을 닮아서 참으로 감히 한 마디도 덧붙일 수 없지만 창건 사실은 내 이미 상세히 알고 있기에 오히려 후인으로 하여금 건립의 시초를 알게 할 수 있으니 드디어 이를 기록한다.

新山書院記

金海古駕洛國也 地望之雄 甲於嶺南 而酒府洞 最居上流 爲一境隩區 南
冥先生 聿來構亭 扁以山海 藏修涵養 三十年于玆 蓋我東之濂洛雲谷也 往
在戊子 鄕人請建書院 方伯尹根壽 邑宰河晋寶 議以克合 卜基于亭之東麓
下 安正字憙 尸其事 事垂訖 燹于兇鋒 戊申春 安君與黃世烈許景胤兩秀才
就亭之遺址 爲構計 士庶協力 越二年成 上命賜新山額 環拱皆山而必取新
山者 以其名最雅而獨爲宗也 余嘗按事東萊 聞院宇經始 試往造焉 結構宏
緻 位面淸壯 三叉七點 鉅野大海 雄奇勝絶 自成別界 殆造物兒戲劇而慳秘
之 以有所待也 噫 先生之道 繼往開來 叅天地之化 關盛衰之運 彼名區之
以先生顯 數也 爲亭爲院宇 亦數也 觀夫新山與德川龍岩 先後迭興 東西鼎
峙 而又有白雲 密邇京師 使四方萬世之士 得有依歸之地 彼天之不欲喪斯
文 果如何哉 誠使爰處者 志先生之志 學先生之學 爲忠臣 爲孝子 爲君子
儒 則於觀感興起之道 得矣 如或憎敬義之訓 昧進修之方 群居以荒嬉 毀行
而趨利 則豈但自暴之憂 實吾黨之羞 其可懼哉 其可戒哉 昔我先祖 從先生
最早 連床咬菜 多在山海 小子生晚 長以未及門爲恨 去歲 忝寫先生神道碑
祗謁德川廟庭 第二郎次磨 取李山立龍巖院記 示余 曰諸院必有記 以識顚
末 請以新山相屬 余以蔑學辭 今春 又請又辭焉 曹君旋至洛 袖圖若誌 請
之深勤 余以三讓爲太刻 仍念先生之德 如摹天然 固不敢贅一辭 至如刱建
之迹 余旣得其詳矣 尙俾來者 知作之所始 遂爲之記

萬曆 四十六年
侍講院 輔德 裵大維 撰

신산서원新山書院 복설상량문復設上梁文

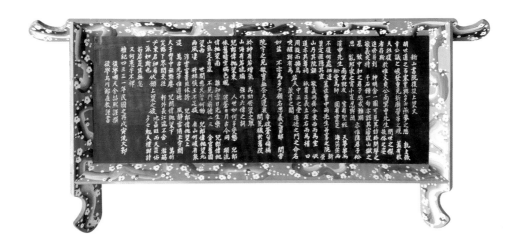

어찌하여 세도世道가 비색해졌을까 선비들은 유명무실한 슬픔을 누차 발하였고, 다행히도 공의公議가 준발하여 새 사당의 찬연한 모습을 다시 보게 되었다.

가고 오는 것을 누가 주장할까, 대개 운수가 여기에 달렸다.

아! 문정공 남명 조선생은, 간세의 호걸이요, 탈속한 자태였다.

진덕進德과 수업修業을 병행하고, 경敬과 의義를 협지하였다.

신명사神明舍 일도는 그 처음부터 끝까지 학문한 바탕을 볼 수 있고, 천석종千石鍾 일구는 또한 자나 깨나 산악을 생각했음을 알겠다.

중화中和를 이룬 군자를 기약하기 어려울까 염려했으니, 나라를 어지럽힌 소인을 어찌 차마 더불어 따르겠는가!

또한 생각건대 은군자 송계松溪 신선생申先生은, 남명과 벗이었고, 송당松堂이 스승이었다.

책상에는 성경聖經이 있었고, 정원에는 영지靈芝가 있었다.

하늘이 몽몽하여 회복되지 않으니 어느 곳에 깃들겠는가, 바다가 망망하여 평정되지 않으니 은거할 곳 없었다.

대개 조선생 신선생 두 분을 병향幷享하는 서원은, 신산新山이 이에 그 서원의 편액이고, 숭도崇道가 또한 그 사당의 이름이다.

경재敬齋와 의재義齋는 동서로 나누어 거실로 삼았고, 지숙祗肅과 정의正義는 좌우에 세워 문미로 삼았다.

주선할 곳을 넓혀 확장하고는, 환성재喚醒齋와 유위재有爲齋라 하였다.

중정中正의 당堂, 장서藏書의 각閣, 진덕進德의 문門은 그 이름을 붙인 것이 이와 같다.

일찍이 원우가 훼철 당한 것은 참으로 운수가 쇠함이니 어쩔 수가 없다.

다행히도 저 하늘이 재앙 내림 뉘우쳐, 예전 언덕 황폐한 곳을 열어주었다.

선비들은 기운이 더욱 나고, 산해山海는 유리처럼 찬연하다.

긴 들보 드는 일을 도와서, 여섯 아랑위兒郞偉 노래를 짓는다.

어기여차 들보를 동쪽으로 던지니, 변함없이 개인 창공 서색이 영롱하다. 사람 세상 어찌하여 변화 그리 많은가, 저 하늘 해와 달은 고금에 한결같다.

어기여차 들보를 남쪽으로 던지니, 두류산 기운 어려 푸른 남기 무성하다. 당시 선생 즐거움을 그 누가 알겠는가, 문 앞에는 두세 개로 변덕한 모습 볼 수 없다.

어기여차 들보를 서쪽으로 던지니, 금관金官의 옛 나라 풍우가 처량하다. 세간에 유구한 물건이 무엇이더냐, 왕후王侯와 장상將相도 거론할 필요 없다.

어기여차 들보를 북쪽으로 던지니, 산은 어찌 저리 높고 샘은 어찌 저리 맑나! 부운 같은 부귀를 자랑하지 말게나, 만고의 광영은 오직 도덕뿐이다.

어기여차 들보를 위로 던지니, 바람 자고 구름 걷혀 옥우玉宇가 명랑

하다. 부자大子의 흉중에는 티끌 한 점 없었으니, 웃으면서 하계下界 임해
한가로이 왕래하리.

어기여차 들보를 아래로 던지니, 헌함 밖의 장강이 끊임없이 흘러간
다. 만 번 꺾여도 동류東流함을 그대는 자세히 보라, 한 줄기 시원始源이
이와 같이 유장하다.

엎드려 바라건대 상량한 뒤로는, 땅이 더욱 왕성하고 하늘 더욱 보살
피며, 선비들은 예禮와 시詩에 힘쓰리.

참으로 이와 같이 하여 태만함이 없다면, 또한 어찌 도와주지 않음을
근심하랴!

단기 4331년 민국 재 무인년(1998) 유화절
후학 순천順天 김철희金喆熙 근찬謹撰
후학 오천烏川 정직교鄭直敎 근서謹書

新山書院復設上梁文

胡世道之否塞 累興多士燕麥之悲 幸公議之峻發 重見新廟鼎革之規 孰
主張夫往復 蓋有數者存斯 於有文貞公南冥曺先生 間世之傑 拔俗之姿 進
修幷到 敬義夾持 神明舍一圖 可見其始終問學之基 千石鍾一句 亦認其寤
寐山嶽之思 致中和之君子 恐或難期 亂邦家之宵小 豈忍與隨 亦惟隱君子
松溪申先生 南冥與友 松堂爲師 案有聖經 園有靈芝 天夢夢而不復 何處栖
遲 海茫茫而莫定 匪隱其宜 蓋玆曺申兩先生幷享之院 新山乃其院額 崇道
亦其尊祠 敬義兩齋 分東西以爲室 祇肅正義 立左右而爲楣 恢周旋而擴焉
曰喚醒與有爲 若夫 中正之堂 藏書之閣 進德之門之命名如玆 不亦爲多士
顧名思義之資耶 間嘗院宇之見撤實無奈夫運衰 幸彼蒼兮悔禍 開荒穢於舊
陂 衿紳有若增氣 山海有若琉璃 爲助脩梁之擧 强作六偉之詞 兒郎偉抛梁
東 依舊晴空端色瓏 人世如何多變態 彼蒼日月古今同 兒郎偉抛梁南 頭流
山氣足靑爐 誰知當日先生樂 不見門前德二三 兒郎偉抛梁西 金官舊國雨

風凄 世間悠久曾何物 將相侯王不足提 兒郎偉拋梁北 有山何峻有泉湜 浮
雲富貴且休誇 萬古光華惟道德 兒郎偉拋梁上 風靜雲消玉宇朗 夫子胸中
無點塵 笑臨下界閑來往 兒郎偉拋梁下 軒外長江流不舍 萬折必東君細看
濫觴一派如斯也 伏願上梁之後 地益旺而天益佑 多士勉夫禮與詩 苟若是
其無怠 又何患乎不禪

檀紀四三三一年 民國之再戊寅 流火節

後學 順天 金喆熙 謹撰

後學 烏川 鄭直敎 謹書

신산서원新山書院 중건기重建記

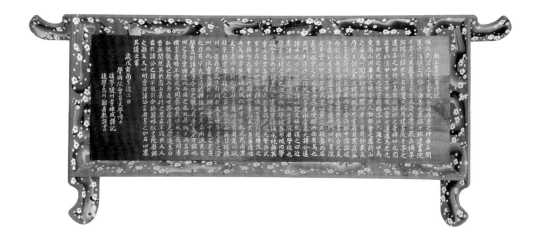

　우리 남명 노선생께서 일찍이 김해부 동쪽 신어산神魚山에 나아가 장수하고 강학하는 장소를 열었으니 곧 산해정山海亭이다. 그 후 사림이 정자의 동쪽 기슭에 서원을 건립하고 선생을 봉향했으나 얼마 못돼 임진년 병화를 당하여 정자와 서원이 아울러 없어졌다. 이에 사림이 정자의 남은 터에 원우를 재건하고 신산新山이라 명명했으니 대개 신자新字와 신자神字의 발음이 유사함을 취한 것이다. 인하여 송계松溪 신선생申先生을 병향했으니 신선생은 당세의 유일遺逸로써 노선생과 지기知己의 벗이었기 때문이다. 원우는 낙동강이 바다에 들어가는 입구가 앞에 임하여 동남쪽의 산천이 모이는 자리이자 고금의 인물들이 집결하는 곳이니 신산新山이란 이름은 일국의 선비들이 추앙한 지가 200여 년이 되었다. 왕조 말기에 또 훼철을 당하여 바람은 빈 집에 처량하기만 하고 달빛은 황폐한 뜰에 차갑기만 했으니 선비들이 한스러워함이 오래 되었다.

　지난 병자년(1996) 김해 고을에서 유림의 논의가 일제히 일어나 사업을 착수한 지 수 년 동안 성력을 다하더니 드디어 옛 모습을 복원하여 찬연한 아름다움을 구비하였다. 당재堂齋와 사옥祠屋은 예전 이름을 그대로 사용했는데 사당은 숭도崇道라 하고 신문은 지숙祗肅이라 하고 서원의 정당은 중정中正이라 했으며 좌우에 방을 설치하여 왼쪽은 경재敬齋라 하고 오른쪽은 의재義齋라 하였다. 그리고 정당의 남쪽에 동서재를 지어 동쪽은 환성喚醒이라 하고 서쪽은 유위有爲라 했으며 정문은 진덕進德이라 하였다. 공사를 이미 마치고는 이강림李康琳 노태원盧泰元 제공이 멀리 북한산 아래로 나를 찾아와 기문을 청했다.

내가 이에 고하여 말하기를, 근래에 여러 고을에서 서원을 복원하는 것이 하나 둘이 아니다. 서원은 학교이다. 인재를 양성하는 곳이다. 이제 공립 사립의 학교가 역내에 두루 산재하여 학생들이 여기에 모여 있는데 서원을 돌아보면 궤안几案이 적막하고 현송絃誦이 끊어져 그 알맹이는 없고 그 이름만 남아 있으니 무슨 소용이 있겠는가! 그러나 춘추로 선현에게 향사하고 선비들에게 전범을 보이는 것은 금일의 세계 인류가 오직 물질을 숭상하여 이욕이 횡행하는 가운데 선현의 지나간 자취를 추념하면서 실사에 의거하여 그 올바름을 구하고 덕성을 높이어 윤상을 돈독하게 하는 것이니 그 풍화風化에 유익함이 적지 않다.

하물며 우리 남명부자는 안을 곧게 하고 밖을 바르게 한 학문과 만 길의 절벽처럼 우뚝 선 기상으로 족히 탁류 속의 지주砥柱와 같음이 있었으니 후인들이 백세토록 향사를 드리는 것이 마땅하다. 저 덕산德山은 노선생에게 있어 주자朱子가 만년에 고정考亭을 지은 창주滄洲와 같고 이곳은 참으로 초기의 운곡雲谷과 중년의 무이武夷와 다름이 없다. 또한 신선생은 깨끗한 덕행과 고아한 지조가 있어 이로써 노선생과 좌우하여 그 향기를 남겼으니 여러 군자들의 금일의 사업은 크게 의의가 있어 여타 고을의 평범한 복원과는 같을 수가 없다. 무릇 이곳에 거주하면서 유안儒案에 이름이 올린 이는 누구인들 완공을 즐거워하면서 동참하지 않겠는가! 나는 같은 도에서 생장하여 경의의 가르침을 사숙했지만 세로에 분주하면서 헛되이 세월만 보내 백수에 이르도록 들은 것이 없다. 그러나 그 우러러 흠모하는 마음은 또한 남에게 뒤지지 아니하니 이에 제공의 청을 감히 나의 사정으로 사양하지 못하고 서원 흥폐의 전말을 대략 서술하고는 또 제공과 더불어 이야기한 것을 위와 같이 적어서 그 청에 답한다.

무인년(1998) 동지 후 3일
학술원회원 문학박사 후학 여주驪州 이우성李佑成 근기謹記
후학 오천烏川 정직교鄭直敎 근서謹書

新山書院重建記

惟我南冥老先生 嘗就金海府東之神魚山 開藏修講學之所 卽山海亭也 其後士林建書院于亭之東麓 奉享先生 未幾而遭壬辰兵禍 亭與院俱歸于烏 有 於是士林再建院宇于亭之遺趾 名之曰新山 盖取新與神之音相似也 因 並享松溪申先生 申先生以當世遺逸 爲老先生知己之友故也 院宇前臨洛江 入海之口 爲東南山川畢湊之地 今古人物都會之處 新山之名 爲一國衿紳 之所嚮仰者 二百有餘載矣 乃於王朝之末 又被毁撤 風悲室虛 月寒庭蕪 士 子之齋恨久矣 往在丙子 金海鄉中 儒論峻發 經始有年 殫誠竭力 遂復其舊 盡輪奐之美 堂齋祠屋 並仍舊名 祠曰崇道 神門曰祗肅 院之正堂曰中正 左 右爲室以翼之 左敬齋右義齋也 堂之南爲東西齋 東喚醒而西有爲也 正門 曰進德也 役旣訖 李康琳盧泰元諸公 遠訪佑成于北漢山下 請以記文 佑成 復之 曰近來諸州之興復書院 不一而止 書院者 學校也 獎育人材之場也 酒 今公私學校 碁布域內 學徒坌集 而回視書院 几案寂寞 絃誦永絶 無其實而 有其名 顧何用哉 然春秋尸祝先賢 矜式多士 在今日世界人類 惟物是崇 利 慾橫流之中 撫念先賢之往躅 依實事而求其是 尊德性而篤倫常 其有補於 風化 不可少也 況我南冥夫子 直內方外之學 壁立萬仞之象 有足以砥柱乎 頹波 宜乎後人之百世芬苾而無替 彼德川一區 在老先生 有同於朱子晚年

考亭之滄洲 而此地實無異於初期之雲谷 中世之武夷也 且有申先生 清德
雅操 以之左右 而流其芳馨焉 則諸君子今日之擧 大有意義 不可餘他州之
尋常興復 比而同之也 凡居斯土而名在儒案者 疇不樂成而同參也哉 佑成
生長同省 私淑敬義之敎 而奔走世路 虛度光陰 遂至白首無聞 然其於高山
景行之思 亦不後於人人 茲於諸公之請 不敢引分終辭 略敍書院廢興之顚
末 又以所嘗與諸公言者 書之如右 以塞其請云爾

歲戊寅南至後三日
學術院會員 文學博士 後學 驪州 李佑成 謹記
後學 烏川 鄭直敎 謹書

송계 선생 병향 자료

〈개요〉

　여기에 수록한 내용은 송계 선생 병향과 관련된 글들이다. 기록에 의하면 1613년부터 병향을 청하는 상소가 있었던 듯하다. 박수종의 글에 '조식의 서원 중에 김해에 있는 신산서원新山書院은 이른 바 산해정의 옛터입니다. 계성季誠이 그와 더불어 서로 따르면서 여기에서 놀고 여기에서 강론한 것이 수 년이었습니다. 이에 여풍餘風과 유적遺跡이 사람들의 이목에 남아 있어 모두가 함께 향사享祀하지 못함을 한스럽게 여기고 있습니다. 그러나 선액宣額이 이미 내려져 이미 공적인 학교가 되었으니 이는 신 등이 감히 사사로이 결정할 바가 아닙니다. 엎드려 원하건대 성명聖明께서 여론의 간절함을 채납하시어 특별히 입향入享을 허락'해 주실 것을 청하고 있다. 덕계 오건의 아들인 사호 오장의 상소도 그 내용은 비슷하다.

　이에 대한 「예조 회계」를 보면, 정승들인 이원익 기자헌 정창연 등이 동의하는 의견을 내었으며, 판중추부사 심희수가 재가를 청하여 병향이 결정되게 되었음을 알 수 있다.

신산서원에 병향業享을 청하는 소疏

생원 박수종朴壽宗

엎드려 생각건대, 사군자士君子가 이 세상에 태어나 학문은 족히 고인古人을 추원하고 도는 족히 후세後世에 모범이 될 만한데도 조용히 자신을 지키면서 영달을 구하지 않았다면 후인들이 반드시 이를 경모景慕할 것이고 경모함도 부족하여 또 나아가 향사享祀를 드릴 것입니다. 이는 참으로 현인賢人을 좋아하는 정성이 동일한 인심人心에서 발한 것이기에 나라가 현인을 숭상하는 일도 또한 여기에 뜻을 더한 것입니다.

엎드려 생각건대, 성상聖上께서 즉위하시어 제일 먼저 사도斯道를 숭상하여 선유신先儒臣 조식曺植의 원액院額을 특별히 하사하셨으니 이는 사문斯文의 다행이자 사림士林의 다행입니다. 그러나 신臣 등은 이에 한 가지 아뢸 말씀이 있어 부득불 거듭 성총聖聰을 번거롭게 하니 엎드려 바라건대 성명聖明으로 살펴주십시오.

신 등이 엎드려 보건대, 고故 처사處士 신계성申季誠은 밀양密陽 사람입니다. 소시부터 학문에 뜻을 두어 과거공부를 일삼지 않았고 문득 성현聖賢을 적사的師로 삼아 선정신先正臣 박영朴英을 섬기면서 소학小學을 벽두로 육경六經을 탐구했으며 또 조식과 더불어 김해金海의 산해정山海亭에서 상종하면서 도의道義를 연마하고 성리性理를 토론했습니다. 그 공부의 성글고 치밀함과 조예의 얕고 깊음은 참으로 신 등이 감히 알수 있는 바가 아니지만 그러나 효우孝友의 행실과 제가齊家의 법도는 현우賢愚를 막론하고 모두 감복하였고 원근遠近의 사람들이 전부 전범으로 여겼습니다. 조식은 방엄方嚴하고 청준淸峻하여 일세를 아울러 남을 허여許與함이 적었으나 유독 신계성에게는 외우畏友라 지적하였고 그가 세상을 떠나자 묘갈명墓碣銘을 지어 말하기를 "우리 당黨 인물 중에 신군申君이 제일이니, 안으로는 엄숙嚴肅했고 밖으로는 청고淸苦했으며, 학문과 조리操履는 시종 변함이 없었다."라고 하였습니다. 또 그가 스스로 말하기를 "존양存養함이 오래되면 기상이 고대高大해지고 성찰省察함이 정밀하면 이 마음이 성명誠明해진다. 경敬은 조수操守의 요체이고 성誠은 지경持敬의 핵심이다."라고 하였으니 그 일단만을 들어보아도 족히 그 사람의 대개大槪를 알 수 있습니다.

세상을 떠난 지 또 50여 년이 되었는데도 풍범風範과 유택遺澤이 전파되고 후학들이 추모하여 더욱 세월이 오래되어도 잊지 못하며 일시의 유정幽貞한 아취와 백 년의 교유交遊한 자취는 능히 사람으로 하여금 상쾌하게 하여 자신도 모르게 깨어나게 하고 간절하게 하여 떠나지 못하게 합니다. 이에 칭송하기를 송계松溪 선생이라 하면서도 단지 신등이 한스러워하는 바는 아직까지 향사享祀의 예를 행하지 못하는 것입니다. 신 등이 엎드려 생각건대, 향선생鄕先生이 죽으면 사社에서 제사를 드리는 것이 옛날 도리이거늘 하물며 실천이 돈독하고 학문이 순정하여 다사多士들이 경앙景仰하는 자에 있어서야 어떠하겠습니까!

돌아보건대, 조식의 서원 중에 김해에 있는 신산서원新山書院은 이른바 산해정의 옛터입니다. 계성季誠이 그와 더불어 서로 따르면서 여기에서 놀고 여기에서 강론한 것이 수 년이었습니다. 이에 여풍餘風과 유적遺跡이 사람들의 이목에 남아 있어 모두가 함께 향사享祀하지 못함을 한스럽게 여기고 있습니다. 그러나 선액宣額이 이미 내려져 이미 공적인 학교가 되었으니 이는 신 등이 감히 사사로이 결정할 바가 아닙니다. 엎드려 원하건대 성명聖明께서 여론의 간절함을 채납하시어 특별히 입향入享을 허락하신다면 이는 살아서는 지조志操를 함께 하고 죽어서는 사당祠堂을 함께 하는 것임에 소자 후생들이 보고 느끼면서 흥기興起하여 길이 의귀依歸할 곳이 있게 될 것이니 그 풍교風敎에 어찌 도움이 적다고 하겠습니까! 삼가 죽음을 무릅쓰고 아룁니다.

請並享新山書院疏

生員 朴壽宗

伏以 士君子 生斯世也 學足以追遠古人 道足以垂範來世 恬靜自守 不求
聞達 則後人必且景慕之 景慕之不足 又從而俎豆之 此固好賢之誠 發於人
心之所同然 而國家尚賢之舉 亦於此而加意焉 伏惟 聖上龍興 首崇斯道 特
賜先儒臣曺植院額 斯文幸甚 士類幸甚 而臣等抑有一焉 不得不再煩於四
聰之下 伏惟 聖明垂察焉 臣等伏見 故處士申季誠 密陽人也 自少志學 不
事科業 便以聖賢爲的師 事先正臣朴英 劈頭於小學 研精乎六經 又與曺植
相從於金海之山海亭 磨礱道義 探討性理 其工程之疏密 造詣之淺深 固非
臣等之所敢知 而孝友之行 齊家之法 賢愚咸服 遠邇矜式 至於曺植方嚴清
峻 擧一世 許人蓋寡 而獨於申季誠 指以爲畏友 及其歿也 銘其碣曰 吾黨
有人 申君爲最 齋莊於內 氷蘗其外 學問操履 終始不渝 又其自言曰 存養
久則氣象高大 省察精則此心誠明 敬爲操守之要 誠爲持敬之實 擧其一段
足以知其人之大槪矣 歿且五十餘年 風傳澤流 後學追慕 愈久不忘 一時幽
貞之趣 百年交遊之跡 能令人爽然而不知醒 悒然而不能去 稱之爲松溪先
生 而第臣等之所憾者 猶未擧肇稱之禮耳 臣等伏念 鄕先生歿 祭於社 古義
況此踐履之篤實 學問之醇正 爲多士所景仰者乎 顧惟曺植書院 在金海曰
新山 而所謂山海亭舊址也 季誠與之相隨 遊於斯 講於斯 積有年矣 餘風遺
跡 在人耳目 咸以不得同享爲恨 宣額既下 已爲公庫 非臣等所敢私焉者也
伏願 聖明俯採輿懇 特許入享 則生而共貞 歿而同廟 而小子後生 觀感興起
永有所依歸矣 其於風敎 豈曰小補之哉 謹昧死以聞

신산서원에 병향並享을 청하는 소疏

정언正言 오장吳長 사호思湖

엎드려 생각건대, 사군자士君子가 세상에 태어나 생전에 덕을 온축하고 자취를 감추어 당세에는 알아줌을 보지 못해도 후인들이 이를 추모追慕하고 추모함도 부족하여 또 좇아 향사享祀를 드립니다. 이는 참으로 덕을 좋아하는 천성이 인심의 고유한 곳에 뿌리를 내려 그렇게 하지 않을 수 없는 것이며 나라가 현인을 숭상하고 선비를 권장하는 일도 또한 필시 여기에 뜻을 더한 것입니다.

신臣 등이 엎드려 보건대, 밀양密陽에 거주한 고故 처사處士 신계성申季誠은 조행이 단아하고 학문이 순정했습니다. 일찍부터 선정신先正臣 박영朴英을 섬겨 그 지업志業을 계발했고 뒤이어 선유신先儒臣 조식曺植을 좇아 도의道義를 강마했습니다. 대개 조식이 일찍이 김해金海에 거주할 적에 산해山海라고 이름한 정자는 계성季誠의 거처와 실로 가까워 수년 동안 유식遊息하고 왕래 토론하였으며 문을 닫고 단정히 앉아 한결같이 스스로를 지켰습니다. 그 공부의 성글고 치밀함과 조예의 얕고 깊음은 참으로 신 등이 감히 알 수 있는 바가 아니지만 그러나 향인들이 그 효우孝友를 칭송하고 선비들이 그 행의行義에 감복했으니 실덕實德의 소재를 속일 수 없습니다. 조식이 그 묘갈명墓碣銘을 지으면서 단지 "학문과 조신操身에 시종 변함이 없었다."고 칭송했으며 또 말하기를 "안으로는 엄숙嚴肅했고 밖으로는 청고淸苦했다."고 하였습니다. 조식은 당시의 사류士類에게 허여함이 매우 적었는데도 유독 계성에게는 은근함을 보였으니 그 사람의 기국과 사업을 대강 추상할 수 있습니다.

세상을 떠난 지 또 50여 년이 되었는데도 풍범風範과 유택遺澤이 전파되어 근처의 선비들이 오래될수록 더욱 잊지 못하고 있습니다. 이에 그 일시의 유정幽貞한 아취와 백 년의 교유交遊한 자취가 능히 사람으로 하여금 상쾌하게 하여 자신도 모르게 깨어나게 하고 간절하게 하여 떠나지 못하게 하니 모두가 향화香火의 봉행은 우리에게 있어 결단코 그만 둘 수 없는 일이라고 여기고 있습니다. 계성은 조식을 좇아 김해에서 교유한 것이 가장 오래되었으니 봉안할 장소를 구함에 마땅히 이와 같은 곳이 없습니다. 참으로 장차 한 그릇의 향사享祀를 조식의 사당에서 나란히 지낸다면 자리가 온당하고 일이 간편하여 도리에 매우 합당할 것입니다. 다만 조식의 서원은 선액宣額이 이미 내려져 나라의 학교와 동일하므로 다른 사람을 첨입添入함에 아뢰지 않고서는 불가합니다.

신 등이 가만히 생각건대, 향선생鄕先生을 사社에서 제사 드리는 것은 옛날의 법도입니다. 대저 일행一行과 일선一善을 남긴 이로부터 대현大賢 이상에 이르기까지 그 성취한 등급에는 비록 고하가 있겠지만 애모愛慕하는 이치에는 참으로 경중이 없습니다. 바라건대 성명聖明께서 공의公議를 굽어 살펴 특별히 입향入享을 허락하신다면 자취를 남겨 향기를 발하는 자리로 인하여 사우師友의 연원이 유래한 바를 상고하고 소자 후생들이 보고 느끼면서 흥기興起하여 장차 옷깃을 걷고 직접 가르침을 받지 못한 것을 한스러워 아니할 것이며 숨긴 덕의 그윽한 광채와 맑은 지조의 아름다운 운치가 또한 거의 뒷날에 없어지지 않을 것이니 이는 어찌 태평성대의 광영이자 우리 유림의 다행이 아니겠습니까! 정성은 심중에서 우러나지만 언사는 다듬을 줄을 몰라 우러러 대궐에 부르짖으면서 당돌한 죄를 범했으니 엎드려 바라건대 전하께서 살펴주십시오.

請並享新山書院疏

正言 吳長 思湖

伏以 士君子之生於世也 生或有蘊德晦跡 不見知於世 而後之人追慕之

追慕之不足 又從而俎豆之 此固好德之天 根於人心之所固有者 有不得不
然 而國家所以崇賢獎士之擧 亦必於此而加意焉 臣等伏見 故處士密陽居
申季誠 操履端方 學問醇正 早事先正臣朴英 啓發其志業 繼從先儒臣曺植
磨礱乎道義 蓋曺植曾接金海地 名亭曰山海者 季誠之居 實與之近 積年遊
息 往返討論 閉門端坐 一味自守 其工程之疏密 造詣之淺深 固非臣等之所
敢知 而鄉人稱其孝友 士類服其行義 實德所在 蓋不可誣 而至於曺植之題
其墓 則直以學問操身 終始不渝 稱之 又曰 齋莊於內 氷蘗其外 曺植 於一
時士流 許可甚少 而獨於季誠 致慇懃焉 則其人器業 槪可想矣 歿且五十餘
年 風傳德流 近地士子 愈久而愈不忘 其一時幽貞之趣 百年交遊之跡 能令
人爽然而不知醒 悒然而不能去 咸以爲香火之奉 在吾徒斷不容已 而季誠
之從曺植 遊於金海 爲最久 求揭虔之所 宜莫如玆 苟將以一豆之享 以竝於
曺植之祠 地穩事便 於義甚當 而第以曺植書院 宣額已下 例同國庠 添入他
人 不禀不可 臣等竊念 祭於社 古義也 夫自一行一善 推而至於大賢以上
成就之品 雖有高下 愛慕之理 實無精粗 倘乞聖明俯察公議 特許入享 則因
遺塵播馥之地 考師友淵源之所自 小子後生 觀感興起 將不恨其未及於摳
衣 而潛德之幽光 清操之懿致 亦庶幾不泯於後日 豈不爲昭代之光 而吾儒
之幸哉 誠發於中 言不知裁 仰叫天閽 罪在搪突 伏願殿下垂察焉

예조禮曹 회계回啓

만력萬曆 42년(1614) 월 일에 계자啓字를 찍어 해조該曹에 내렸다.
예조禮曹의 회계回啓 안에 "신계성申季誠의 학문과 조행은 선정신先正臣
조식曺植이 추중하고 허여한 바이니 다사多士들이 신산서원에 입향入享
을 청한 것은 필시 그 뜻이 있을 것입니다. 종향從享을 허락하여 다사들
의 소망에 부응하라는 일로써 본도 감사監司에게 공문을 보내는 것이
어떻겠습니까?" 하였다.

만력萬曆 43년(1615) 월 일에 우승지 신臣 이춘원李春元이 담당하여
아뢰니 다시 대신大臣에게 내려 의론하도록 하였다.

완평부원군 이원익李元翼 영의정 기자헌奇自獻 우의정 정창연鄭昌衍이
이르기를 "본도 다사들의 소원이 이미 이와 같으니 해조의 계사啓辭에
의거하여 시행하여도 불가한 바가 없을 것입니다. 엎드려 생각건대
재가裁可하시기 바랍니다." 하였다.

행 판중추부사 심희수沈喜壽가 이르기를 "신臣은 후생으로 고루하여
참으로 이 사람의 사적事蹟을 일찍이 상세히 들어본 적이 없으니 또한
동남東南에서 생장하여 정백순程伯淳을 알지 못하는 것[1]과 무엇이 다르
겠습니까? 이제 다사들의 간절한 요청을 보니 필시 명확한 소견이 있습
니다. 하물며 조식은 허여함이 특별하여 그 사람이 입향에 합당함을
추상할 수 있습니다. 해조의 계사에 의거하여 시행하여도 불가하지
않을 듯하니 엎드려 생각건대 재가하시기 바랍니다."라고 하였다.

---

1) 송나라 학자 진관陳瓘이 29세 때에 범조우范祖禹와 대화를 나누면서 범조우가 "안자顔子의 불천노不遷怒
불이과不貳過는 오직 백순伯淳(명도明道 정호程顥의 자字)이 그러한 면이 있다."고 하자 진관이 "백순이
누구냐?"고 물었다. 이에 범조우가 말없이 한참 있다가 "정백순이 누구인지 모른다 말인가?"
하니 진관이 말하기를 "동남東南에서 생장하여 참으로 알지 못한다[生長東南 實未知也]."고 하면서
자신의 고루함을 부끄러워했다고 한다. 이후 명현名賢을 알지 못하는 자신의 고루함을 비유하는
말로 사용된다.

예조의 회계 안에 "대신들의 의론이 이와 같으니 재가하여 시행함이 어떻겠습니까?"라고 하였다.

동년 월 일에 동부승지 신臣 이색李穡이 담당하여 아뢰니 윤허允許가 내려졌다.

禮曹回啓

萬曆 四十二年月日 踏啓字 下該曹 禮曹回啓內 申季誠 學問操履 爲先正臣曹植 所推許 則多士之請享於新山書院者 必有其意 許令從享 以副多士之望事 本道監司處 行移何如 萬曆 四十三年月日 右承旨 臣李春元 次知啓 更下議于大臣 完平府院君李元翼 領議政奇自獻 右議政鄭昌衍 以爲本道多士之願 旣如此 依該曹啓辭施行 無所不可 伏惟上裁 行判中樞府事沈喜壽 以爲臣以後生孤陋 實未嘗詳聞此人之事蹟 亦何異生長東南 不識程伯淳者也 今觀多士勤懇之請 必有所見之的然 況曹植 許與異常 可想其人之合於俎豆 依該曹啓辭施行 未爲不可 伏惟上裁 禮曹回啓內 大臣之議 如此 上裁施行如何 同年月日 同副承旨 臣李穡 次知啓 允下

신산서원 봉안시 고유문

동기상구同氣相求 동성상응同聲相應2)은 세상이 달라도 동일합니다.

뜻이 같고 도가 같으니 송계松溪는 외우畏友였습니다.

이에 존위尊位 청하여 자리 동편 봉안하니,

아! 천백세千百世토록 마땅히 칠득七得3)을 펼칠 것입니다.

新山書院 奉安時 告由文

氣求聲應 隔世同然 志同道同 松溪畏友 斯請尊位 當座之東 於千百世 宜伸
七得

---

2) 동기상구同氣相求 동성상응同聲相應: 『주역』 건괘乾卦 문언전文言傳에 나오는 구절로 "같은 기운은
서로 구하고 같은 소리는 서로 응한다."는 말이니 뜻이 같고 도가 같은 사람끼리 서로 친함을
비유한 것이다.

3) 『주역』 기제괘旣濟卦의 육이六二 효사爻辭에 "부인이 그 머리꾸미개를 잃었으니[婦喪其髢] 쫓지 말면[勿逐]
7일 만에 얻을 것이다[七日得]."라고 하였다. 이는 비록 변고를 당하여도 중정中正한 도道를 잃지
않으면 7일 만에 다시 본래의 지위를 회복한다는 말이다.

신산서원 봉안문

양춘陽春 같은 화기에다 빙옥氷玉 같은 흉금이라,
속학俗學을 천케 여겨 고도古道에 전념했습니다.
광채 숨겨 실천함이 갈수록 더욱 빛나,
병향並享 이에 도모하니 공의公議 기리 열렸습니다.
이제 여기 사당祠堂 세운 산해정山海亭 예전 자리,
기둥 동편 봉안하니 아! 만세토록 무궁하소서.

新山書院 奉安文

陽春和氣 氷玉襟抱 學鄙同塵 心潛古道 韜光踐實 久乃彌彰 腏享是謀 公
議久張 今玆立祠 山海舊界 妥靈楹東 於千萬世

4부 산해정편

〈개요〉

　　산해정은 남명 선생이 30세 때에 모친을 봉양하기 위하여 처가인 김해로 이거하면서 지은 건물이다. 건물의 낙성식에는 전국에서 명망 있는 벗들이 모여들어 '덕성德星이 모였다'는 말이 있었다. 이곳에서 선생은 영남의 명유였던 송계 신계성 선생을 비롯하여 황강 이희안 선생과 삼족당 김대유 선생 등과 깊은 교유를 가졌다. 또한 37세 무렵부터 제자들이 찾아와 남명학을 본격적으로 강론하기 시작한 장소이기도 하다. 선생은 합천으로 돌아가서나 덕산으로 이거한 후에도 종종 이곳 산해정을 찾은 사실을 여러 기록들에서 확인할 수 있다. 동강 김우옹으로 하여금 산해정에서 머물면서 학문에 전념하도록 하기도 했고, 만년의 제자 중에는 선생이 산해정을 찾았을 때 입문한 경우도 있다.

　　산해정은 임진왜란으로 소실된 후 오랫동안 복원하지 못하고, 그 터에 신산서원을 중건하였다. 200년이 지난 후에 서원 옆에 정자를 지어 산해정이라고 했다가 서원철폐령으로 훼철되었다. 후에 산해정을 복원하고서 남명 선생께 채례를 드렸으니, 「산해정 남명 선생 춘추 축문」이 그 증거이다.

　　1999년도에 지역의 유림과 김해시 및 경상남도가 힘을 모아 3년여 간의 대대적인 중수와 중건작업으로 숭도사를 새로 짓고 동·서재와 담장 등의 중수를 마치고 신산서원으로 복원하였다. 따라서 현재 신산서원의 강당이 곧 예전의 산해정이다.

▲ 산해정

(현판의 글씨는 모정慕亭 배대유裵大維가 썼다.)

경상남도 문화재자료 제125호
경남 김해시 대동로 269번 안길 115

남명 선생은 부친이 돌아가신 후 어머니를 봉양하기 위하여 부유한 처가가 있던 김해로 거주를 옮기고 강학장소로 산해정을 지었다. 산해정은 '산처럼 높고 바다처럼 넓은 기상을 갖고 싶은' 뜻을 담고 있다. 산해정에는 선생의 유덕을 능히 짐작하고도 남을 정도의 많은 현판이 걸려 있으며, 현재는 신산서원의 강당 역할을 겸하고 있다. 뒤편으로 신어산의 우뚝한 자태와 어울려 좋은 경관을 이루고 있다.

산해정 남명 선생 석채 축문

노상직盧相稷[1]

이윤 안자 지학志學에 경의敬義를 공부했고, 네 조정 유일遺逸에다 백세의 유종儒宗입니다. 우리 후인後人 계도하여 앞길 밝게 보이셨으니, 이에 좋은 때 맞이하여 채의菜儀를 봉행합니다.

山海亭 南冥 先生 釋菜 祝文

盧相稷

伊顔志學 敬義工夫 四朝遺逸 百代宗儒 啓我後人 昭示前程 兹值令辰 菜儀 奉行

---

1) 노상직盧相稷(1855~1931). 자는 치팔致八, 호는 소눌小訥, 본관은 광주光州이며, 김해·창녕·밀양 등에 거주하였다. 허전에게 수학하였으며, 저술로 『소눌집』이 있다.

산해정山海亭 중수기重修記

　김해金海 동쪽 20리 쯤의 신어산神魚山 아래에 산해정山海亭이 있으니 남명 조선생이 30년 동안 강도講道한 곳이다. 선생이 세상을 떠난 후 향인들이 정자 곁에 서원을 건립하여 향사享祀하였는데 불행히도 임진년(1592) 병화兵火에 서원이 훼손되고 정자도 또한 따라서 소실되었다. 만력萬曆 기유년(1609)에 죽계竹溪 안공安公 희憙 죽암竹菴 허공許公 경윤景胤 황공黃公 세열世烈이 고을 인사를 창솔하여 원우院宇를 중건했으나 정자는 함께 세우지 못했으니 겨우 전란을 겪은 뒤라 대개 역사는 크고 힘이 모자랐기 때문이었다. 이로부터 신주를 모시고 향사한 지 200여 년이나 오래 되었는데 지난 병인년(1866) 국법으로 철폐되어 주춧돌 쓰러진 빈터에 잡초만 무성하니 식자들이 한심하게 여겼다. 지난 경인년(1890)에 뜻을 같이하는 선비들이 서로 의논하여 말하기를 "서원을 보전하지 못한 것은 운수에 관계된 일이지만 정자를 중수하지 않은 것은 우리의 책임이다" 하고는 드디어 재물을 모으고 장인을 불러 4칸

집을 지어서 예전 편명扁名을 따라 산해정山海亭이라 하였으며 관아에 편입된 서원의 토지를 회수하여 비용을 제공하였다.

그 후 세교世教가 일변하여 정자의 토지가 학교부지로 수용되고 약간 남은 땅도 또한 남의 사유지가 되었으니 수리할 방도가 없어 정자는 날로 퇴락하였다. 내가 외람되이 이곳의 군수로 부임하여 사림의 여러 군자들과 더불어 보수 유지할 것을 협의하고 재물을 향교와 모성계慕聖契에서 마련하여 수선 완공하니 정자가 찬연하고 날렵하게 되었다. 이에 정자의 토지를 소유한 이도 또한 각기 자청하여 그 문권을 돌려주었다. 돌아보건대 구구한 나의 성의가 어찌 능히 남에게 이와 같이 신임을 받을 수 있겠는가! 참으로 선생의 유풍과 여운이 지금까지 사라지지 아니하여 사람들로 하여금 덕의를 숭상하고 염치를 일깨우게 하였음을 알겠다. 감히 기문을 찬술했다고 자임할 수는 없지만 대략 그 시말을 위와 같이 적는다. 아! 정자를 보호하여 영세토록 전할 일은 오직 이 고을에 사는 이들이 능히 그 뒷일을 도모해야 하리니 지나가는 나그네는 알 바가 아니다.

갑자년(1924) 9월 후학 군수郡守 합천陜川 이장희李章熹 기記

山海亭重修記

州之東 二十里許 神魚山下 有山海亭 南冥曺先生 三十年講道之所也 先生易簀後 邦人建書院於亭旁 而俎豆焉 不幸院毀於壬辰兵燹 亭亦隨而墟矣 萬曆己酉 竹溪安公憙 竹菴許公景胤 黃公世烈 倡鄉人士 重建院宇 而亭役未克竝擧 甫經亂離 蓋緣事巨而力綿也 自是 尸祝妥靈 爲二百餘年之久矣 去丙寅 以邦令見撤 敗礎遺墟 鞠爲茂草 有識寒心 往在庚寅 同志章甫相與議 曰院之不保 有關氣數 而亭之不修 是吾責也 遂乃鳩財募工 構築五楹 仍舊扁曰山海亭 收覓院土之入鄉廟者 以供資用 其後世教一變 亭

土輸入於學校 若干餘田 亦爲人私有 所以修繕沒策 日就頹圮 章喜忝守玆

土 與士林僉君子 協議維持 畫貨於鄕校及慕聖禊 蒐葺告完 煥然翼然 於

是有亭土者 亦各自請還其券 顧區區愚懇 豈能取信於人如此 固知先生之

遺風餘韻 至今未泯 能使人尚德義勵廉恥也 非敢以撰述自居 而略書其顚

末如右 噫 保護斯亭 永世勿替 惟在居是邦者 克善圖後 而非逆旅萍踪 所

可知也

　　　　　歲閼逢困敦 鞠有華 後學 知郡 陜川 李章喜 記

산해정山海亭 중수기重修記

　남명 조 선생은 산고수장山高水長의 풍범이 있었으니 고을 동쪽 신어산神魚山 아래에 집을 지어 산해정山海亭이라 편액하고 독서강도讀書講道하며 은둔자적隱遁自適한 지가 이미 30여 년이었다. 선생이 세상을 떠난 뒤 고을 사람들이 선생의 높은 뜻을 추모하여 정자의 동쪽 수백 보의 자리에 서원을 건립하여 향사享祀를 드렸으나 불행히도 임진년 병화兵火에 소실되었다. 그 후 또 서원은 중건할 때마다 무너지고 정자 또한 거의 잡초가 무성하고 기와가 깨지니 고을 사람들이 드디어 개탄하면서 매년 3월 중정일中丁日에 정자의 정당正堂에서 석채례釋菜禮를 행하였다. 이후 또 유계儒契를 결성하여 정자의 유지비와 석채례 비용을 마련했으니 그 당시 우리 선고부군先考府君이 또한 그 일을 주관하였다.

　아! 세상은 국치國恥를 당하여 사기士氣가 상실되고 약간의 정자 소유 토지도 관에 귀속되어 향사 또한 그 예의를 갖추기 어려웠다. 당시에 사림이 나에게 정자 유사有司를 위임하니 끝내 사양할 수 없어 마침내 그 임무를 맡았다. 옷깃을 걷고 정자에 오르니 선생의 도덕과 기상을 친히 보는 것 같고 산천초목에도 여전히 정채가 남아 있어 저절로 추모의 정을 금할 수 없었다. 그러나 정자를 쳐다보니 정당正堂은 물이 새고 계정階庭은 무너졌으며 동재東齋는 퇴락하고 외문外門과 담장은 이미 훼손되었음에 어찌 한심하지 않겠는가! 이에 장부를 살펴보자 정자의 기금은 깨끗이 비어 있었으니 이는 참으로 누구의 책임인가! 바로 우리 고을 선비들의 책임이다. 드디어 고을 사람들과 중수重修를 도모하여 유계儒契를 확충하고 계금을 모았으니 내가 이 일을 맡은 지 이미 4년이다. 이에 정자의 수리가 완결되고 제전祭田이 마련되었으며 제기祭器와 제관祭官의 접대 기물이 갖추어졌고 약간의 기금도 저축되었으니 이는 누구의 힘인가! 계원 존현들의 도를 수호하는 정성에 감사한다. 이 해 석채례 후에 정자에서 나의 노력을 기록하여 현판하자는 의논이 있었으므로 굳게 사양한 나머지 그 전말을 위와 같이 기록한다.

기축년(1949) 유하절 후학 청주淸州 송세정宋世貞 근기謹記

山海亭重修記

南冥曺先生 有山高水長之風 築室於府東神魚山下 扁以山海亭 而讀書
講道 遯亨自適者 已三十年餘矣 先生沒後 鄕人慕先生之高義 於亭之東麓
數弓之地 建書院尸祝之 不幸壬燹入爐 其後又隨建隨廢 亭亦幾乎草鞠瓦
礫 鄕人遂慨惜焉 以每年三月中丁 行釋菜禮於亭之正堂矣 伊後且修儒稧
以備亭之維持及釋菜禮費 其時我先考府君 亦因主其事矣 嗚呼 世涉國恥
士氣沮喪 略干亭之所有土地 歸管于官 釋菜之亭 亦難成其儀 時士林委余
以亭之有司之任 終不可辭 故遂擔其責矣 摳衣登亭 先生之道德氣像 如見
薰炙 山川艸木 尙留精彩 自不禁羹墻之慕 然觀察亭宇 正堂滲漏 階庭頹壞
東齋朽敗 外門及墻垣已毁 豈不寒心哉 乃考簿冊 亭之基金 可謂掃如 伊誰
之責 實吾鄕士林之責也 遂與鄕人 謀欲重修 乃廣修儒稧 增集稧金 貞之當

是役者 已四個年矣 於是焉 亭宇之修完矣 祭田備矣 祭器與祭官 接供器具
共備矣 略干基金 貯置矣 是誰之力 深感稧員尊賢衛道之盛意也 是年釋菜
禮後 自亭中有貞之努力記板之議 而固辭之餘 略述記顚末如右云爾

己丑 榴夏節 後學 清州 宋世貞 謹記

산해정山海亭 중수기重修記

　신산서원新山書院은 우리 고을의 주원主院이었는데 훼철을 당한 뒤 그나마 다행스런 것은 선생께서 강학하던 산해정山海亭이 남아 있었기 때문이다. 대저 서원을 서둘러 복구하지 못함에 이 정자마저 없었다면 선생의 풍범에 흥기하여 사모의 정을 펼침을 장차 어느 곳에서 행할 수 있었겠는가! 나는 어릴 적에 왕고모 댁이 주호酒湖에 있고 누이 댁 또한 원동院洞에 있었으므로 자주 이곳에 올라 고산경행高山景行의 흠모를 드리면서 일찍이 세월이 오래 되어 정자가 점점 퇴락함을 보고는 가만히 개탄하지 않음이 없었다. 그러나 이내 세사에 어려움이 많아 서쪽으로 두류산 가운데 들어가 선생이 예전에 은둔했던 덕산에서 거처한 지 자못 여러 해이고 이어 다시 호남으로 옮겼으니 더욱 아득하여 정자가 어떤 모양으로 변했는지 알지 못한 지가 오래 되었다.

　지금 정자를 맡고 있는 유사 김군金君 정식正植이 나를 찾아와 말하기를 "우리 산해정은 이제야 제 모습을 갖추었을 뿐입니다. 지난 일제

때와 광복 후에도 또한 한두 번 급한 곳을 임시로 보수했지만 결국 우뚝한 정자를 지탱할 수는 없었습니다. 이에 지난 경술년(1970) 봄에 비로소 이 역사를 거론하여 전교 조경래趙慶來가 위원장을 맡고 어순선魚舜善이 재무를 주관하며 조성출趙性出이 재정유사를 맡고 전 건국의원 조규갑曺奎甲이 더불어 도움을 주어 마침내 준공을 보게 되었습니다. 그 자금은 당시 의원 김택수金澤壽가 먼저 20만 원을 기부하고 군수 노이식盧利植이 결정한 군비郡費 30만 원의 보조를 후임 군수 박용범朴容範이 냈으니 또한 의원 김주장金周章의 도움이 컸습니다. 또 당시 유사 조윤환曺潤煥이 5만 원 후임 유사 조용환曺容煥이 1만 원 덕산조씨들이 선생의 종손宗孫 백환栢煥의 이름으로 낸 10만 원이 총자본이었습니다. 그러나 김 의원이 특별히 심력을 다하지 않았다면 거의 불가능했을 것이니 추진을 위하여 서울로 왕래한 경비 5~6만 원은 모두 조위원장이 부담했습니다. 지금부터는 조금 오래도록 유지하여 석채례를 행하는 데 거의 모자람이 없으리니 바라건대 기문을 지어주십시오" 하면서 인하여 함께 일하는 제공과 향리 어른들의 부탁을 전하였다.

내 사양할 수 없음을 알고 이에 삼가 마음을 가다듬어 말하기를, 대저 선생의 학문은 경의敬義로써 근본을 삼아 밝기가 하늘의 일성日星과 같으니 어찌 없어지겠는가! 돌아보건대 세상이 변하고 풍속이 문란해져 이를 실천하는 이가 드문 것이 애석할 뿐이다. 그러나 만약 사모하고 추앙하는 돈독함이 지금 여러 군자가 뒷날을 위하는 것 같이 하여서 서로 계승하여 끊이지 않는다면 어찌 산해정 하나만 유지될 뿐이겠는가! 장차 황하가 맑아지고 바다가 잠잠해지는 날까지 신산서원을 다시 건립하여 천지와 함께 함이 또한 불가능하지 않으리니 우리의 도를 위하여 다행함이 어찌 크지 않겠는가! 바라건대 여러 군자와 더불어 이를 기도하면서 함께 기다린다.

선생 사후 401년(1972) 임자 5월 후학 안붕언安朋彦 기記

山海亭重修記

新山 吾鄕之主院 而及見撤 而所賴而爲幸者 以有先生講學之所 山海亭尚存耳 夫院之旣未得遽復而設 幷無是亭焉 凡所以興起於先生之風 而伸其思慕之情 將安所得之哉 朋彦少時 以祖姑家在酒湖 姊家亦卽在院洞 而得數往登之 以致其高山景行之思 而未嘗不竊慨於亭之歲久而漸就於頹圮也 尋以世故多艱 西入頭流之腹 得居於先生舊隱之德山 頗有年 繼又播湖尤漠不知其作何狀者已久 今時任亭有司 金君正植 就余而言 曰我山海亭今修完美耳 往在日帝時及光復後 亦非無一二彌縫其急 而竟至於岌業莫支焉 則乃於昨庚戌之春 始議擧是役 趙典校慶來 長其委員之會 魚氏舜善 主其財務 趙氏性出 任財政有司 而前建國曺議員奎甲 與爲之助 以克至竣 而其金則時金議員澤壽 先捐貳拾萬鈔 盧郡守利植 決以郡費助參拾萬鈔 而至後朴郡守容範出之 盖亦金議員周章之力爲多 又時曺有司潤煥五萬鈔 後任曺有司容煥壹萬鈔 合德山曺氏 以先生宗孫栢煥名 所出者壹拾萬鈔 都爲所資而摠 非金議員之特盡其心力 殆無以有是 若其爲推進 而所費於京鄕往來可五六萬鈔者 則皆趙委員長之所自擔也 自今可稍久其維存 庶無所歉於行菜儀其中 幸其記之也 因致其同事諸彦及鄕諸耆老之所爲屬焉 則朋彦竊知無以爲辭 乃謹薰沐而爲之言 曰夫先生之學 以敬義爲宗 煥然若日星于天 何嘗有亡 顧惜世降俗末 而行之者盖鮮耳 然若其嚮慕尊仰之篤 得如今諸君子之所爲之後 後而相繼無絶焉 豈惟今山海一亭乎 將至於河淸海晏之日 而得與新山之院而復建之 以與天地同敝 亦非不可有之也 其爲吾道而可幸 豈不大歟 惟願與諸君子 禱祀於是 而共竢之也

先生 沒後 四百一年 壬子 五月 後學 安朋彦 記

산해정山海亭 보수전말약기補修顚末略記

金官金官 동쪽 20리쯤의 신어산神魚山 아래 탄동炭洞은 그윽하고 조용한 곳으로 지난 국조國朝 중종 연간에 이곳에 정자를 짓고 산해정山海亭이라 편액하였다. 이는 옛 남명 조선생 문정공이 강도講道한 장소이자 후학 사림이 선생을 추모하여 향사享祀하는 곳이다. 정자는 선생의 나이 30세인 경인년(1530)에 창건했으니 여기서 제사를 드린 지가 지금 472년이 흘렀다. 창건 이래로 여러 번 보수했으나 세월이 오래 되고 자연히 비바람에 마모되어 쇠퇴일로를 거쳐 왔다. 지금은 거의 쓰러지려는 지경에 이르렀으니 후학들이 와서 보고 누군들 강개한 심정이 없겠는가! 이것은 우리 고장 사림의 책임이기에 어찌 송구함이 없겠는가! 이제 다행히 국가 문화재로 지정되는 혜택을 받게 되었으니 이 또한 사림의 다행스런 일이다. 금년부터 정부 보수금이 책정 조달되어 본군 관청의 주관 아래 공사를 시작한 지 수개월 만에 거의 옛 모습을 되찾았다. 이는 향중鄕中의 다행한 일이며 또한 후학들의 숙원이 이루어진 것이니 어찌 아름답고 훌륭하지 아니한가! 공사를 끝내고 회중會

中의 모든 회원이 한결같은 소리로 발의하여 말하기를 "이제 공사를 마쳤으니 어찌 보수한 전말의 기록이 없을 수 있겠는가!" 하고 드디어 공의公議로 결정하였다. 이 정자에 최근 30년 동안 가장 공로가 많은 분은 현재 재실 유사 조성출趙性出이 이분이다. 일시 유사 허중구許仲九 씨와 총무 조종득曹鍾得 군이 나를 찾아와 보수기補修記를 청하기에 내 불문不文으로 고사했으나 그 청이 더욱 근면하여 감히 거절하지 못하고 드디어 위와 같이 대략 기술한다.

계유년(1993) 단오절 상순
후학 전주全州 이종림李宗林 근기謹記
유사 금주金州 허중구許仲九 근서謹書

山海亭補修顚末略記

金官治東 二十里許 神魚山下 炭洞 以幽閑靜淨 粤在國朝 中廟年間 築亭 于此 扁其額曰山海亭 是故南冥曹先生文貞公 講道之地也 後學士林 追慕 先生 俎豆之所也 亭之創 自先生齡三十歲庚寅 而距今歷祺四百七十二年 有玆矣 創之以來 累有補修之役 歲久年深 自然風磨雨濕 加之衰頹一路 而 今則幾至顚沛之境 後學來覿者 誰無慷慨之情也哉 是吾鄕士林之責也 豈 無悚懼者乎 今也幸賴國家文化財指定之惠澤 亦士林之幸也 自本年度 有 政府補修金 策定調達 而本郡官衙 主管看工 數月 庶幾元像復舊 是鄕中之 幸事 亦以爲後學宿願成致者也 豈不美哉 豈不善哉 工訖 會中僉員 同聲發 議 曰今者工告 豈無補修顚末之記乎 遂以公議決焉 此亭三十年來 最多功 勞者 現齋有司趙性出 是也 日時有司許仲九子 與其總務曹鍾得君 訪余以 請補修記 宗林不文固辭 請其益勤 不敢辭 而遂如右略述云爾

癸酉 端午節 上浣
後學 全州 李宗林 謹記
有司 金州 許仲九 謹書

산해정山海亭 중건상량문重建上樑文

　엎드려 생각건대, 도는 백세토록 스승이 되리니 일찍이 벽립壁立의 높은 풍범 우러렀고, 자리는 삼공과도 바꾸지 않으리니 비로소 구지舊地에 정자 세움 보겠다.

　처마와 기둥은 어찌 한갓 보기에 아름다울 뿐이겠는가, 산과 물에서 참으로 즐긴 바를 징험할 수 있겠다.

　오직 우리 남명 부자께선, 실로 이에 간세의 호걸이다.

　강호江湖 같은 기품에다 설월雪月 같은 흉금이니 자질은 무리에서 빼어나고 동류에서 특출했으며, 좌류左柳 같은 문장에다 이안伊顔 같은 지학이니 공부는 얕은데서 말미암아 깊은 곳에 이르렀다.

　삼관三關의 도적을 제압하고 구규九竅의 사욕을 막았으니 용맹 떨친 오정장사五丁壯士였고, 사자四字의 부절을 매달고 백물百勿의 기치를 세웠으니 위엄 펼친 태을진군太乙眞君이였다.

　이에 방촌方寸의 안에다 한마汗馬의 공을 이루었고, 또한 충막沖莫한 가운데서 힘써 생용生龍을 포박했다.

하물며 힘겨운 독행篤行을 다한 나머지, 박약博約의 두 가지 묘리를 겸함에랴.

멀리 공맹孔孟 정장程張 주자朱子의 실마리를 이었으니 도맥은 스스로 전함이 있었고, 아울러 율산律算 사어射御 병갑兵甲의 부류를 궁구했으니 총명은 미치지 않은 곳이 없었다.

천하의 변화를 통달하여 일왕一王의 제도를 이룰 수 있었으니 작은 나라에서 다시 없는 재능을 품었고, 국가의 운명을 맡겨서 육척六尺의 고아를 의탁할 만했으니 지극한 정성은 변치 않는 아름다움을 지녔다.

선행을 같이하여 교화를 함께 한 뜻에 이르러선, 자기를 미루어 남들을 위하는 마음이 깊었다.

때때로 태만한 학자들을 경계하여 성성惺惺한 방울을 보였었고, 마침내 투명한 공부를 북돋아 역력한 은화銀花를 입증했다.

언제나 스스로 분발함을 지녔으니 화색花色의 마당에서 백번 달군 쇳덩이가 나온 것과 같았고, 성리性理의 빈 애기 부끄러이 여겼으니 보석 가게 구경함은 한 마리 고기를 사는 것만 못하다고 하였다.

이에 그 논의가 활달했고, 의용이 깨끗했다.

사물을 끌어와 널리 비유하면서 아득히 다함이 없었으니 마치 하해河海를 뒤집는 듯하였고, 공경을 지니어 엄숙히 앉아서 정연히 피로함이 없었으니 흡사 형상形像을 조각한 듯하였다.

빛나는 안광은 하늘의 별과 같았고, 찬란한 자태는 봉우리의 옥과 같았다.

드디어 명성이 세상에 퍼지고, 종유한 이들이 사방에 깔렸다.

평소 강마講磨한 벗으로는 동고東皐 규암圭菴 청송聽松 대곡大谷 갈천葛川 송계松溪 황강黃江 삼족당三足堂 같은 분이였고, 문하에 출입한 사람은 덕계德溪 수우守愚 동강東岡 한강寒岡 도구陶丘 낙천洛川 망우忘憂 각재覺齋 같은 이였다.

대개 역량과 규모의 굉박함은 당시에 실로 짝할 이 드물었고, 아!

의리와 강론의 절실함에 벗들이 모두 스승이라 일컬었다.

과연 학의 울음 멀리 들리니, 임금 부름 누차 이르렀다.

주부主簿 현감縣監 상서尙瑞 전첨典籤의 제수는 이윤伊尹과 태공太公의 초빙과 부합했고, 명선明善 성신誠身 궁리窮理 진학進學의 펼침은 실로 가의賈誼와 육지陸贄의 주소奏疏보다 나았다.

사정전思政殿 인견하던 날에는 와룡臥龍 선생의 경솔한 출처를 탄식했고, 고반考槃에 은둔한 자취는 양구羊裘 입은 엄광嚴光의 초연한 이상을 따랐다.

은자隱者는 사업이 적다고 누가 말했나 능히 박부薄夫를 돈독히 하고 유부懦夫를 자립케 하고 완부頑夫를 청렴케 했으며, 아서라 세사世事를 모두 그만두었으니 더욱 힘써 도의道義를 굽히지 않고 지조志操를 꺾지 않고 일신一身을 욕되이 아니 했다.

비로소 토동兔洞의 본집에서, 신어산神魚山 남쪽으로 옮겼다.

덕을 쌓고 학문을 강론하여 문명文明을 이었으니 그 뜻을 편액에서 보겠으며, 산을 베고 바다에 임하여 승경勝景을 갖췄으니 시원함이 창문에 연이었다.

출렁이는 장강長江은 참으로 남국南國의 근본이고, 점점의 원산遠山은 흩어져 북두北斗의 모양이다.

아! 우리들 성령性靈을 도우시어, 이곳의 구학丘壑을 즐기셨다.

빈 뜰에서 손님을 떠나보내니 오직 해학海鶴만 절로 찾아오고, 오솔길에 고사리 캐어 돌아오니 저 많은 녹봉祿俸이 무슨 소용 있겠는가!

서책에 스며드는 연람煙嵐의 기운은 제일봉 전면을 치장했고, 지팡이 소요한 수죽水竹의 경내에서 30년 세월을 머물렀다.

아! 소미성少微星이 어두워지고, 태산泰山이 무너졌다.

그 자리에 나아가 원우院宇를 세워서는 길이 현송絃誦하는 장소로 삼았고, 이 정자와 더불어 유림儒林이 함께 지키며 갱장羹牆의 추모를 부쳤다.

오히려 풍운風韻의 영향이 남아 있어 다사多士들이 감격했고, 비록 병화兵火의 혹독함을 겪었으나 후현後賢들이 수리하였다.

안타깝게도 나라의 금법이 너무나 엄하여, 소중한 건물이 아울러 철거되었다.

나무꾼들 노래하며 머뭇거리니 낙조落照가 쓸쓸하고, 나그네 손질하며 방황하니 한운寒雲이 침침했다.

맑은 향내 이미 끊어져 원조猿鳥마저 슬퍼하니 어찌 견디랴, 지난 자취 누가 증명할까 송계松桂에게 물어봐도 대답이 없다.

다행히도 땅의 운수는 왕성하게 회복되고, 사람의 계획은 어질게 화합했다.

등라 얽힌 폐허를 쓸어내 남긴 자취 찾아보니 어제 같이 선연하고, 위의 갖춘 선비들 모여서 드디어 자리 잡아 중건을 도모했다.

호영虎營 장군이 공문을 보내어 잃은 땅을 되찾았고, 웅번熊幡 태수가 장부를 살펴서 소요 경비 마련했다.

이에 백성들이 달려오니 삼태기 운집했고, 목수가 지휘하니 도끼질 날렵했다.

큰 것은 들보 삼고 작은 것은 문지방 삼았으니 어찌 반드시 수천 칸의 넓은 집을 본받으랴, 겨울에는 따뜻하고 여름에는 서늘하니 우리들 몇 사람은 넉넉히 앉을 수 있다.

그러므로 장차 의관 선비 부르고, 음식 차려 잔치하리.

땅에 솟은 높은 봉우리 돌아보니 훌륭한 모습이 연상되고, 하늘 닿은 넓은 물을 굽어보니 호탕한 마음이 상상된다.

마땅히 시기 맞춰 면력하면서 당시에 성찰한 묘지妙志를 생각하고, 감히 놀면서 세월만 허송하랴 전인들이 애써 가르친 고심苦心을 체득하라!

그러면 어진 자취 없어지지 않을 것이고, 고을 풍속 순후하게 변할 것이다.

사람마다 추상열일秋霜烈日의 기상을 우러러 늠름히 지킬 바를 알 것이고, 집집마다 존왕출패尊王黜覇의 방도를 얘기하면서 나아가면 큰 사업 이룩할 것이다.

오르기를 거듭하면 태산泰山의 정상에 도달하리니 그 문을 찾지 못했다고 이르지 말고, 물방울이 모여서 창해滄海의 깊음을 이루니 이 방에 들어와 거처하는 까닭을 알 것이다.

이에 쌍 들보 들어 올리면서, 여섯 아랑위兒郞偉 노래를 부른다.

어기여차 들보를 동쪽으로 던지니, 산봉蒜峯이 물결 속에 떴다가 잠긴다. 완연히 검은 말이 물에서 나오듯, 등에는 하도河圖와 구궁九宮을 짊어졌다.

어기여차 들보를 남쪽으로 던지니, 뾰쪽한 신선 바위 연못에 비친다. 시험삼아 한 곡조 긴 피리 불어보니, 선학仙鶴이 짙푸른 남기 속에 날아든다.

어기여차 들보를 서쪽으로 던지니, 우뚝한 방장산 구름에 가렸구나. 정령精靈은 여기에도 저기에도 있으니, 바람 말로 왕래하며 해매지 아니하리.

어기여차 들보를 북쪽으로 던지니, 높이 솟은 봉우리 북극을 받쳤다. 돌아봄에 만물이 모두 아래 있으니, 상쾌히도 이 몸은 높은 곳에 올랐다.

어기여차 들보를 위로 던지니, 푸르고 푸른 하늘 드넓게 펼쳐졌다. 은거해도 세상 근심 마음 정녕 유장하니, 밤중에 배회하며 오래도록 쳐다본다.

어기여차 들보를 아래로 던지니, 강물은 끊임없이 밤낮으로 흐른다. 사람들 마땅히 경敬으로써 근원 삼아, 한 이치로 모름지기 저 물을 바라보라!

엎드려 바라건대 상량上樑한 뒤로는, 암산巖山 더욱 그윽하고, 초목草木 한층 광채 나리.

먼지 절로 사라져 바람과 달은 다함없는 경치를 받칠 것이고, 신령 함께 수호하여 기와와 서까래는 무너지지 않는 아름다움이 있으리. 길이 지켜 불후함은, 지금부터 시작일세.

숭정崇禎 기원후 5경인년(1890) 중춘 상순
후학 금주金州 허훈許薫 근찬謹撰
유사 하경도河慶圖 조종응曺鍾應 허찬許燦

山海亭重建上樑文

　伏以 道百世爲師 夙仰高風之壁立 地三公不換 載覩舊址之亭成 豈檐楹
徒美厥觀 於流峙可驗所樂 惟我南冥夫子 實是間世英豪 江湖性氣 雪月襟
懷 賦質之超群拔類 左柳文章 伊顏志學 用工之由淺至深 制三關之賊 塞九
竅之私 勇邁五丁壯士 懸四字之符 建百勿之幟 威張太乙眞君 是其方寸之
中 功收汗馬 亦於冲漠之內 力縛生龍 況復極辛苦篤行之餘 兼博約兩至之
妙 遠溯孔孟程張朱子之緒 道脈自來有傳 傍究律算射御兵甲諸流 聰明靡
所不及 可以通天下之變而成一王之制 是禍邦不再之才 可以寄百里之命而
託六尺之孤 有至誠毋貳之懿 至若同善共化底意 推己爲人者深 警學者之
有時急昏 示汝惺惺鈴子 晶工夫之終到澄澈 證此歷歷銀花 常自持激昂 花
色場透出百鍊鐵 恥空談性理 實肆覯不如一尾魚 爾其論議弘彰 儀容灑落
引物廣喩 浩浩不竭 宛如倒海轉河 持敬儼坐 整整無疲 疑是圖形刻像 洞洞
兩眼 依然天上之星 燦燦粹姿 又似峯頭之玉 遂乃聲名溢于一世 從遊遍於
四方 生平麗澤之交 有若東皐圭庵二成葛川松溪黃江三足 出入函筵之上
有若德溪守愚兩岡陶丘洛川忘憂覺齋 蓋力量規模之宏 當時實罕倫比 狩義
理講劘之切 執友皆稱嚴師 果然皐喉遠聞 旌招屢至 主簿知縣尚瑞典籤之
授 同符莘渭之聘賢 明善誠身窮理進學之陳 實過賈陸之奏疏 然邇英接晋
之日 笑輕出於臥龍先生 而考槃遐遯之踪 追高蹈於衣羊男子 誰云隱者少
功業 能令薄夫敦懦夫立頑夫廉 已矣世事都罷休 益勵道不屈志不降身不辱

始也自兎洞之第 寓魚山之陽 蓄德講學而以繼明 見意於楣扁 枕山臨海而
盡得美 延爽於窓櫳 滾滾長江之來 允爲南國之紀 點點遙黛之列 分來北斗
之形 於焉協我性靈 樂此丘壑 空庭送客去 惟海鶴之來參 幽逕探薇歸 彼鍾
駟兮何物 圖書淋漓煙嵐之氣 粧點第一峯之前 杖屨逍遙水竹之區 淹留三
十年之久 於戲少微遂晦 泰岳其頹 卽其地而院宇斯興 永爲絃誦之所 與玆
亭而儒林共守 庶寓羹牆之思 猶餘風韻之存 多士有所興感 雖經兵燹之酷
後賢爲之葺修 其奈緣邦禁之太嚴 致別構之斤撤 樵豎歌吟而躑躅 殘照荒
荒 行旅指點而彷徨 寒雲翳翳 清芬已歇 悵猿鳥而何堪 往迹誰徵 問松桂而
無語 何幸地運回旺 人謀協臧 拓兎葵之廢墟 溯遺躅而如昨 集魚雅之群彦
聿胥宇而圖新 虎營將軍 移關而推還失土 熊幡太守 按籍而經畫費金 於時
齊氓輦運而雲集錙畚 都料指揮而風生斤釜 大爲宷小爲閣 何必效廣廈千萬
間 冬宜燠夏宜凉 足以容吾黨二三子 肆將速冠裳之盛 讌罇俎之間 回顧拔
地之高岑 如挹俊偉之狀 俯視浮天之積水 可想恢廓之衷 宜勉力而及時 念
當年存省之妙旨 敢遊嬉而度日 體前人誘掖之苦心 然則賢躅不磨 鄕風於
變 人人仰秋霜烈日之氣 凜然知所守焉 家家說尊王黜覇之方 出則可有爲
也 積登登而至太山之頂 莫曰不得其門 由涓涓而成滄海之深 諗于入處此
室 玆因雙欐之擧 庸陳六偉之詞

兒郎偉抛梁東 蒜峯浮沒浪中 宛如出水驪馬 背負河圖九宮 兒郎偉抛梁
南 矗矗仙巖映潭 試弄一聲長笛 胎禽飛入蒼嵐 兒郎偉抛梁西 嵯峨方丈雲
齊 精靈於此於彼 風馬往來不迷 兒郎偉抛梁北 竦巒直撑斗極 回看萬品皆
低 快活此身高陟 兒郎偉抛梁上 蒼蒼天宇空曠 索居憂世心長 中夜徘徊瞻
仰 兒郎偉抛梁下 江流渾渾晝夜 人當敬以涵源 一理須觀逝者

伏願上樑之後 巖巒益邃 草樹增光 塵氛自除 風月供無邊之景 神祇共護
薨桷有不騫之休 永保無斁 自今伊始

崇禎 紀元後 五庚寅 仲春上澣

後學 金州 許薰 謹撰

有司 河慶圖 曹鍾膺 許燦

산해정山海亭 중수운重修韻

목수가 일 마치자 제비 하례賀禮 새로우니,
수고한 분들 모두가 고마운 사람일세.
주렴 여니 선천先天 달이 거듭 비춰들고,
섬돌 두른 겁해㤼海 먼지 말끔히 씻겼구나.
녹동鹿洞의 규범은 도사圖舍에서 보겠고,
용문龍門의 여운은 옥령玉鈴에 선연하다.
어찌하면 우리 부자夫子 다시금 일으켜서,
비파 안고 영귀咏歸하는 기수沂水 봄날 누려보랴!

匠氏告功鷰賀新
賢勞俱是意中人
開簾重納先天月
繞砌全晴㤼海塵
鹿洞遺規圖舍假
龍門餘韻玉鈴眞
如何復作吾夫子
抱瑟咏歸沂上春

후학 진양晉陽 하경도河慶圖 근고謹稿

산해정山海亭 중수운重修韻 병서幷敍

이 정자는 곧 우리 노선생이 거처하던 곳이다. 지난 경인년(1530)에 선생이 정자를 지어 여기에서 30년 동안 수양하였다. 그 후 230년 무인년(1758)에 선부로先父老 송공宋公 휘 윤증允增 류공柳公 휘 방식邦栻과 우리 증조부 휘 석권錫權께서 서원 곁에 정자를 세워 존모尊慕의 정을 부쳤다. 지난 신미년(1871) 서원이 훼철되자 정자도 따라서 무너졌으니 사림이 개탄한 지 어언 20년이 지났다. 지금의 주상高宗 경인년(1890)에 선비들의 논의가 일제히 발하여 정답亭畓을 환수하고 인하여 이 정자를 중수했다. 아! 지난 무인년엔 선부로 삼공三公께서 창건에 공이 있었고 올해 경인년에는 삼유사三有司가 협력하여 중수했으니 참으로 정자의 흥폐興廢는 운수에 달렸음을 알겠다. 후세의 군자들이 강학講學하는 여가로 훼손될 때마다 따라서 수리한다면 거의 사문斯文에 보탬이 있을 것이다.

강도講道하고 존성存誠함이 날마다 새롭더니,

선생의 정자를 후인들이 열었다.
산을 두른 절벽에는 원기元氣가 남아 있고,
바다 이른 파란波瀾은 속세를 벗어났다.
방울 차고 노래함은 30년간 이어졌고,
도서 쌓아 소요함은 만년토록 전해지리.
무인년의 문운文運이 다시 인해 떨쳐지니,
소자小子 오직 흠앙한 70년의 세월일세.

경인년(1890) 11월 상순
후학 조종응曺鍾應 근고謹稿

山海亭重修韻幷敍

是亭 卽我老先生杖屨之所也 昔在庚寅 先生築亭 修養三十年于玆矣 其
後二百三十年戊寅 先父老 宋公諱允增 柳公諱邦栻 及吾曾大父諱錫權 立
亭院傍 以寓尊慕 去辛未 院毀而亭隨毀 吾林慨惜 於焉過二十載矣 今上庚
寅 士論峻發 還推亭畓 因重葺是亭 嗚呼 粤戊寅 則先父老三公 有功於刱
立 今庚寅 則三有司 協力於重構 儘知亭之興廢 有數存焉 後來君子 講學
之暇 隨毀隨葺 庶幾有補於斯文云爾

講道存誠苟日新	先生亭宇牖來人
環山絶壁留元氣	放海波瀾出世塵
鈴珮絃歌三紀永	圖書杖屨萬年眞
戊寅文運重因振	小子欽惟七十春

庚寅 至月 上瀚
後學 曺鍾應 謹稿

산해정山海亭 중수운重修韻 병소서幷小序

지난 경인년(1530)에 정자를 창립했으나 그 뒤 신미년(1871)에 서원이 훼철되자 정자도 따라서 무너졌다. 올해 경인년(1890)에 다시 중건하게 되었으니 이에 도의 흥폐도 운수에 달렸고 정자의 흥폐도 운수에 달렸음을 알겠다. 예전 우리 선조 죽암공竹菴公께서 사문斯文에 공이 있었으니 그 후손으로 어찌 감히 힘쓰지 않겠는가! 대저 정자가 헐 때마다 즉시 수리하는 일은 후일의 군자에게 맡긴다.

거듭 된 경인년 정자 새로 지었으니,
막혔던 오솔길에 행인들 보겠구나.
큰 소나무 긴 대는 밝은 정채 머금었고,
흰 바위 푸른 이끼 속세 먼지 전혀 없다.

번화 세상 뜻 없으니 무엇을 즐겨 하랴.

경의敬義로 몸을 닦아 스스로 천진했다.

선생께선 엄릉嚴陵 웃음 꺼릴 것이 없으니,

매양 이에 배를 저어 부춘산富春山 향했겠지.

성상聖上 즉위 27년(1890) 경인 11월 동지 후 1일

유사 후학 허찬許燦 근고謹稿

山海亭重修韻 幷小序

粤在庚寅 亭創立之 其後辛未 院毁而亭隨毁 是歲庚寅 又重建 是知道之 興廢也 命也 亭之興廢也 亦命也 昔我先祖竹庵公 有功於斯文 其在後孫 敢不力爾哉 若夫亭之隨毁隨葺 以俟後之君子云爾

歲再庚寅棟宇新	介然蹊逕見行人
喬松脩竹含精彩	白石蒼苔絶世塵
無意芬華何事樂	持身敬義自天眞
先生不怕嚴陵笑	每欲棹舟向富春

聖上御極 二十七年 庚寅 十一月 冬至後 一日

有司 後學 許燦 謹稿

산해정山海亭 중수기重修記

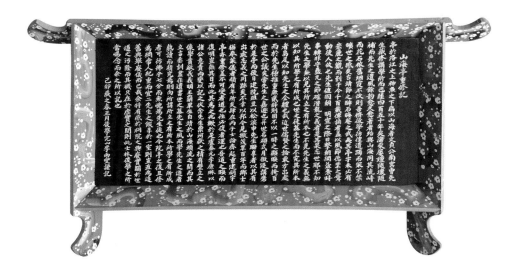

　낙동강 위 신어산 아래에 산해山海라 편액한 정자는 문정공 남명 조선생이 장수하고 강학한 곳으로서 이미 450년이 지났다. 창상滄桑이 누차 변함에 허물어질 때마다 보수하여 선생의 유풍과 여운이 오래 될수록 더욱 드러나는 것은 저 산과 바다와 더불어 그 존재를 함께 할 것이다. 그러나 화석花石이 예전 모습 그대로이고 연하烟霞가 변함이 없으니 우리 후학들은 남긴 자취를 더듬어보면서 광세의 감회를 심히 금할 수 없다. 옛날 도연명陶淵明의 취석정醉石亭과 주자朱子의 무이정사武夷精舍는 그 정우亭宇가 웅장하고 화려하지는 않았을 것이지만 지금 천백 년에 이르도록 전송되는 것은 대개 그 풍절과 덕업이 후인을 감동시키기 때문이다. 선생은 조선 명종 선조 때를 당하여 조정의 기강이 더욱 문란하고 당시의 정사가 갈수록 그릇됨을 목격하고는 고괘蠱卦 상구上九의 절의를 지키고 잠룡潛龍의 뜻을 확고히 하였으니 이는 과연 세상을 잊은 것이겠는가! 선생의 학문을 알지 못하면 그 정립한 바가 근본이 있음을 볼 수 없고 선생의 의리를 보지 못하면 그 학문한 바가 이룸이 있음을 알 수 없다. 세상에서 한갓 선생을 추모하기만 하고 그 근본을 궁구하지 않는 이는 어찌 족히 선생의 전체를 알겠는가! 근세의 유현들이 동방의 출처를 논하면서 선생을 극히 추중함에 다른 말이 없으니 참으로 일시의 현회顯晦로써 백세의 공의公議를 가릴 수는 없다.

일찍이 선생이 은둔할 적에 당세의 명석名碩들이 매월 만나 이 정자에서 강마했는데 뒷날 서원을 건립하여 향사를 드리면서 송계松溪 신선생申先生을 연향한 것은 그 출처와 지절에 동일한 점이 있었기 때문이다. 불행히도 국법으로 훼철을 당하여 백 년 동안 잡초만 무성한 가운데 고을 선비들이 채례菜禮를 받든 지가 수십 년 되었다. 그러므로 지난 병자년(1996)에 사론士論이 일제히 일어나 사우를 중건하고 정자도 또한 중수하였다. 대개 변할 수 없는 것은 도道이고 갔다가 반드시 돌아오는 것은 운運이다. 우리의 도가 어두워졌다가 다시 밝아짐은 어찌 그 날이 없겠는가! 이것이 그 조짐이 될 것이다. 이에 노태원盧泰元 이강림李康琳이 제공의 뜻으로 나에게 기록하기를 청하였다.

엎드려 생각건대 선생께서는 하악河嶽의 정기를 품부하고 벽립壁立의 기상을 지녔으며 학문은 경敬과 의義를 관통하고 의리는 왕도王道와 패도霸道를 천명했다. 종신토록 산해정과 두류산 사이에서 자정自靖하였고 그 정립한 말과 드리운 훈계는 모두 유서遺書에 남아 있다. 세상에서 선생의 풍범을 추모하고 선생의 도를 배우고자 하는 이가 이를 깊이 읽고 자세히 탐구한다면 앞에서 이른바 그 정립한 바가 근본이 있고 그 학문한 바가 이룸이 있다는 것을 칠분 정도 이해하여 선생의 문도가 되기에 부끄러움이 없을 것이다. 이제 서원과 정자를 복원하고 중수하여 강상과 인륜이 중하게 되었으니 마땅히 두 선생을 일실에서 향사한다면 어찌 단지 예전 전범을 회복하고 폐지된 예의를 일으키는 것일 뿐이겠는가! 내 특별히 느끼건대 사원祠院의 흥폐는 참으로 세도의 성쇠에 유관하지만 그 요인은 오직 허虛와 실實의 사이에 있으니 이는 사림 후학들이 마땅히 깊이 생각할 바이자 내가 기문을 짓는 까닭이다.

기묘년(1999) 정월 후학 완산完山 이우섭李雨燮 근기謹記

山海亭重修記

亭於洛江之上 神魚之下 扁以山海者 文貞公南冥曺先生 藏修講學所 而
已經四百五十年矣 滄桑屢檀 隨壞隨補 而先生之遺風餘韵 愈久愈著者 殆
與山海 同其流峙 而花石依舊 煙霞不改 則吾儕後學 彷徨遺躅 而采不禁曠
世之感矣 古靖節之醉石 晦菴之武夷 其亭宇未必有宏麗之觀 而到于今千
百載傳誦者 盖以風節德業之聳動後人故也 先生值國朝明宣之際 目擊朝綱
益紊時事轉非 守蠱九之節 確潛龍之義者 是其果忘世耶 不知先生之學 無
以見其所立之有所本也 不見先生之義 無以知其所學之有所成也 世之徒慕
先生 而不究其所本者 烏足以知先生之全體也哉 近世儒賢之論東方出處
而於先生極推重無貳辭 則固不以一時之顯晦 而掩百世之公議矣 嘗先生之
嘉遯也 幷世名碩 式月徵逐 講磨於是亭 而後日建院俎豆 以松溪申先生聯
享者 而其有出處志義之同跡矣 不幸以邦令見撤 茂草百年 而鄕士猶奉菜
儀者 積有年所矣 肆在丙子 士論齊起 重建祠宇 亭亦重修 盖不可變者道也
往必復者運也 吾道之晦而復明 豈無其日而此其爲之兆歟 於是盧泰元李康
琳 以諸公意 責雨燮以記之 伏念先生 稟河嶽之精 有壁立之像 學貫敬義
義明王霸 畢生自靖山海頭流之間 而其立言垂訓 盡在遺書 世之慕先生之
風 而學先生之道者 熟讀而精究焉 則向所謂所立之有所本 所學之有所成
者 可彷彿乎七分 而無愧爲先生徒也 今院亭之復且修 爲綱常人紀重 而宜
二先生之餟享於一室 則其直爲追舊典擧廢儀而已哉 余特有感於祠院之興
廢 實關於世道之汚隆 而其機只在於虛實之間 則此士林後學之所當惕念
而余之所以記也

己卯歲之春正月 後學 完山 李雨燮 謹記

부록

신산서원향례홀기 新山書院享禮笏記

○獻官以下諸執事及諸生皆盛服 ○齊會于講堂 ○直日寫執事分定記 ○謁者引初獻官以下皆降堂下位 ○相揖禮 ○執禮唱榜整列順位 ○仍詣廟庭北向西上序立○執禮贊唱先就階間拜位再拜 ○仍詣盥洗位盥手帨手各就位 ○執禮唱笏 ○祝及掌儀諸執事皆仍詣盥洗位盥手帨手還本位 ○司燭升明燭降復位 ○祝升開櫝開簋簋蓋降復位 ○謁者引初獻官升自東階點視陳設降復位 ○謁者進初獻官之左 白謹具請行事 ○獻官及在位者皆再拜 ○掌儀.祝.司尊.奉爵.奠爵升自東階各就位

行奠幣禮

○謁者引初獻官詣盥洗位盥手帨手 ○仍詣南冥曺先生神位前跪 ○奉香奉爐升自東階獻官之左右跪 ○獻官三上香 ○祝奉幣篚以授獻官 ○獻官執幣獻幣以授祝○祝奠于籩豆之間 ○次詣松溪申先生神位前跪 ○奉香奉爐獻官之左右跪 ○獻官三上香 ○祝奉幣篚以授獻官 ○獻官執幣獻幣以授祝 ○祝奠于籩豆之間 ○獻官俛伏興平身 ○謁者引獻官奉香奉爐降復位

行初獻禮

○謁者引初獻官詣爵洗位 ○奉爵取爵詣爵洗位 ○獻官洗爵拭爵俱詣尊所西向立 ○奉爵以爵授獻官 ○獻官執爵司尊舉冪酌酒 ○獻官受酒以授奉爵俱詣南冥曺先生神位前跪 ○奉爵以爵授獻官 ○獻官執爵獻爵以授奠爵奠爵奠于神位前 ○祝進獻官之左東向跪 ○在位者皆俯伏 ○讀祝文 ○訖.興平身 ○獻官及在位者皆俯伏興平身 ○次詣松溪申先生神位前跪 ○奉爵以爵授獻官 ○獻官執爵獻爵以授奠爵奠于神位前 ○祝進獻官之左東向跪 ○在位者皆俯伏 ○讀祝文 ○訖興平身降復位○獻官及在位者皆俯伏興平身 ○謁者引初獻官降復位

行亞獻禮

○贊引引亞獻官詣盥洗位盥帨　○仍詣爵洗位北向立　○獻官洗爵拭爵俱詣尊所西向立　○奉爵以爵授獻官　○獻官執爵司尊舉冪酌酒　○獻官受酒以授奉爵俱詣南冥曺先生神位前跪　○奉爵以爵授獻官　○獻官執爵獻爵以授奠爵奠于神位前　○次詣松溪申先生神位前跪　○奉爵以爵授獻官　○獻官執爵獻爵以授奠爵奠于神位前　○獻官俛伏興平身贊引引降復位

行終獻禮

○贊引引終獻官詣盥洗位盥帨　○仍詣爵洗位北向立　○獻官洗爵拭爵俱詣尊所西向立　○奉爵以爵授獻官　○獻官執爵司尊舉冪酌酒　○獻官受酒以授奉爵俱詣南冥曺先生神位前跪　○奉爵以爵授獻官　○獻官執爵獻爵以授奠爵奠于神位前　○次詣松溪申先生神位前跪　○奉爵以爵授獻官　○獻官執爵獻爵以授奠爵奠于神位前　○獻官俛伏興贊引引降復位　○三獻官皆再拜

行飲福禮

○奠爵者詣尊所以爵酌福酒　○祝以俎分神位前胙肉　○謁者引初獻官詣飲福位西向跪　○祝北向跪授爵　○獻官受之飲卒爵　○以爵授祝　○祝以胙俎進獻官受之　○以授祝復于坫　○謁者引初獻官降自東階下復位　○祝詣神位前　○三獻官皆再拜　○祝撤籩豆　○掌儀祝及諸執事皆降復位　○獻官及在位者皆再拜

行望燎禮

○謁者引初獻官詣望燎位北向立　○祝取祝文及幣篚降自西階置於坎　○可燎置土半坎　○謁者引初獻官退復位　○謁者進獻官之左東向告曰禮畢　○謁者引初獻官以下出門外　○諸生以次出　○執禮贊唱降復位再拜出　○執事闔櫝消燭退出

常享祝文

維歲次干支 月干支朔 日干支後學〇〇〇
　　敢昭告于
先師南冥曺先生伏以道紹洙泗敬義爲基遺敎不歇
　　百世宗師謹以牲幣醴齊粢盛庶品式陳明薦 尙
饗

維歲次干支 月干支朔 日干支後學〇〇〇
　　敢昭告于
松溪申先生伏以主靜之學反約之工遯世不悔體道
　　無窮謹以牲幣醴齊粢盛庶品式陳明薦 尙
饗

진설도陳設圖

1999년 중건 이후 신산서원 임원

년도	원장	도임	향임	
1999년	鄭直敎	安明洙	宋台復	許 滿
2001년	安判洙	李秉道	曹成淳	裵鍍奭
2003년	許 鉉	曹英濟	許 滿	裵鍍奭
2005년	安明洙	金隆燾	裵鍍奭	鄭三煥
2007년	宋台復	安永洙	曹景容	曹沂煥
2009년	宋台復	裵亨基	許 渲	孔冀玉
2011년	李秉道	趙漢奎	金孝求	安秉琨
2013년	孫星模	李彦漢	孔冀玉	李秉台
2015년	裵鍍奭	李鍾協	盧永七	柳東哲

1999년 중건 이후 신산서원 향례 집사

1999년 봉안시 집사

獻者 張志允 執禮 鄭奎燮 題牌 鄭直教 安榮煥 讀告由 金煉 李雨燮

년도	초헌관	아헌관	종헌관	집례	축
1999년	鄭直教	李相學	郭武淳	鄭允容	徐廷玟 金鎭雄
2000년	鄭直教	盧泰元	朴永濟	柳東淳	許 渲 安永洙
2001년	安判洙	許 鉉	成煥德	李秉道	金章煒
2002년	李炳德	安明洙	金秉積	曺渭烈	李秉萬 曺沂煥
2003년	安大植	黃義重	鄭三煥	曺沂煥	金逸求 孫源模
2004년	李健中	李秉熙	曺成淳	許 渲	曺鍾英 朴孝根
2005년	柳在杰	曺喜榮	鄭一鉉	李興圭	李秉台 金煐根
2006년	安命洙	金隆燾	裵鍍奭	曺景容	許圭成
2007년	盧秉德	安炳昊	成守永	申相佑	朴哲坤
2008년	李炳熙	孔守一	柳興述	李秉台	朴德根
2009년	鄭泰守	沈重澤	李興圭	孔冀玉	李彦漢
2010년	黃義重	盧泳奎	曺景容	禹世坤	安在晟
2011년	李秉道	金在求	鄭辰謨	崔燦圭	李遠起
2012년	許 渲	曺渭烈	李康植	尹榮奉	李鍾協
2013년	盧泳奎	柳興述	李興圭	曺鍾明	安秉勳
2014년	孫星模	李康元	金孝求	李秉穆	沈東燮
2015년	金章煒	李彦漢	宋世洸	柳洋宇	金昌漢
2016년	曺景容	權泰榮	孔冀玉	朴孝根	金代國

남명학의 선양경과

1967~1968년 당시 계명대학 철학과에 재직 중이던 김충렬金忠烈 교수는 서울대학교에서 '한국철학사'를 강의하던 박종홍朴鍾鴻 교수가 미국으로 잠시 가게 됨에 따라 그 강의를 대신 하게 되었다. 그 과정에서 종래에 쓰여진 『한국철학사韓國哲學史』 또는 『조선유학사朝鮮儒學史』 등에서 응분의 위상과 학문사상을 비중 있게 다루어야 할 남명 조식 선생에 대한 편폭篇幅과 내용이 너무 소홀하고 생략되어 있는 것을 발견하였다. 그리하여 남명 선생의 학문과 사상을 특별히 연구·보강함으로써 소수이기는 했으나 학생들로 하여금 남명 선생에 대해 새로운 인식을 갖게 하였다.

1970년 김충렬 교수는 고려대학으로 옮기고, 문과대학생 전원이 필수로 들어야 하는 '한국사상사'의 대단위 강의를 맡으면서 본격적으로 '남명의 학문사상과 그의 선비정신'을 고취하여 많은 학생들의 호응을 받았다. 이에 힘입어 김 교수는 강의내용을 논문으로 정리하여 마침 『독서신문讀書新聞』(주간지)에서 특별 기획한 한국사상가 50인을 선정하여 매 분기마다 한 사람씩을 소개하는 란에 발표함으로써 학계의 관심을 환기시켰다.

한편 이와는 별도로, 비슷한 시기에 남명 선생의 후손들은 오랜 침체를 벗어나 선조의 위훈지도偉勳之道를 재조명하기 위한 사업을 추진하기 시작하였다. 우선 1973년 9월에 그 첫 사업으로 계획한 남명 선생의 문집 번역과 사적개발사업史蹟開發事業을 위하여 뜻을 같이한 조봉조曹鳳祚, 조원섭曺元燮 등이 그 기금조성에 착수하여 진주권에 거주하는 종인

宗人 21인(봉조鳳祚, 원섭元燮, 재화在鏵, 규호圭鎬, 의생義生, 수남壽南, 옥환玉煥, 영기瑛基, 태기太基, 규석圭碩, 창환昌煥, 담환潭煥, 경진慶律, 백환伯煥, 종명鐘明, 필규筆圭, 녹환祿煥, 규술圭述, 익환益煥, 성언性彦, 창환昌煥(부산))으로부터 협찬을 얻었는데, 특히 옥환, 재화, 봉조의 천포지공泉布之功이 지대하였다.

1976년에는 본 사업을 적극 추진하기 위하여 조직을 본격화 하고, 그 책임자로 조의생을 선임하여 2차 협찬을 얻어 많은 금액을 적립하였다. 또한 '남명 선생 탄신추모제南冥先生誕辰追慕祭'를 위한 기금도 여러 종인으로부터 협찬을 얻었다. 이러한 종인의 협찬에 의하여 저명한 번역한학자를 모시고자 각 방면으로 탐문하던 중에 의외의 시점에서 학계에서 남명학을 연구·선양하고 있던 김충렬 교수와의 만남이 이루어지게 되었다.

당시 김 교수는 대중지라고 할 수 있는 월간『세대世代』의 요청으로 남명 선생에 관한 비교적 자세한 내용의 글을 게재하였고, 또 1976년 6월에는 월간지『문학사상文學思想』에「지식인知識人의 수난사受難史」란 제목의 글에서 남명 선생의 행적을 기고하였다. 이 시기에 김 교수의 강의를 들었던 남명 선생의 후손 을환乙煥이 고향 덕산에 남명 선생의 후손이 많이 거주하고 있음을 김 교수에게 알렸고, 김 교수의 글을 읽은 조원섭의 딸 명숙明淑(당시 숙명여대 재학)이 이러한 사실을 문중에 알려 주어 그 책을 구하여 탐독하고서, 이는 곧 성대곡成大谷 선생이 말한 "하필 지금의 사람들에게서만 알아주기를 구하리오, 곧바로 백세를 기다려도 아는 사람은 알 것이라何必求知於今之人 直百世以俟知者知耳"라고 한 '아는 사람'이 바로 김 교수라고 하면서 크게 반가워하였다. 이리하여 김 교수를 예방禮訪할 계획을 세우게 되었고, 문중 회의를 소집하여 이와 같은 사실을 보고하니 조의생, 백환, 봉조, 재화, 옥환, 원섭, 종명, 승환, 도상, 경태, 병정, 익환 등 전원 12인은 만장일치로 김 교수 예방자로 봉조, 원섭 두 사람을 지명하였다.

이어 두 사람은 1977년 3월 초에 상경하여 김 교수를 예방하고 그동안의 노고에 대해 문중대표로서 감사의 뜻을 표하고, 당시 진행 중인 사업현황을 수의酬議한 결과 문집번역자로는 한학자 조규철曺圭喆 씨를 김 교수가 추천하여 주었으며, 8월로 예정되어 있는 제1회 '남명제南冥祭'와 '학술강연회學術講演會'에 김 교수가 참석할 것을 쾌히 승낙하였다.

이리하여 드디어 8월 9일 당시 새마을연수원 부원장으로 있던 조영기 씨의 안내로 김 교수는 진주에 오게 되었고, 진주학생실내체육관에서 2,000명 이상의 군중이 모인 가운데 김충렬 교수, 정중환丁仲煥 교수, 박종한朴鐘漢 교장의 학술강연회가 성황리에 이루어져 진주문화권에 폭넓은 호응을 불러일으키게 되었다. 다음 날인 10일에는 당시 대아고등학교 교장이며 경남사립중고등학교 교장단회장校長團會長이었던 박종한 선생께서 마련한 제1회 '남명제'가 덕천서원德川書院에서 역시 성공적으로 진행되어 남명 선생 현양사업의 모태가 되었다. 그 날 조옥환 사장을 비롯한 조씨 문중 유지들은 김충렬 교수의 담론을 듣고 남명 선조의 학덕을 현양해야겠다는 숭조심崇祖心을 다짐하고 그 구체적인 사업계획을 세우고 위선지성爲先之誠을 쏟기 시작하였다. 당일 김 교수는 「알남명선생사우謁南冥先生祠宇」라는 다음과 같은 시詩를 지어 감회를 표현하였다. "천 리 길 진주가 한 나절 일정이니, 아침에 서울 떠나 저녁에 산청이네. 구름은 지리산의 참모습 감추었고, 물은 양당에서 만나 세속으로 흐르네. 처사 거처한 깊은 시골 서원은 그윽하고, 철인의 비석 오래되어 돌 꽃이 푸르구나. 이제껏 영령 돌아갈 곳 없어서, 적막한 선생은 후생을 기다렸네![千里晋州半日程 朝辭漢北暮山清 雲藏智異眞面目 水激兩塘世俗情 處士村深杏院邃 哲人碑古石花青 而今靈氣無歸屬 寂寞先生待後生]"이다.

그 이후 학계의 배종호裵宗鎬 교수는 "수 년 전(1978)에 발간한 『한국철학연구韓國哲學研究』(동명사東明社)의 중권에 김충렬 교수의 논문 「조식曺植의 학문學問과 사상思想」이 실리게 되는데, 그 논문에 대한 논평도 실을 예정이라면서 필자에게 그것을 의뢰한 일이 있었다. 나는 불미不美

하게도 그 때까지는 『남명집南冥集』을 읽은 일이 없었기 때문에 그에 대한 논평을 사양하였다. …여하튼 김충렬 교수의 남명사상이 한국철학계에 소개된 것은 사학斯學 연구발전에 크게 공헌한 것"(『남명학연구논총南冥學研究論叢』 제1집, 28쪽)이라고 하고 있는 바와 같이, 그때까지도 남명 선생에 대한 학계의 연구는 전혀 이루어지지 않고 있었다.

이로부터 학계의 연구도 조금씩 많아지고 '남명제'가 계속 이어져 세인의 관심이 점차 높아지자 남명 선생의 후손들과 산해연원가山海淵源家의 후예들 그리고 진주지방의 명사들이 남명학연구원南冥學研究院을 설립할 것을 발기하였다. 삼현여고三賢女高 교장이었던 아천我川 최재호崔載浩 선생께서 발기인대회發起人大會를 주관하고 이사진과 운영위원회를 구성하고서 1986년 8월 24일 남명학연구원의 발족을 보게 되니 초대 운영위원장에 조옥환, 이사장에 하동근河東根, 원장에 김충렬 교수가 선임되었다. 그리고 경상대학교의 오이환吳二煥 교수에 의해 방대한 분량의 남명학관련 고문헌古文獻들을 수집·복사하여 비치함으로써 연구를 위한 토대를 마련하였다.

한편 정중환丁仲煥 박사와 김상조金相朝 씨 등의 노력으로 지방문화재地方文化財로 지정되어 있던 남명 선생의 유적지들이 조옥환 사장의 적극적인 후원 아래 당시 덕천서원 원장이었던 전상희全相希 선생, 김충렬 교수, 이규호李奎浩 전문교부장관, 문중의 조인생曺仁生 씨, 당시 문화공보부의 정태진鄭泰辰 국장 등의 협조 하에 문화공보부에서 국가문화재國家文化財로 승격하여 1983년 1월 23일 국가지정문화재國家指定文化財 사적史蹟 305호로 산천재山天齋, 덕천서원德川書院, 별묘別廟, 여재실如在室 등 일원이 지정되었다. 또한 남명학연구원에서는 1988년 10월 『남명학연구논총南冥學研究論叢』 창간호를 발간했으며, 같은 시기에 경상대학교 개교 40주년 기념 '국제학술대회'를 개최하게 되어 이를 조옥환 사장과 조재화 한일교통 사장 등 조씨 문중의 인물들이 적극적으로 후원하였다. 이 결과 경상대학교에서는 『경남문화연구慶南文化研究』 제11집을 남명학 특집호로 간행하였다.

또한 국가문화재 지정을 위한 노력의 과정에서 남명 선생의 생애와 업적에 대한 국민적 인식이 희박함을 느낀 조옥환 사장은 이 내용을 국민학교 교과서에 등재할 필요성을 절감하고 추진위원회를 구성하고서 문교부에 건의하여 이를 실현하게 되어 전국의 몇 군데 시범학교에서의 교육을 시행하고, 드디어 1990년부터 전국의 국민학교 6-1『읽기』 교과서 제4과(37~47쪽)에 '조식' 항목을 등재하여 국민학생을 통하여 전국민이 남명 선생의 생애와 업적을 알게 하는 데 기여하였다.

또 이정한李正漢 전 경상대학교 총장의 적극적인 후원으로 남명학연구소南冥學硏究所 발기인대회를 거쳐, 같은 해 9월 남명학연구소 창립총회를 개최함으로써 정식으로 연구소의 발족을 보게 되었다.

한편 남명학연구원에서는 연구원의 계속사업으로서 연구활동을 추진해 온 결과 1992년 2월『남명학연구논총』제2집을 발간하게 되었고, 이를 기념하기 위하여 경남문화예술회관에서 출판기념회를 가지기도 하였다.

그러한 과정 중에서 연구원 안에서는 연구원을 사단법인社團法人으로 등록하여야 한다는 요망이 계속 제기되어, 드디어 1993년 11월 20일 사단법인 설립을 위한 발기인대회를 이정한 전 경상대 총장이 발기인 대표를 맡아 경남문화예술회관에서 개최하였다. 그리고 1994년 5월 13일 재무부의 승인을 받고 경상남도 교육감에게 사단법인 남명학연구원 설립허가를 신청하여 6월 30일 경상남도 교육감으로부터 '허가 제17-16호'로 등록허가를 받게 되었으며, 이사장에 권순찬權淳纘 연암 공업전문대학 학장, 원장에 김충렬 고려대학교 대학원장을 포함하여 법정이사法定理事 15인으로 구성하였다. 자산은 조옥환 사장이 기부한 기본자산 1억 원과 법정이사 15인이 출연한 보통자산 일천오백만 원으로 출발하여 7월 28일 산청등기소에 등기를 필하고, 8월 18일 진주세무서로부터 고유번호 613-82-05277을 지정받음으로서 사단법인 설립을 위한 모든 절차를 마치게 되었다.

그리고 9월 1일에 사단법인 남명학연구원의 김경수金敬洙 초대 사무국장을 임명하여 사단법인으로서 연구원의 업무를 추진하면서 한편으로는 지역유림 및 산해연원가山海淵源家의 후손들을 중심으로 평이사平理事를 위촉하여 11월 27일 사단법인 남명학연구원 1994년도 창립이사회를 가지고 95년도 사업계획을 심의 의결하였다. 그 의결에 따라 이미 문화체육부文化體育部에서 선정하는 95년 2월 "이 달의 文化人物"로 지정되어 있던 남명 선생의 기념행사를 준비하게 되었다.

2개월 이상의 준비기간을 거쳐 95년 2월 22일 서울의 성균관成均館에서 한국, 중국, 미국, 일본의 교수들이 참가하여 "남명 선생南冥先生의 학문學問과 사상조명思想照明"이란 주제의 '국제학술대회'를 개최하여 성황리에 마쳤으며, 동시에 "찬남명선생도학讚南冥先生道學"(압운押韻: 인人, 신伸, 신新, 춘春, 친親)이란 제목의 '전국유림한시백일장全國儒林漢詩白日場'을 개최하여 장원壯元에 박영제朴永濟 씨(부산)를 비롯하여 39명의 수상자를 내기도 하였는데, 장원시는 "남명 선생 도학은 하늘과 인간을 다했고, 제자들에 전수되어 온 나라에 펼쳤네. 두드러진 문장은 천고에 혁혁하고, 환히 밝힌 경의는 만 년 동안 새롭네. 두류산 우뚝 솟아 큰 형상 이루었고, 덕천강물 휘돌아 스스로 봄을 둘렀구나. 옛 스승 추모하니 감개가 무량하니, 우리 모두 돌아가 책 속에서 친하자오![南冥道學盡天人 傳授門生海内伸 顯著文章千古赫 倡明敬義萬年新 頭流屹立能成局 德水淸洄自帶春 追慕先師多感慨 吾儕歸欲卷中親]"이다. 또한 1월에 제작한 MBC-TV의 특집 다큐멘터리 「남명 조식」도 4월 28일 전국적으로 방영되었다.

한편 연구원과는 별도로 경상대학교 부설 남명학연구소에서는 2월 17일 학술회의를 개최한 데 이어 『남명집』교감국역본의 출판기념회를 가졌으며, 다음날은 회원을 모집하여 남명 선생의 사적지를 답사하였다. 또 산청문화원山淸文化院에서도 남명학강연회를 가졌고, 부산민학회釜山民學會에서도 남명학으로 학술회의를 개최하는 등 다양한 행사들이 있었다.

　사적지에 대한 정화 및 기념사업도 진행되었다. 94년도에 청와대에서 가뭄극복 결과에 대한 지방장관회의가 있었음에도 불구하고 대통령의 양해를 얻어 특별히 남명제의 초헌관初獻官으로 참석한 김혁규金爀珪 경상남도지사가 산천재 관리사의 신축에 도비 1억 원의 지원을 약속하였다. 그 지원금으로 3칸 겹집의 아담한 한옥구조의 관리사가 95년 4월 28일 준공되었다. 뿐만 아니라, 국비지원으로 묘소墓所 및 별묘別廟 앞의 정비사업이 95년부터 97년까지 3년간의 연차 계획으로 추진되어 부지보상금에만 15억 원 이상이 투입되었다. 그리고 폐허로 남아 있는 삼가면三嘉面 토동兎洞의 남명 선생 생가지도 95년 5월 2일자로 경상남도 지방문화재 148호로 도지정기념물道指定記念物로 지정되어 수 년 전에 복원이 마무리 되었다.

　1980년대에 들면서 시작된 남명에 대한 본격적인 연구는 약 30여 년의 기간에 비약적인 발전을 이루었다. 오이환 교수가 정리하고 있는 「남명학관계기간문헌목록」에 의하면 2011년 말까지의 기간문헌목록만 무려 120쪽에 이르고, 발표된 논문만 2,000편을 헤아린다.[2] 게다가 남명 선생 탄신 500주년을 맞이하여 대대적인 기념사업을 행한 2001년 이후로는 관련기관들에서 정기적으로 학술회의를 개최하고 논문집을 간행하고 있는 관계로 인하여 1년에 대략 최소한 50편 이상의 연구실적이 추가되고 있는 것으로 볼 수 있다. 남명학관련 연구실적을 정기적으로 간행하고 학술회의를 개최하는 대표적인 단체만 해도 사단법인 남명학연구원을 비롯하여, 경상대학교 남명학연구소 및 서울대학교의 재단법인 남명학회 등이 있다. 남명학연구소에서 1년에 4권의 논문집을 간행하고 있는 것을 비롯하여, 나머지 두 기관에서도 1년에 1권의 논문집을 간행하고 있다. 이 밖에 진주교육대학교의 남명학교육연구

---

2) 오이환, 『남명학의 새 연구』 하, 한국학술정보, 2012, 313~412쪽.

재단에서도 간헐적으로 성과물을 출판하고 있다.

　이와 같이 단기간에 한 인물에 대한 연구가 폭증하면서 이루어진 사례는 전무후무할 정도인데, 이는 남명 선생의 후손인 조옥환 사장의 적극적인 후원에 의해서 가능한 일이었다. 그리하여 이미 오래 전에 남명의 학문과 사상은 '남명학'이라는 명칭을 가지게 되었으며, 동양철학계에서는 한국의 대표적 사상가 10인의 범주에 포함시키게 되었다(이는 예문서원에서 기획하여 간행한 '한국의 사상가 10인' 중에 남명이 포함된 것을 말한다. 여기서 말하는 10인은 원효·의천·지눌·이황·조식·이이·정제두·정약용·최한기·최제우 등이다).

　그동안에 있었던 대표적인 기념사업을 몇 가지 열거해보면, 김해의 산해정을 중수하면서 신산서원으로 규모를 확대한 일, 합천의 뇌룡정 옆에 용암서원을 중건하고서 낡은 뇌룡정을 조금 이전하여 중건한 일, 덕산에 남명기념관을 신축하여 연간 십만 명 이상의 관람객을 유치하고 있는 일, 한국선비문화연구원을 설립하여 남명학에 바탕한 선비정신과 청렴 및 인성교육 그리고 힐링 연수를 전국적 규모로 시행하고 있는 일 등이다.

　남명에 대한 연구가 시작되던 무렵에는 주로 남명사상의 특징을 구명하는 것에 초점을 맞추면서 퇴계학과의 비교를 통하여 그 독창성을 찾으려 했고, 이어서는 남명사상의 다양한 영역들로 연구가 확대되었다. 그러면서 가장 중심적인 쟁점으로 부각한 것이 남명의 성리설이었다. 여기에 더하여 정치사상 및 교육사상 등이 많이 거론되었다. 물론, 남명에 대한 연구는 어느 시점 이후로는 제자와 종유인 및 넓은 의미의 남명학파에 속하는 인물들에까지 확대되었고, 최근에는 근세의 인물들까지도 남명과 조금이라도 관계가 있는 경우에는 거의 연구 대상에 포함시키면서 남명학의 외연을 확대하고 있다.

※ 위의 내용은 초기부터 남명 선생 선양사업에 적극적으로 참여하였던 조옥환 사장(남명학진흥

재단 이사장)의 진술을 바탕으로 하고, 관련된 다른 분들의 진술 내용을 추가하여 김경수(당시 남명학연구원 초대 사무국장)가 1차로 정리한 것에, 다시 김경수(현재 한국선비문화연구원 책임연구원)가 2000년도 이후의 내용을 추가로 정리한 것이다. 여기에 등장하는 인물들 중에서 김충렬 교수와 박종한 교장을 비롯하여 많은 분들이 그동안 세상을 떠났다. 그러나 이 글은 당시의 상황을 서술한 것이므로 그분들의 성함 앞에 일일이 고故라는 글자를 표시하지 않았다.

발문 跋文

新山書院은 駕洛國의 古都 金海(金海市 大東面 大東路 269번 안길 115)에 所在한 先師 南冥 曺植 先生과 松溪 申季 誠 先生을 幷享한 賜額書院이다.

南冥 先生은 1530年(중종 25) 現 金海市 大東面 酒洞里에 講學所로 山海亭을 짓고 30년간 儒林들에게 講學하였으며 1572年 殞命하신 後 1579年(宣祖 12) 金海府使 河晋寶와 鄕 人들이 協力하여 山海亭 東便에 新山書院을 지어 先生을 追慕하여 오던 차에 1609年 新山書院, 德川書院, 龍巖書院이 同時에 賜額되었으며, 1615年(光海 8) 南冥 先生과 志氣를 通하고 學問的 交流가 깊은 交友였던 松溪 申季誠 先生의 幷享이 允許된 서원이다.

壬辰倭亂으로 因하여 書院과 山海亭이 모두 燒失되었다가 1608年 復元되었으나 1871年 書院撤廢令으로 다시 毁撤되었던 書院을 1999年 金海鄕校와 鄕內 儒林들이 中心이 되어 精誠을 모아 復元하여 南冥 先生과 松溪 先生의 祭享을 지금까지 奉行하기에 이르렀다.

이 書院誌를 發刊함은 新山書院의 歷史와 配享된 先賢의 學問과 業績을 崇慕하고, 風俗을 敎化하고 學問을 獎勵하기 爲함인 바, 創建된 지 400여 년이 지난 賜額書院에 지금까지 院誌가 없었다는 것은 매우 안타까운 일로 思料되어 오던 차에 2016年 南冥선비文化祝祭사업의 一環으로 新山書院誌 德川書院誌 龍巖書院誌가 同時에 別冊으로 發刊하게 되어 晩時之歎이지만 매우 기쁘게 생각하는 바이다.

그 동안 資料蒐輯에 勞苦가 많았던 韓國선비文化硏究院 責任硏究員과 豫算을 支援한 許成坤 金海市長, 平山申氏 宗員諸位 等 獻誠者 그리고 書院誌 編纂에

心血을 기울인 編纂委員들께 深甚한 感謝를 드린다.

　아울러 書院誌 發刊을 契機로 南冥 先生과 松溪 先生의 遺蹟 및 所重한 學問的 資料가 後世에 永久히 保存, 傳承되어 學問研究 및 斯文振作에 큰 도움이 되기를 祈願하는 바이다.

2016年 12月　日

新山書院鄕任 金海鄕校典校 光州 盧永七 謹識

『德川書院誌』·『龍巖書院誌』·『新山書院誌』 編纂委員會

委員長
趙　淳(前 副總理, 德川書院 院長)

顧問
崔秉烈(前 서울市長, 守愚堂 先生 後孫)　　曹玉煥(釜山交通 代表, 南冥 先生 後孫)
申珉澈(松溪 先生 後孫)

諮問委員
朴丙鍊((社)南冥學研究院長)　　　　　　　李相弼(慶尙大 南冥學研究所長)
曹榮達(서울대 (財)南冥學會長)　　　　　　金洛眞(晉州敎大 南冥敎育研究財團 理事)
崔球植(韓國선비文化研究院長)

副委員長
沈義祚(龍巖書院 院長)　　　　　　　　　裵鍍奭(新山書院 院長)
河大逵(德川書院 院任)　　　　　　　　　曹穩煥(南冥 先生 門中 代表)

監修委員
許捲洙(德川書院 院任)

委員
孫星模(山天齋 齋任)　　　　　　　　　　盧永七(新山書院 鄕任)
李章永(雷龍亭 齋任)　　　　　　　　　　朴孝根(山海亭 齋任)
申榮大(松溪 先生 後孫)　　　　　　　　　盧在成(龍巖書院 保存委員會 局長)
曹斗煥(南冥 先生 門中 運營委員長)

檢討委員
朴丙鍊((社)南冥學研究院長)　　　　　　　崔錫起(慶尙大學校 敎授)
李相弼(慶尙大 南冥學研究所長)　　　　　　金洛眞(晉州敎大 南冥敎育研究財團 理事)
金鶴洙(韓國學中央研究院 敎授)　　　　　　盧在成(龍巖書院 保存委員會 局長)
李成圭(新山書院 總務)

執筆 및 編輯委員
金敬洙(韓國선비文化研究院 責任研究員, 慶尙大學校 哲學科 外來敎授)

飜譯委員
李昌浩(漢學者, 翻譯家)

幹事
曹鍾明(南冥 先生 後孫)